서울역사
중점연구 17

근현대 서울지역 여성의 노동과 생활

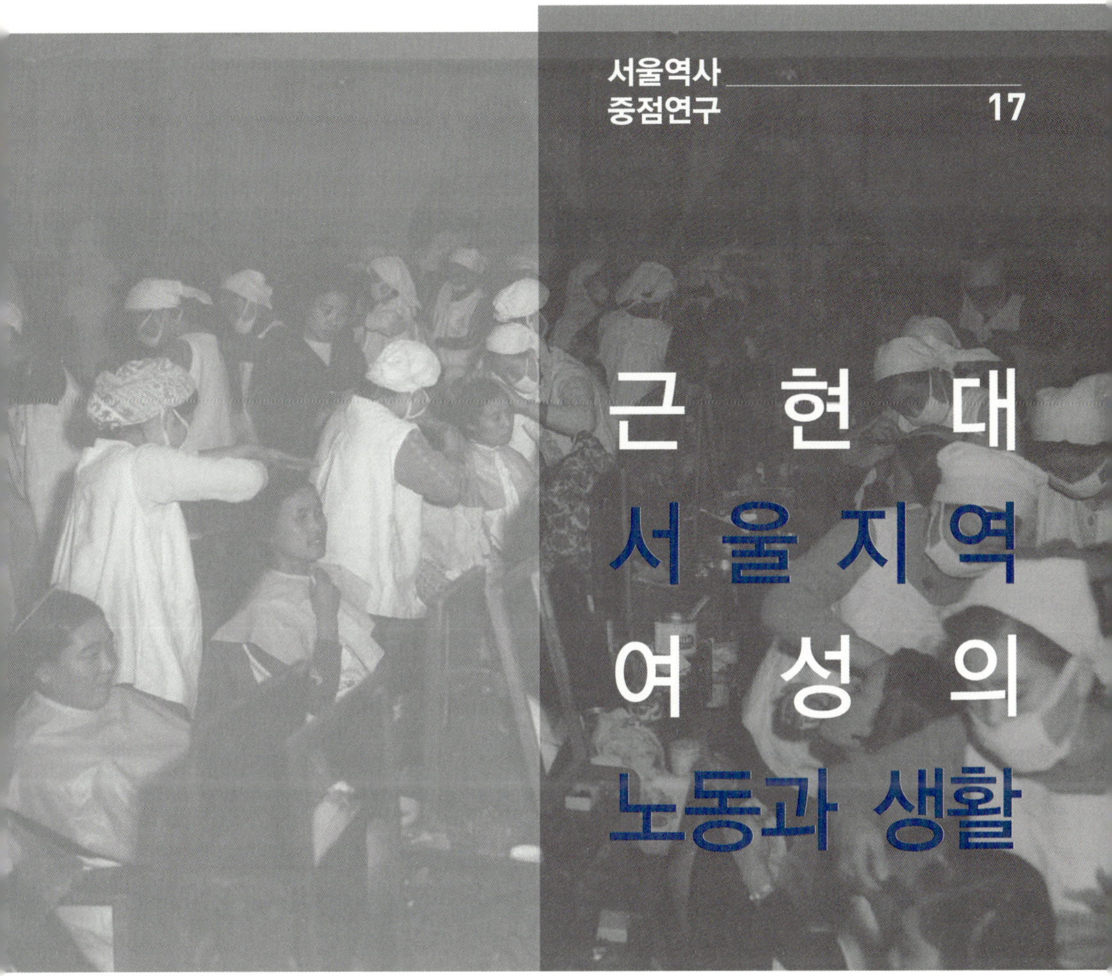

서울역사편찬원

발간사

인류가 탄생한 이래로 여성들은 항상 집 안팎에서 노동을 해왔습니다. 특히 근대 이후 여성들이 노동하는 장소와 노동의 종류, 특징 등에 급격한 변화가 나타났고, 서울은 그 변화의 중심에 있었습니다. 서울시 여성고용지표 통계에 따르면 2023년 기준 15세 이상 여성인구 가운데 경제활동인구는 197만 6,000명을 기록하고 있습니다. 이는 지난 10년간 여성의 경제활동참가율이 꾸준히 상승하고 있는 한국 전체의 상황과 궤를 같이 하고 있습니다. 그렇다면 과연 서울에 있는 여성들의 실제 노동 활동과 생활은 어떠한 변화 과정을 겪어 왔을까요?

이에 서울역사편찬원에서는《근현대 서울지역 여성의 노동과 생활》을 발간하게 되었습니다. 일제강점기부터 오늘날까지 서울 곳곳에서 이루어진 여성들의 노동과 생활을 통하여 근현대 사회 여성들이 사회 속에서 자신들의 영역을 확보해가는 모습을 조명해보고자 하였습니다.

이 책은 총론과 각론에 해당하는 6편의 논문으로 구성되어 있습니다. 각론에서는 일제강점기 영등포지역의 방직 여공, 1980년대까지 존재했던 여성 타이피스트, 영등포지역 여성노동자들의 협동운동, 한때 여성노동의 상징이기도 하였던 미용사, 가사 · 육아와 병행하는 저소득층 여성의 가내노동, 북한이탈주민여성의 정착과 새로운 노동환경 등 서울 속 다양한 여성 노동자들을 살펴보았습니다.

오늘날 ‘맞벌이’는 당연한 일로 받아들여지고 있습니다. 하지만 여성이 가사노동 외에 전문적 영역에서 노동하고 그 역할을 사회적으로 인정받은 역사는 그리 오래되지 않습니다. 또한 경제활동을 하는 여성 인구가 증가하였음에도 경력단절과 저출산 현상은 여전히 여성들에게 주어진 고민이자 과제로 존재하기도 합니다. 이 책의 발간을 계기로 앞으로도 많은 연구자들과 시민들의 관심이 서울 속 노동하는 여성들의 삶과 역할에 집중될 수 있기를 기대합니다.

끝으로 이 책이 나오기까지 수고를 아끼지 않은 집필자 선생님들과 서울역사편찬원의 연구원들, 그리고 심사자와 토론자 등 여러분의 도움에 깊이 감사드립니다. 앞으로도 새로운 서울 역사 발굴을 위해 많은 연구자와 시민 여러분의 애정어린 관심을 부탁드립니다.

2024. 6.

서울역사편찬원장 이 상 배

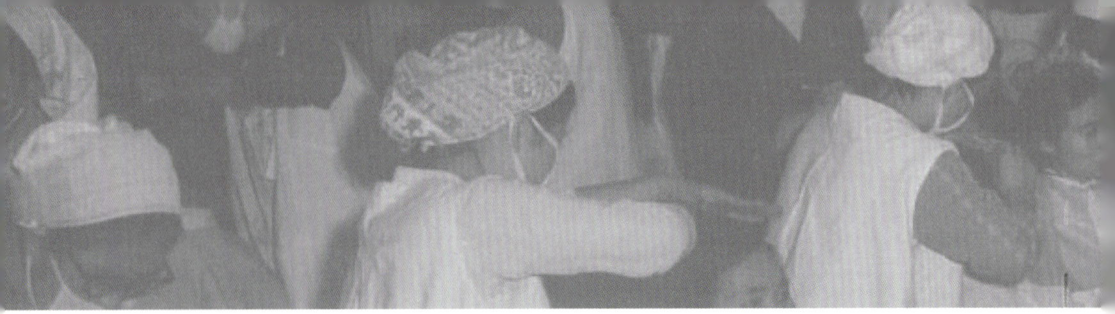

차 례

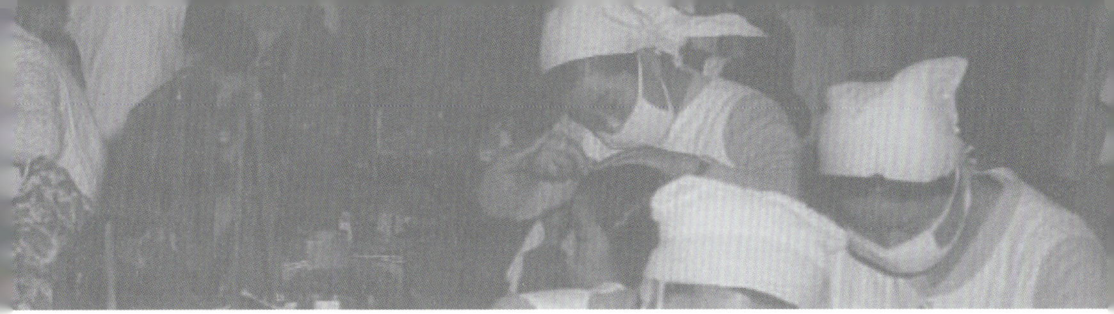

총 론

근현대 서울의 여성들은 무슨 일을 하며 어떻게 살아왔을까?

예지숙(숙명여자대학교 인문학연구소 연구교수)

시대를 불문하고 여성들은 늘 일하는 존재였지만, 한국의 근현대는 자본주의화의 물결 속에서 여성의 노동 형태나 장소, 역할 등의 급격한 변화가 나타났던 특별한 시기였다. 특히 서울은 다른 어떤 지역보다 이러한 변화가 선구적으로 나타났고 새로움을 여타 지역으로 확산시키는 데 커다란 역할을 하였다. 또 서울의 여성은 노동을 통하여 자신의 생존뿐만 아니라 가족을 부양하고 사회를 지탱하고 변화시키는 주체로서 그 존재를 드러내 왔다. 따라서 근현대 서울지역 여성의 노동과 삶의 변화를 살펴보는 것은 여성노동사는 물론이고 서울시민의 역사를 이해하는 데에서 중요한 통로가 된다.

오늘날 한국에서 맞벌이는 당연한 일이다. 여성은 결혼하면 직장을 그만두어야 한다는 사고방식이 지배했던 과거를 생각하면 큰 변화지만 일하는 여성에 대한 이해와 지원은 여전히 부족하다. 여성들은 여전히 경력단절로 고통을 겪고 있고, 그에 대한 반발은 저출산 현상으로 이어지고 있다. 단기적인 정책 대안은 쏟아지고 있지만, 그것이 얼마나 여성들의 경험에 기반한 것인지는 의문스럽다. 과거의 역사적 축적 속에서 여성들의 노동 경험이 어떻게 주조되어 오늘날에 이르게 된 것인지, 그 속에서 여성들이 겪어야 했던 노동조건과 노동과정에서의 기쁨과 고통, 열정과 좌절 등을 진지하게 탐구하며 여성들의 경험에 바탕을 둔 지식을 생산하는 것은 우리 사회가 나아가야 할 새로운 사회를 모색하기 위해서도 필요한 작업이다. 그러한 지식 생산에서 역사학 역시 그 몫을 담당해야 할 시점이다.

이러한 문제의식하에 서울의 공간성과 여성노동에 관심을 기울이고자 한 연구자들이 서울지역 여성노동 연구팀(이하 연구팀)을 구성하였다. 연구팀은 일제시기부터 해방 이후 산업화 시기까지를 연구의 시간적 범위로 삼았다. 우리는 이 시기에 일어난 식민화, 자본주의화, 도시화에 따라 여성노동이 재편되는 양상을 추적하고, 다양한 노동을 통해 삶을 영위하고 가족을 넘어서 사회적 존재로서 자신을 드러낸 여성의 모습을 설명해내고자 하였다. 그리고 이를 살피기 위하여 다음의 점들에 주목하였다.

첫째, 여성노동의 경계와 다양성에 관한 것이다. 근대 이후 여성의 노동은 다양하게 분화되었다. '여성'이 고정된 실체가 아닌 것처럼 여성의 일 또한 고정적이거나 그 구성이 단순하지 않다. 여성이 교육받을 기회가 증가하면서 여교사·간호부·조산부·여기자 등의 전문직 여성들이 나타났고, 전화교환수·점원·타이피스트·미용사와 같은 새로운 업종에 종사하는 여성들도 등장했다. 산업 분야·업종·직무형태·노동 장소 등에 따라 여성노동은 다양하게 변화해 왔다. 따라서 연구팀은 다양한 직업 분야에서 활약한 여성들의 노동 경험을 포괄하고자 하며, 그것이 여성의 노동으로 본질화되는 역사적 과정에 대해서도 관심을 기울일 것이다.

둘째, 여성노동이 기술과 맺는 관계에 주목할 것이다. 근대사회로 접어들면서 보급되어 간 새로운 기술과 그에 기반한 문화는 일상적 생활의 영역뿐만 아니라 여성의 노동 현장을 변화시켰다. 타자기와 미용기술 등의 보급이 타이피스트와 미용사라는 새로운 여성 직업의 탄생과 이를 뒷받침할 타자교육과 미용사 양성 학원의 설립으로 이어졌던 것에서 드러나듯이, 기술과 그에 따른 문화적 변화가 여성노동에 미치는 영향은 크다. 그럼에도 기존 연구에서 이에 관한 관심이 크지 않았던 점은 아쉬운 부분이다. 연구팀은 선행연구의 공백을 메우면서 근대 이후 새롭게 도입된 기술이 여성들의 노동을 어떻게 변화시켰는지를 살펴보고자 한다. 기술의 도입과 전파에서 늘 선두에 있었던 서울지역의 특색을 고려할 때 이러한 시도는 더욱더 필요한 부분일 것이다.

셋째, 여성노동의 공간에 주목할 것이다. 여기서 공간은 노동이 이루어지는 장소는 물론 노동 장소를 둘러싼 지역을 포괄하며, 지역의 변경 즉 이주가 여성노동에 미치는 영향에까지 관심을 둔다. 이처럼 공간과 지역, 이주 문제에 주목하는 것은, 노동이 단순히 노동 그 자체에 그치는 것이 아니라, 일상생활과 그것이 영위되는 공간과 밀접한 관계를 맺고 있다고 보기 때문이다. 여성은 공장이나 상점, 사무실과 같은 집 밖에서의 노동뿐만 아니라 육아를 병행하기 위해 가내에서의 부업에 종사하는 경우가 많기에 노동 공간은 육아와 가사, 일상생활을 영위하는 공간과 중첩되곤 한다. 따라서 어떤 공간 속에서 노동하고 있었는가를 이해하는 것은 여성노동에서 핵심적인 지점으로 대두된다.

마지막으로 서울은 이주자의 도시임에 주목하고자 한다. 북한이탈 주민 여성들의 경우처럼 여성들의 노동은 공간의 이주와도 중요한 관계를 맺는다. 여성들은 이주와 정착 과정에서 새로운 노동에 접하게 되고 그에 따라 생활도 변하게 된다. 식민화와 분단과 전쟁, 경제개발 속에서 급격히 변화해 온 서울이라는 공간 속에서 새롭게 이주해 온 여성들이 어떻게 노동을 통해 정착하여 서울 주민으로 합류해 왔는지를 이해하는 것은 끊임없이 새로운 인구를 흡수해 온 대도시 서울이 갖는 지역적 특징을 여성노동의 관점에서 이해해 보는 데에도 유용할 것이다. 또 1930년대 이래 여성노동자가 밀집해 있던 영등포의 경우 지역의 장소성, 지역성을 이해하려면 여성노동자의 이주를 이해하고 이들의 생활공간으로 지역 자체를 이해해야 한다.

서울지역 여성노동에 대한 국내외 연구 동향

일제시기 여성노동에 관한 연구들은 크게 2000년대를 기점으로 구분되는데, 1990년대까지는 제조업 공장 여성노동자에 관심을 두었고 2000년대 '식민지 근대성'의 문제의식하에 들어서는 서비스업에 종사한 여성에 관한 연구가 중심을 이루었다. 후자는 근대화·도시화가 가장 뚜렷하게 나타난 경성부를 중심으로 여성의 사회적 진출의 다양한 양상을 조명하여 식민지 근대하에 젠더 형성을 해명하는 데 힘을 기울였다. 여성 공장노동자에 대해서 여성 공장노동자의 노동과 생활을 규명하고 이들의 열악한 노동조건 및 생활 환경이 노동쟁의로 이어졌음을 주목한 연구들이 대종을 이루었다. 또 근대적 여성 주체로서의 공장 여성노동자에 주목하는 연구도 진행되었다.[1]

최근에는 일제시기와 해방 이후를 막론하고 가사서비스업, 접객업, 미용업 등 여성들이 진출한 다양한 직업을 발굴하고 이러한 직종이 여성의 직업으로 구성되는 역사적 과정에 주목하는 연구가 이루어지고 있다.[2] 일제시기 경성부의 직업 구성에 관한 연구에 따르면, 경성부에서 가장 많은 여

1 강이수, 〈1930년대 면방대기업 여성노동자의 상태에 대한 연구: 노동과정과 노동통제를 중심으로〉, 이화여자대학교 사회학과 박사학위논문, 1992; 서형실, 〈식민지 시대 여성노동운동에 관한 연구: 1930년대 전반기 고무제품 제조업과 제사업을 중심으로〉, 이화여자대학교 여성학과 석사학위논문, 1989; 박재화, 〈1930년 조선방직노동자들의 파업연구〉, 부산여자대학교 사학과 석사학위논문, 1993; 이송희, 〈일제하 부산지역 방직공장 고무공장 여성노동자들의 파업〉, 《이화사학연구》 30, 2001; 윤정란, 〈식민지시대 제사공장 여공들의 근대적인 자아의식 성장과 노동쟁의의 변화과정: 1920~30년대 전반기를 중심으로〉, 《담론201》 9-2, 2006

2 김미선, 〈근대적인 '직업여성'의 여성정체성과 직업의식의 형성과정에 관한 연구: 1세대 미용사 임형선의 구술생애사를 중심으로〉, 《여성과 역사》 10, 2009; 김은정, 〈1930~40년대 서비스직 여성의 노동경험을 통한 '직업여성'의 근대적 주체성 형성과 갈등에 관한 연구〉, 《한국사회학》 46-1, 2012.

성 직업은 가사사용인과 접객업 종사자였는데, 최근 이들을 다룬 연구가 수행되어 여성노동의 연구 지평을 넓힌 바 있다.[3] 미용사, 타이피스트 등에 관한 연구는 문화사, 기술사의 영역과 접목하여 확장될 필요가 있으며 서울의 지역성과 관련해 도시사의 맥락에서 해석할 필요가 있다.

서울역사 연구에서 '소지역의 장소성의 형성과 변용'에 관한 것은 하나의 지분을 차지하고 있는 분야이다.[4] 이 연구에서 주목한 영등포는 공장 밀집지대로 산업화와 여성노동자의 관계를 구체적으로 살펴볼 수 있는 지역이다. 선행 연구는 서울의 대표적 공업지대로 발전한 과정을 분석하거나 대규모 방적 공장의 여성노동자를 조명하는 정도에 그치고 있다. 해방 이후에 대한 선행 연구는 노동조합운동부터 1960~1970년대 생활 주거공간에 대한 분석 등 노동운동을 중심으로 다루었다. 여기서 여성은 주요 행위자임에도 불구하고 객체화되어 있거나, 충분하게 다루어지고 해석되지 않았다.[5]

연구팀에서 주목하고 있는 '경계'에 대해 살펴볼 수 있는 주제로 '가내노동'을 들 수 있다. 잘 알려져있는 것처럼 노동의 젠더화를 가장 잘 보여주는 요소는 바로 결혼과 양육이다. 여성노동자는 직업 활동에서 결혼과 양육의 영향을 직접적으로 받기 때문에 성별이 노동에 어떤 영향을 미치는

3 이송순, 〈일제하 1920-30년대 여성 직업의 지역별 분포와 존재 양태〉, 《한국사학보》 65, 2016; 이아리, 〈한국 근대 가사서비스노동의 형성과 변동〉, 서울대학교 국사학과 박사학위논문, 2023.

4 이에 대한 연구 경향으로 염복규, 〈개항~현대 서울 역사 연구의 동향과 과제〉, 《서울과 역사》 100, 2018 참고.

5 김하나, 〈근대 서울 공업지역 영등포의 도시 성격 변화와 공간 구성 특징〉, 서울대학교 건축학과 박사학위논문, 2013; 곽건홍, 〈1930/40년대 서울지역 공장 여성노동자의 생활〉, 《서울과 역사》 70, 2007; 김남일, 《원풍모방 노동운동사》, 삶이보이는창, 2010; 이영재, 《공장과 신화》, 학민사, 2016; 이종구, 《1960~70년대 노동자의 생활세계와 정체성》, 한울, 2005.

지를 가장 잘 보여준다. 선행연구로 기혼 여성들이 처해 있었던 노동조건과 생활의 실태가 어느 정도 드러났지만 충분하다 할 수는 없다.[6] 저소득층의 기혼여성이 광범위하게 종사한 가내노동은 지역, 계급, 성별이 교차하는 양상을 잘 드러낼 수 있으며, 근대적인 직업의 개념과 지식에 의문을 제기할 수 있는 중요한 영역이다. 그러나 서울 각 지역별 기혼 여성이 종사한 가내노동의 특징과 차이 등은 여전히 연구가 진전되지 못한 상태이다.

한편 북한이탈주민여성은 그간 주목되지 못한 존재이다. 서울은 북한여성에게 북한이탈 이후 가장 정착하고 싶은 지역으로 인식되고 있다. 서울에 정착한 북한이탈주민여성들은 북한에서와는 다른 노동을 하며 살아가게 된다. 북한이탈주민여성의 남한 정착 과정과 취업 문제에 대해서는 주로 현황 분석과 정책 제안에 치중하고 있으며, 서울 정착 북한이탈주민에 관한 일부 연구가 있다.[7] 다수의 북한이탈주민이 정착한 지역으로서 서

6 서울특별시, 《저소득층 주거지 변천사 연구: 무허가 정착지를 중심으로》, 2014; 윤진호, 〈도시비공식부문〉, 정운영·이대근 편, 《한국자본주의론》, 까치, 1984; 조형, 〈비공식부문 여성노동〉, 《한국여성의 일》, 이화여자대학교출판부, 1985; 조은·조옥라, 《도시빈민의 삶과 공간: 사당동 재개발지역 현장 연구》, 서울대학교 출판부, 1992; 유장수, 〈한국의 가내노동자에 관한 연구: 대구지역의 사례분석을 중심으로〉, 서울대학교 경제학과 석사학위논문, 1986; 노미혜, 《여성의 취업실태조사: 기혼여성을 중심으로》, 한국여성개발원, 1986.

7 정책 연구로 다음의 것들이 있다. 장명선·이애란, 《서울시 북한이탈주민여성의 실태조사 및 지원정책방안 연구》, 서울시여성가족재단, 2009; 정진화·손상희, 《여성 북한이탈주민의 경제적 적응: 취업, 소득, 소비》, 서울대학교출판문화원, 2015; 김화순, 《분단체제의 노동: 북한출신주민이 경험한 남북한의 직업세계》, 도서출판선인, 2019.
탈북민의 이주 경험에 대한 연구로 다음의 것이 있다. 박채순, 〈북한이탈주민의 한국사회 유입과 적응 실태 연구: 서울시 노원구를 중심으로〉, 《디아스포라연구》 5-2, 2011; 오정석·성진욱·김윤중, 〈북한이탈주민은 서울에서 어떻게 살고 있을까: 주거정착을 중심으로〉, 《주거환경》 19-2, 2021; 김성경, 〈북한이탈주민의 "스카이캐슬" 생존기: 임대주택과 교육자본의 공간사회학〉, 《통일인문학》 90, 2022.

울의 의미, 서울 거주가 북한이탈주민의 노동 경험에 미친 영향 등에 관심을 가지면서 이주 노동자로서 북한이탈주민여성들의 노동 경험을 위주로 한 생애를 추적하여 서울 정착과 노동의 연관성을 밝혀보는 것도 필요할 것이다.

젠더, 일상과 생활

연구 과제를 수행하기 위하여 연구팀은 젠더사의 시각과 연구방법을 활용하였다. 젠더gender는 차이를 드러내는 주요한 개념이자 방법론으로 현재 역사학 여러 분야에서 연구방법으로 활용되고 있다. 노동사 분야에서는 이미 오래전부터 특정 노동이 젠더화 되는 과정 또는 성차가 노동에 미치는 영향 등이 연구되었다. 조운 W. 스콧은 사회 안에서 남성들과 여성들 간의 관계를 조직하려고 시도하는 사회적 규칙이 성차에 관한 지식을 생산한다고 하였다.[8] 이렇게 보았을 때 젠더는 성차에 대한 신념과 문화 등이 재현된 것이라 볼 수 있다. 직업에서도 일단 '남성적', '여성적'으로 명명되면, 그 자리에 고용될 노동은 성 특수적으로 고정되어 성정형화되고 노동 공급의 변화나 노동과정의 재편이 어려워진다. 이 과정은 복잡하고 역사적인 과정을 거쳐 형성된다. 노동자 내부에서도 여성의 위치와 남성의 위치는 다르게 형성되고 다양한 고용차별 또는 배제의 문제를 발생시켰다. 그러나 이러한 경계는 고정적이지 않고 특히 임금을 포함한 노동조건의 개선 요구에 따라 바뀌어왔다.[9] 다양한 분야의 노동-성별 고용의 형태는 그 산업의 노동시장

8 조운 W. 스콧, 배은경, 〈젠더와 정치에 대한 몇 가지 성찰〉, 《여성과 사회》 13, 2001.

9 루스 밀크먼 지음, 전방지·정영애 옮김, 《젠더와 노동》, 2001의 서론 및 결론 참조.

이 처음 형성될 때 작용하는 경제·정치·사회의 구조적 요인들에 영향을 받는다. 연구팀은 1930년대부터 현재까지의 근현대 전시기에 걸쳐 특정 노동이 여성노동이 되는 과정을 역사적으로 분석해보고자 하였다. 성별 고용 실태 분석에서 나아가 이러한 성별 고용과 성별 직무분리가 만들어진 역사적 계기와 조건을 분석할 것이다.

연구팀은 경성·서울지역의 드러나지 않았던 여성의 노동과 생활에 주목하는 만큼 이를 보여주기 위한 신규 자료의 발굴과 수집을 위하여 노력하였다. 후지타 타다요시는 해방 이후 미용업의 제도적 정착 과정을 살펴보기 위하여 미용학원의 양적 동향과 운영 실태를 보여주는 학원 수기 자료집, 학원 열람, 학교 열람서 등을 발굴하였다. 국가기록원에 소장된 기록물 중 학원 운영의 전체상을 보여주는 설립인가신청서, 학칙 변경 신청 등 학교 관계 문서들을 활용하여 미용학원의 실태 파악과 학원 운영과 내부 조건에 대해 파악하였다. 또 기록을 남긴 미용학원 관계자들의 증언집을 적극 발굴해 함께 활용하였다. 김이경은 영등포 공업지대 신용협동조합 설립과 여성의 역할을 연구하기 위해서 산업선교회가 간행한 월별·연간 보고서 등을 활용하였다. 또 직접 영등포산업선교회 주요 관계자를 인터뷰하여 구술자료를 수집하였고 기간행된 구술 자료도 활용하였다. 장미현은 서울시 저소득층 주거밀집지역의 지역적 실태를 파악하기 위해 '구/동의 역사' 자료집과 1980년대 빈민운동사 차원에서 진행된 실태조사 자료, 종교단체들이 간행한 조사보고서, 가내노동의 실태보고서를 적극적으로 발굴하였다. 또 저소득층 주거밀집지역 거주 여성들의 구술자료, 수기, 인터뷰 기록 등을 파악하여 자료로 활용하였다.

연구 내용

이상의 문제의식과 연구방법론을 바탕으로 본 연구팀은 총 6개의 연구를 수행하였다. 1장은 1930년대 영등포지역의 방직 여공에 관한 것이다. 영등포 지역의 장소성의 형성과 변용에 주목하면서 여성노동의 장으로 해당 지역을 구성해보는 것을 목적으로 하였다. 영등포의 방직 여공은 대부분 강원·경북·충남·충북의 영세한 농촌 가정의 자녀였는데 이들을 이주노동자로 바라보면서 이주와 노동에 초점을 두어, 조선총독부의 공업화 정책과 도시개발에 초점을 둔 기존 연구가 간과한 여성 이주자의 공간으로서 영등포를 조명하고자 하였다. 또 장소의 형성과 변용에 대한 이해에 젠더를 개입시켜 역사 공간이 결코 성적으로 중립지대가 아님을 알려주었다. 한편 이 연구를 수행하면서 '조선공업화' 시기에서 전시체제기로 이어지는 모집과 동원에 대한 세밀한 이해가 필요하다는 후속 연구 과제가 제기된 것도 주요한 성과 중 하나이다.

2장에서는 신기술의 도입이 여성의 삶에 어떠한 변화를 가져왔는지 살펴보았다. 여기에서는 근대 초기 타자기가 도입되던 시점부터 컴퓨터의 도입으로 사무자동화가 진행되어 타자기가 사무실에서 사라지기 직전인 1980년대까지를 시야에 두면서 타이피스트 교육 및 취업의 실태를 검토하였다. 제국의 언어가 모든 공적 활동에서 지배적인 위치를 차지하였던 식민지라는 조건에서 언어를 기반으로 하는 타자기의 사용에는 식민지적 언어의 불평등이 그대로 투사되었고, 여성 타이피스트들 대부분은 일본어에 익숙한 경성 거주 재조일본인 여성들에 의해 채워졌다. 1930년대 후반 전시체제로 재편되면서 타이피스트에 대한 수요가 증가하자 조선인 여성들의 타이피스트 채용도 점차 증가하기 시작했지만, 타이피스트의 주류는 여전히 재조일본인 여성들이었다. 서울에서 여성들이 본격적으로 타이피스트로 고용되기 시작한 것은 해방 이후였다. 서울에는 타이피스트 학원들이 다수 설립되었고 여자상업학교 등에서도 타자 교육이 실시되었다. 타이피스트는 고졸 이상 학력의 여성이 취업할 수 있는 대표적인 직종으로 자리잡았다. 그러나 타자기가 대중화되면서 한때 전문직으로 각광 받았던 타이피스트는 점차 단순기술직 노동자로 여겨지며 그 빛을 잃어 갔다. 한때 문명의 상징이자 여성해방의 상징으로 표상되었던 타자기는 여성에게 새로운 직업을 선사하였지만 여성들은 성차별적 관행이 구조화된 공간에서 '직장의 꽃'으로 여성다움을 실천하고 결혼과 함께 재빨리 퇴장할 것을 강요받았다. 무엇보다 해방 전후를 연속적으로 파악하면서 기술과 젠더의 상관관계를 규명하였으며, 제국주의적 위계와 민족차별의 역학 속에서 도입된 새로운 기술이 여성노동의 변화로 직결되지 않았던 식민지적 맥락을 드러낸 의의가 있다.

3장에서는 노동자들이 스스로 신용협동조합을 조직하고 운영한 영등포산업개발 신용협동조합(이하 신협) 사례를 통해 노동자의 경제적 연대와 신용창출 과정을 검토하였다. 영등포산업개발 신협은 영등포산업선교회의 그룹활동에 참여한 여성노동자를 중심으로 1969년에 설립되었다. 영등포산업개발 신협은 사채를 이용할 수밖에 없었던 노동자들에게 유용한 금융기관으로 기능하였다. 신협의 공동자금은 소비, 생산, 주택 등 협동운동을 추진하는 데 중심적인 역할을 하였다. 노동자들은 저축을 통해 경제적으로 연대하였으며, 신협의 임원으로 활동하며 협동조합운동에 참여하였다. 이 연구는 계급 구성, 노동조건, 파업 등 집단저항에 주목하는 그간 노동운동사적 시각이나 산업화와 독재 정권에 저항한 투쟁의 주체로 주목했던 민중운동사적 시각에서 나아가 개발독재에 대하여 일상 전반에서 연대하며 버틴 생활자로 여성노동자를 조명하였다.

4장에서는 제도사적이고 문화사적인 접근을 통하여 서울지역에서 미용사 인구가 확대되어 갔던 과정과 더불어 미용사 노동의 실태와 특징을 밝혔다. 해방 후에는 수많은 미용실이 서울을 중심으로 생겨났으며 시민들의 미용실 방문은 일상이 되었다. 또 미용업 확대에 따라 1960년대 이후 미용사가 급증하였고 여성의 중학교 취학이 거의 보편화한 1970년대에 미용사는 도시를 중심으로 더욱 늘어났다. 해방 초기부터 미용업이 전개됐던 서울에서는 미용사 양성기관인 고등기술학교와 사설강습소가 잇따라 개교하였다. 미용사 자격제도의 정비와 1960년대에 들어서 서울 곳곳에서 개최된 패션쇼, 미용기술대회는 미용사의 직업적 위상을 높이는 중요한 계기가 되었다. 미용사는 다른 단순 노동에 비해 안정된 수입을 기대할 수 있었으나 충분한 수입을 얻기까지 2~3년의 견습 기간을 거쳐야 했고, 점포 위치나 규모에 따라 숙련된 미용사들 사이에서도 소득 격차가 있었다. 미용사는 기혼 여성도 가사와 병행할 수 있는 직업으로 주목받았지만, 일과 가사노동을 이중으로 부담해야 하는 등 사회문화적 성별 역할에서 벗어나지 못했다. 노동 시간도 일정하다고 할 수 없었는데, 번화가, 공장 인근, 인구 밀집지 등 도시의 미용실들은 고객의 생활에 맞춰 문을 열어야 했기 때문에 휴일 없이 밤낮으로 영업하기도 했다. 파마액 등 시술 약품으로 인한 손 거칠어짐과 손가락 변형, 서서 일하는 환경으로 인한 만성적인 다리 통증, 휴식 없이 끼니를 거르거나 고객 응대로 인한 정신적 부담으로 인한 위통 등 노동 환경은 아름다움을 창조하는 미용과 대조적이었고, 이직률도 높았다.

5장은 1960~1980년대 서울지역 저소득층 주거지역 조성 과정에서 지역 기혼여성들이 처한 생활 조건과 기혼여성들이 종사한 가내노동의 실태와 성격을 분석했다. 저소득층 지역에 사는 기혼여성들은 돌봄노동과 가내노동을 병행할 수밖에 없었다. 또 1970년대까지도 상하수도 시설이 미비했기 때문에 기혼여성들이 물 공급을 책임져야 했다. 집 밖에 공장 등으로 취업할 수 없었던 기혼여성들은 초저임금을 감수하며 가내노동에 종사해야 했다. 여성들은 불규칙적인 주문량과 촉박한 작업시간에 시달렸는데, 이는 하청기업이 가내노동자에게 작업을 위탁하면서 발생한 구조적인 문제로 기업의 '위기'와 관리 업무를 가내노동자에게 전가한 결과였다. 위탁업체는 개별노동자에 대한 관리를 중계부인에게 맡겼는데 이들의 업무 범위는 기술의 전수, 일감의 배분, 급여 지급 등에 이르기까지 폭넓었다. 이 연구는 기혼여성의 노동 전반을 다루면서 이 노동이 '이웃관계' 노동이라는 나름의 관계와 방식에 바탕하고 있음을 밝혔다. '이웃관계' 노동은 이웃 간의 안면관계를 중심으로 일이 분배되고 계를 조직하는 가내노동의 성격과 특성을 지칭하는 용어로 이 글에서 사용되고 있다. 도시에서의 불안정적인 인간관계에 기반한 노동으로 당대의 사회 상황을 이해할 수 있는 중요한 키워드로 보인다.

6장에서는 북한이탈주민여성의 상황을 조명하고, 노동을 통해 삶을 개척해나가는 그들에게 서울이 어떤 기회와 질곡의 도시인지를 파악하고자 하였다. 서울은 전국 대비 북한이탈주민의 비율이 높을 뿐 아니라, 서비스업종 등의 집중으로 인해 북한이탈주민여성 다수가 거주하고 노동하는 공간이다. 남한에 입국한 북한이탈주민의 주거지는 대부분 하나원에 있는 동안 결정되는데, 대부분 서울에 살 것을 강력하게 희망한다. 그 주된 이유는 역시 서울이 대한민국의 수도이자 가장 유명한 도시이기 때문이다. 하지만 서울은 일자리 구하기도 어렵고 물가도 비싸서 살기 힘들며, 또한 배정받은 주택들도 서울 변두리에 위치하여 불편함을 호소하기도 한다. 많은 북한이탈주민은 임대주택에서 생활을 시작하는데, 같은 아파트 거주민들이 보내는 차별적 시선뿐 아니라, 주거문화의 차이로 인해 적응하는 데 어려움을 겪고 있었다. 남한의 개별적 도시 주거문화는, 집단주의적 주거문화에 익숙했던 북한이탈주민에게는 생소한 경험이다. 북한이탈주민여성은 정착의 어려움에 더해 가족 간 갈등이나, 자녀 양육, 일과 양육의 병행에서 오는 갈등, 자신을 지지해줄 사회적 연결망이 부재한 데서 어려움을 겪고 있다. 또 서울 거주 북한이탈주민여성은 나이와 경력 인정 문제, 생산직이 부족한 서울의 특징, 북한 출신에 대한 사회적 차별, 직업교육의 한계, 일과 육아의 병행 문제 등으로 취업에 어려움이 있다. 생산직종이 부족한 서울에서 식당과 같은 서비스 직종에 취업할 수밖에 없는 상황이지만, 억양이나 말투 문제로 서비스 직종에 취업이 되기 힘들다. 취업을 해도 남한 사회의 북한 사람 차별로 인해 어려움을 겪으며 일을 해 나가야 한다. 여기에 자녀를 부양해야 하는 여성들은 일과 육아를 병행하는 데 따른 어려움마저 더해진다.

본 연구팀은 이상의 6편의 연구를 통하여 근현대 서울의 역사에서 여성의 행위자성과 이들이 수행한 노동의 성격을 조명하고자 하였다. 그 결과 공장, 사무실 등 '공적' 공간뿐 아니라 가정이라는 사적 공간을 노동공간으로 조명하게 되었고 그간 주목하지 못하였던 직업들도 서울의 역사 안으로 들여놓게 되었다. 또 이주와 경계를 역사 공간에 들어놓음으로써 보다 다양한 역사상을 상상하게 된 성과가 있었다. 물론 6편의 연구를 통하여 모든 점을 해명하기는 어려울 것이며, 이는 향후의 연구를 기약한다.

제 1 장

서울지역 방직 여공의 노동조건과 생활
: 1930~1940년대 영등포지역을 중심으로

예지숙 (숙명여자대학교 인문학연구소 연구교수)

1. 머리말

1930년대에는 일제에 의한 식민지 개발이 급속하게 진행되었고 이에 따라 경성에도 공업이 급속하게 성장하였다. 이전까지만 해도 가난한 농민의 이주가 도시 팽창의 주된 요인이었지만 1930년대 이후에는 식민지 공업화와 전시체제기의 정책적인 요인에 따라 도시화가 급속하게 진전되었다. 이 시기에 경성의 배후 지역인 영등포는 신공업지로 발전하였다. 1930년대 중후반에 진출한 대규모 방직공장은 기존의 시설과 다른 규모의 첨단 생산 설비를 갖추고 있었다. 영등포의 경성방직과 동대문 청량리의 제사공장이 있었지만, 몇천 명이 한꺼번에 생산현장에 투입된 것은 1930년대 진출한 방직공장들이 최초라 할 수 있다.[1] 방직업은 저렴하고 풍부한 여성노동력의 확보가 사업의 성패를 가늠하는 업종이었는데, 영등포의 방직공장에는 수천 명의 여공이 집단으로 생활하였다. 영등포에는 당대 최첨단의 생산 설비가 한꺼번에 들어서 있었지만, 방직공장과 여공의 규모는 여타의 부문을 훌쩍 뛰어넘고 있었다. 그러므로 1930년대 신흥 공업 도시로 영등포를 조명하면서 여공의 존재를 확인하고 이들의 존재 양태를 살펴보는 것은 영등포와 경성의 역사를 조명하는 데 있어 의미 있는 부분이라 할 수 있다.

그간 경성에 관해서는 도시계획의 전개와 특징, 공업화 등 관한 연구가 수행되어 많은 부분이 해명되었다.[2] 2000년대 이후 젠더사 연구가 본격화

1 1930년대 중반 영등포에는 경성방직 이외에도 일본의 3대 방직공장인 鐘淵紡績, 東洋紡績, 大日本紡績 회사가 진출하였다. 그리고 1934년에서 1939년 사이 서울지역 전체 노동자에서 여성노동자가 차지하는 비율은 26.5%에서 31.4%로 늘어났다(곽건홍, 〈1930·40년대 서울지역 공장 여성노동자의 생활〉, 《서울과 역사》 70, 2007).

2 염복규, 《서울의 기원, 경성의 탄생》, 이데아, 2016; 배성준, 《한국 근대 공업사》, 푸른역사, 2021.

하면서, 경성을 젠더화된 도시 공간으로 바라보면서 도시에서 여성의 존재 방식을 분석한 연구가 이루어졌다. '식민지 근대성'이 집약적으로 발현된 공간으로 경성을 바라보면서 재현과 담론을 중심으로 식민지 도시에서 여성의 존재 양상을 다각도로 탐구하였다.[3] 도시를 젠더적으로 분석하여 도시사에 대한 시각을 풍부하게 했다는 점에서 연구사적 의의가 있다고 평가할 수 있으며, 본 연구에 관련해서 여성노동의 공간으로 도시를 바라본 점이 도움이 되었다. 여공, 가사노동자 등 하층의 여성노동자에 대해서 작업장인 공장에서 감시와 규율을 받으면서 가혹한 노동에 수탈당하는 모습을 조명함과 동시에, 근대 도시 공간에서 연애와 소비문화를 향유하고 나아가 그들만의 하위문화를 구축한 사람들이었음을 드러냈다. 한편 근대적 자아를 가지고 여성 문화를 만들어 낸 능동적인 존재로 여성노동자를 파악한 연구도 있다. 여성 공장 노동자에게 가해지는 가부장적 억압을 축소하거나 부정하지 않으면서도, 여공을 가난한 농촌 가족의 가부장적인 울타리로부터 도시의 공장이라고 하는 좀 더 넓은 '근대적 공간'으로 탈출하고자 하는 '해방'의 욕구를 가진 복합적인 존재로 파악하였다.[4] 연구의 말미에서 1930년 후반 전시체제기의 대공장에서 일한 여공에게 과연 여성문화나 주체성을 논의할 만한 여건이 존재하였을지 의문을 표하였는데, 이는 본 연구에 자극이 되었다.

3 서지영, 《경성의 모던걸-소비, 노동, 젠더로 본 식민지 근대》, 여이연, 2013.

4 윤정란, 〈식민지시대 제사공장 여공들의 근대적인 자아의식 성장과 노동쟁의의 변화과정-1920~30년대 전반기를 중심으로〉, 《담론 201》 9-2, 2006. 製絲工場의 여성노동자는 또래 여성과 지속적 상호작용, 작업장에서 남공과 만남, 도시의 경험, 경제적인 독립, 노동쟁의 경험 등이 어린 여성노동자를 근대 자아의식을 가진 여성으로 성장이 가능했다고 평가하였다. 신여성 못지않은 근대성을 지닌 존재로 여공을 설명하고 있다.

식민지 근대성이라는 역사 인식이 본격화되기 이전의 연구는 대체로 노동자계급의 형성사를 규명한다는 문제의식 하에 수행되었다. 대표적으로 1930~1940년대 서울의 대공장 여성 공장 노동자에 관한 연구는 한국 노동계급의 역사적 성격을 규명하는 것을 목적으로 하였다.[5] 경성상공회의소에서 발간한《경성월보》를 활용해 영등포 지역, 용산지역 공업구성과 업종별 공장을 정리하여 1930년대 경성의 공업구성과 공업의 변화양상을 설명하였다. 이 논문은 여공이 감옥과 같은 노동조건에서 생활하면서 쌓아온 공통의 경험으로 노동계급의 동질성을 가지게 되었을 것이라고 하였다. 또 강이수의 선행연구를 대폭 참고하여 여성 공장 노동자의 내부구성, 노동조건에 대하여 설명하였다.[6]

그렇지만 이 연구는 한국노동계급의 형성에 대한 역사적 고찰이라는 점에 중점을 두어 여성 공장 노동자를 노동계급의 특정 부분으로 수렴해버린 경향이 있다. 하지만 식민지하 '여공'에는 계급만이 아니라 젠더와 민족

5 곽건홍, 앞의 글, 2007.

6 이 연구에 기반이 된 강이수의 방직공업에 관한 연구는 한국 여성노동계급의 원형적 구성을 고찰하는 큰 성과를 남겼다. 그리고 일제강점기 여성 공장 노동에 관한 연구는 면방직산업이나 고무산업의 노동과정과 노동통제에 대한 연구(강이수, 〈일제 면방 대기업의 노동과정과 여성노동자의 상태〉,《한국사회사연구회 논문집》28, 1991; 강이수, 〈1930년대 면방 대기업 여성노동자의 상태에 관한 연구-노동과정과 노동통제를 중심으로〉, 이화여자대학교 사회학과 석사학위논문, 1992; 김경일, 〈일제하 공업 고무노동자의 상태와 노동운동〉,《일제하의 사회운동》(한국사회사연구회 논문집), 1987; 김경일, 〈일제하 여성의 일과 직업〉,《사회와 역사》31, 2002; 곽건홍, 앞의 글, 2007) 및 여성노동 운동에 관한 연구를 중심으로 이루어졌다(서형실, 〈식민지 시대 여성노동운동에 관한 연구: 1930년대 전반기 고무제품 제조업과 제사업을 중심으로〉, 이화여자대학교 여성학과 석사학위논문, 1990; 이정옥, 〈일제하 공업노동에서의 민족과 성〉, 서울대학교 사회학과 박사학위논문, 1990; 박재화, 〈1930년 조선방직노동자들의 파업 연구〉, 부산여자대학교 사학과 석사학위논문, 1993; 이송희, 〈일제하 부산지역 여성노동자들의 노동운동-고무공장 여성노동자들을 중심으로〉,《여성-역사와 현재》, 국학자료원, 2001).

과 같은 사회적 범주가 교차하고 있었으며, 이에 따라 그 사회적 위상이 결정된다는 점에 유의할 필요가 있다. 그러므로 계급, 민족, 여성의 각각의 범주에 갇히지 않으면서 여성의 노동을 둘러싼 제도와 규범이 어떻게 구조화되었는지 살펴볼 필요가 있다. 또 식민지시기로부터 해방 이후를 연속성 있게 이해하기 위해서 1930년대 공업화시기 서울지역 여공에 관한 연구는 의미가 있다.

본 연구는 1930년대 이후 공업화가 집중적으로 진행된 신흥공업지역 영등포 무대로 이 시기에 집중적으로 건립된 대규모 방직공장 여성노동자의 노동조건과 생활에 대하여 살펴볼 것이다. 1930년대 영등포는 크게 변화하였고 공업 도시로 일신하였으며 당대 기술의 총아라 할 정도로 첨단의 공장 시설뿐 아니라 사택, 학교, 공원 등 부대시설이 들어서 있었다. 이미 언급한 것처럼 영등포 노동자의 많은 부분을 여공이 차지할 정도로 여성의 비중이 높았다. 따라서 이 지역을 식민지 공업화의 결과물만이 아닌 여성노동이 이루어진 근대 도시 공간으로 볼 필요가 있다. 이를 위해 본 연구에서는 영등포에 대하여 정책사, 도시사의 성과를 바탕으로 하여 여성사적 시각을 부여하고자 한다. 본 글에서는 젠더화된 도시 공간을 상상하기 위해서 우선 1930년대 이후 신흥 공업도시 영등포의 도시상을 상세히 살펴보고 이를 바탕으로 이 지역에 존재했던 여공의 노동과 생활을 살필 것이다.

논의의 순서는 다음과 같다. 우선 영등포의 근대적 변신을 다루면서 도시 공간을 탐색할 것이다. 도시사의 진전에 힘입어 수행된 연구를 적극적으로 활용하고자 한다. 다음으로 영등포지역에 최대 단일노동자로 등장한 방직 여공에 대하여 살펴볼 것이다. 이들의 존재를 감지할 수 있는 자료를 통계자료를 살펴보고, 여공이 대공장에 오게 되는 경위와 대공장에서의 노동조건과 생활공간인 기숙사 등에 대하여 살펴보겠다.

2. 영등포의 근대적 변신과 대형 방직 공장의 진출

1) 철도 부설과 영등포의 근대적 변화

조선시대의 영등포는 수도 한양 도성의 한강 이남 서쪽에 위치한 마을이었다. 마을의 북쪽으로 한강, 북동쪽으로 여의도가, 서쪽으로는 안양천, 서남 측으로는 도림천이 있으며 동남쪽에는 낮은 구릉지가 있었다. 일제강점기에 영등포는 용산지역과 함께 공업화를 추구하는 데 적합한 지역으로 꼽혔지만 전통시대까지만 해도 살기에 그리 좋은 곳이 아니었다고 한다. 수해가 잦은 저지대라는 특성상 벼농사에 부적합하여 채소와 과일 등을 재배하였다.[7] 수도에 근접한 지역이었음에도 한강이라는 엄청난 장애물 때문에 한양 주변인 교郊 지역과는 비교하지 못할 정도로 서울과 관계가 희박했다.[8] 《영등포구지》의 서술에 따르면 조선 시대 영등포는 교통로로도 각광받지 못하였다.[9]

하지만 개항 이후 일제강점기까지 영등포는 철도 부설과 '조선공업화'

7 영등포구청, 《영등포구지》, 1991, 53쪽.

8 조선시대의 한성부는 도성과 城底十里를 포함하고 있었다. 성저십리의 영역은 도성을 둥글게 둘러싸면서 둘러싸면서, 한강과 중랑천, 삼각산 등의 자연 지세를 경계로 하였다. 성저십리는 祠·廟·祭壇·陵墓 주요 의례 시설이 주로 입지한 지역으로 가옥의 건축 등이 제한되었지만, 조선후기 들어 도시 인구가 증가하면서 주거지화 현상이 나타나기도 했다. 인구의 증가로 시가지는 확장되었고 이것은 상업발달의 기반이 되었다. 성저십리 지역의 한강에 면한 용산·마포·서강·서빙고·두모포에서는 미곡·자목·어염 유통이 이루어졌고, 조선과 제빙 등 제조업도 발달하였다. 이처럼 영등포와 달리 한양에 근접한 지역은 조선 후기에 인구 증가와 상업의 발달이 이루어져 크게 성장하고 있었다. 영등포의 근대적 변화에 관한 기본적인 내용은 김하나, 〈근대 서울 공업지역 영등포의 도시 성격 변화와 공간 구성 특성〉, 서울대학교 건축학과 박사학위논문, 2013을 대폭 참고하였다.

9 영등포구청, 앞의 책, 1991, 54쪽.

라는 2차례의 계기를 통해서 크게 성장하였다. 1883년 제물포에 개항장이 개설되고 한성과의 왕래가 활발해지면서 영등포는 주요 교통로로 각광을 받기 시작하였다.[10] 1899년에 부설된 경인철도가 영등포를 통과하고 역사가 설치되면서 시가지가 조성되었다. 경부철도가 부설되면서 경부, 경인철도의 분기점이 되면서 교통의 요지로 부상하였다. 이어서 우체국과 전화·전보 시설(1903), 소학교(영등포소학교, 1905)가 설치되었다. 역전에 형성된 신시가지에는 사람들이 몰려들었는데, 이들은 1901년 경부철도 공사가 착수되면서 몰려온 기술자, 사무원, 노동자와 상인, 여관업자, 요식업자들로 일본인 비중이 높았다.[11] 공업 시설도 착착 들어섰다. 원래 영등포에는 기와나 항아리를 제조하는데 적합한 토양이 분포하여 한강 연안을 중심으로 요업이 소규모로 발달하였는데, 철도 부설 이후에는 비교적 대규모의 요업 공장이 철도 연변에 들어섰다.[12]

2) 1910~1920년대의 영등포의 변화

1910년 경기도 시흥군청이 영등포역 북쪽에 들어서 영등포는 군청 보유지로 위상을 높였다.[13] 1917년 9월에는 시흥군 북면에서 영등포면永登浦面으

10 김종혁, 〈근대 지형도를 통해 본 경인로의 노선 변화〉, 《역사문제연구》 18, 2007.

11 영등포의 동북쪽에 기존의 마을이 있었으며 새로 생긴 시가지는 철도 북쪽에 위치하였다(영등포구청, 앞의 책, 58쪽).

12 대표적으로 나가시마 츠나키치[長嶋綱吉]가 설립한 煉瓦工場(1900)과 瓦工場(1904), 이후 경성요업주식회사로 변함)이 있으며, 1907년 대한제국기에 설립된 연와제도소와 토관제조소가 있었다. 이 토관 공장들은 병합 이후 연와제조소는 경성감옥, 토관제조소는 경성감옥 영등포분감 관할로 이관되어 수감자의 작업장이 되었다(朝鮮治刑協會, 《朝鮮刑務所寫眞帖》, 1924; 김하나, 앞의 글, 2014, 32쪽 재인용).

13 이전 이전에 시흥군청은 경기도 군내면 읍내리(현재의 금천구 시흥동)에 있었는데, 행정의 편의를 위해 철도역 주변으로 관공서를 옮긴 것이라 한다.

로 분리 독립하여 지정면指定面이 되었다.[14] 1914년에 상수도가 설치되었고 전기도 공급되었다. 1911년에는 조선피혁주식회사가 설립되었는데 이 공장을 위해 철도인입선이 들어섰고 주변에 다른 대공장들도 설치되었다.[15] 1919년에는 용산공작소龍山工作所 영등포공장이 들어섰으며,[16] 1923년에는 경성방직주식회사京城紡織株式會社(이하 경성방직)의 공장이 들어섰다.[17] 공장이 들어선 당산리, 영등포리, 주변에 신촌이 들어섰다.[18] 대공장에서 일하는 노동자와 기술직, 관리직 등이 유입되면서 이들을 위한 시설도 착착 들어섰다.

그렇지만 1920년대까지도 도시로서 면모를 확실히 갖추지는 못했던 것 같다. 도로망과 용도 구획, 상하수도 등 기본 시설에 관한 영등포면의 계획을 담은 1929년의 《동아일보》 기사에 의하면 영등포는 "조선의 수도인 경성과 인접한 관계로 장차 상당한 발전의 희망이 잇스나 아즉까지 하등의 시설과 도시적 색채가 없"는 곳이었다.[19] 경성의 본정과 일부 지역을 제외하고 근대 도시의 꼴을 갖추지 못한 조선에 영등포만한 곳도 흔치 않았지만, 근대 도시로서 영등포의 면면도 그리 번듯하지는 않았던 것 같다.

14 여기에는 영등포리와 당산리 양평리가 포함되었다.

15 철도인입선은 특정 시설을 위하여 선로를 분기시켜 해당 시설까지 연장시키는 것은 말한다. 조선총독부는 군수용 피혁 제품을 생산하려는 의도로 당산리에 이 시설을 설치하였다. 당산리는 영등포 내에서도 수해가 적음에 동시에 수량이 풍부하고 교통이 편리한 장점이 있었다. 영등포역에서 비교적 멀다는 단점은 철도 인입선을 부설하여 해결하였다.

16 객차, 기관차 등 철도차량을 제작하는 공장이었다.

17 경성방직은 1920년에 영등포에 5,000여 평의 땅을 매입하여 공장 건립에 착수하여 1923년에 완공하였다.

18 영등포리와 당산리, 도림리, 신길리는 이전부터 조선인이 거주하던 곳이었고 철도와 철도인접선을 중심으로 들어선 시설 주변에 들어선 영등포 신촌, 당산리 신촌, 영등포 신시가지, 경성방직 서편의 주거지, 법원 주변의 지역은 신시가지이다.

19 〈시가지계획조사에 착수 영등포에서〉, 《동아일보》 1929년 1월 25일.

3) 서울의 '만췌스타'로의 변신, 조선공업화와 일본 대공장의 진출

서울의 공업 상황을 비추어봤을 때 영등포는 1920년대에 공업지대로 확실하게 자리를 잡게 되었다.[20] 하지만 1920년대 이후 농촌 인구의 이출로 경성의 주변 지역의 인구가 급격하게 증가하고 있던 반면 영등포의 인구 증가는 신통치 않았다. 1920년을 기준으로 하여 1930년까지 경성 주변부 면의 인구 상황을 보면 한지면은 148.8%, 숭인면은 241.5%, 용강면은 102.2%, 연희면 108.8%, 은평면이 179.2%인데 비해 영등포면은 49.5%로 저조하였다. 전체 평균인 134.8%에 비하여도 떨어진다.[21]

그런데 1930년대에는 영등포도 다른 면 부럽지 않은 상승일로를 타게 되었고 '서울의 만췌스타(맨체스터)'라는 칭호까지 얻게 되었다.[22] 영등포의 발전을 좌우한 것은 조선공업화정책이었다.[23] 조선총독부는 출구를 찾는 일

20 서울의 경우 1900년대에는 도성 내 일부 지역과 용산, 영등포에 공장이 입지하고 있었다. 1910년대에는 영등포의 조선피혁주식회사와 동대문의 경성전기주식회사 電車課 외에 몇몇 공장이 있었다. 이외에 비교서 큰 공장으로 1912년 설립된 의주통 1정목에 위치한 조선연초주식회사와 1917년에 설립된 남대문 바깥의 사이토제사직물사가 있었고 1919년 동대문 밖의 숭인정에 경성제사주식회사가 있었다. 1920년대에는 영등포에 소재한 경성방직, 조선연와 용산공작소 외에 동대문 밖 신설정에 종연방직제사공장이 있었다. 그런데 영등포 조선피혁주식회사의 경우 힘에 의해 설립된 것으로 1910년대까지 영등포는 경영자에게 그리 매력적인 공장지대가 아니었다(김하나, 앞의 글, 2013, 99~100쪽).

21 京城府,《京城府市計劃資料調查書》, 1932, 7~11쪽(김하나, 앞의 글, 2013, 85쪽 재인용).

22 〈서울의 만췌스터-성장하는 영등포〉,《조선일보》 1935년 1월 1일.

23 대공황으로 농가경제 파탄과 소작쟁의의 폭발적 증가로 지배체제의 위기에 직면한 조선총독부는 '산미증식'에 주력했던 그간의 경제경책을 전환하였다. 만주사변과 만주국 수립으로 일만경제블럭을 구축하는 상황에서 1931년에 부임한 총독 우가키 가즈시게[宇垣一成]는 일본-조선-만주를 아우르는 일선만경제블럭을 제기하였다. 일선만경제블럭은 일본을 정공업지대, 조선을 조공업지대, 만주를 농업·원료지대로 하여, 상호의존 관계를 강화함으로써 경제블럭의 자급적 재생산 관계를 확보한다는 것이었다(배성준,《한국 근대 공업사》, 푸른역사, 2021, 229~231쪽).

본독점자본을 유인하였다. 〈중요산업통제법〉이 적용되지 않고 〈공장법〉도 시행하지 않아 독점자본의 눈길을 끌었다. 또 전력통제를 통해 저렴한 전력을 공급하고 각종 장려비, 보조금을 지급하여 기업하기 좋은 조건을 제공하였다. 이러한 정책은 일본 본토뿐 아니라 조선의 자본에도 기회가 되었다. 1930년대 일본 자본의 조선 내 공장 설립현황을 보면 방직공업과 화학공업을 중심으로 하였고 그리고 이 중 꽤 많은 수가 영등포에 위치하였다.[24]

영등포에 먼저 진출한 기업은 맥주회사였다. 영등포는 대규모 소비인구를 가진 경성에 인접해 있으며, 철도와 도로를 이용한 원료 및 제품의 운반에 편리하였다. 또 양질의 물을 사용하는 맥주 제조업의 특성상 용수가 풍부한 영등포는 매력적인 곳이었다. 1924년 부지를 매입한 대일본맥주회사가 본토 재벌 공장 중 가장 먼저 조선에 공장을 설립하여 1934년에 준공하였고, 이어 쇼와기린맥주주식회사[昭和麒麟麥酒株式會社]도 조선 진출을 추진하여 1934년 공장을 준공하였다.[25]

일본 면방직 기업도 조선에 진출하기 시작하였다. 이들 기업은 카르텔을 결성하여 생산 및 시장 통제, 산업합리화에 의한 생산비 절감을 추진하면서 조기에 공황에서 벗어났고 동남아, 아프리카, 중남미 등지로 수출시장을 확대하였다. 그러나 곧 블록 간 경쟁과 높아가는 관세장벽 때문에 곤경에 빠졌다. 새로운 돌파구가 필요했던 면방직기업들은 원료, 시장, 노동력 등에서 좋은 입지조건을 갖추고 총독부의 적극적인 지원까지 얻을 수 있는 식민지 조선으로 눈을 돌렸다. 풍부한 전력, 저렴한 노동력, 안정적 원료

24 배성준, 앞의 책, 2021, 232쪽.

25 대일본맥주 공장은 공장 부지는 기존에 구입해 두었던 朝鮮窯業株式會社 자리를 그대로 사용하였다. 1933년 3월에 기공식을 거행하고 1934년 3월에 준공하였다. 기린맥주는 1933년에 京城窯業과 부지 매수 계약을 체결하였고 1933년 5월에 기공하여 1934년 3월에 준공하였다.

공급 등의 이점도 있지만, 일본에서 시행되고 있던 방직업계의 조업단축 적용 범위에서 벗어난 점, 중요산업통제법의 구속을 받지 않는 점, 〈공장법〉의 무풍지대로 야간작업이 가능한 점, 지리적으로 만주시장에 진출하기 유리하다는 점은 큰 장점이었다.[26]

가장 일찍 영등포에 자리를 잡은 회사는 미쓰이 계열의 종연방직鐘淵紡績, 카네가후치방직(이하 종방)이었다. 종방은 1934년 7월에 총독부에 인가 신청을 제출하고 방직공장 건설 계획에 박차를 가하였다.[27] 종방은 대일본맥주회사가 1924년에 구입했던 철도 북쪽의 부지 및 그 인접지隣接地 총 8만여 평을 매입하여 1935년 7월에 공사에 착수하였다.[28] 종방의 부지는 철도 인입선 서쪽에 위치하여 종합 면방공장을 위한 충분한 넓이를 확보할 수 있으면서도 철도 인입선과 붙어 있고 영등포역과도 근접하였다. 이곳에 지어진 공장은 '당대 동양 최고의 건축물'이라 할 정도로 공장의 규모가 남달랐다. 2,500kw의 대규모 자가용 전기시설을 갖추었을 뿐 아니라[29] 건축면적 1만 2,000평에 기둥 간격이 60칸間(약 109m)이나 되었다.[30]

종방에 이어 동양방직주식회사東洋紡績株式會社(이하 동방) 역시 영등포에 공장 건설을 결정하였다.[31] 종방의 서쪽에 위치한 부지 2만여 평을 매입하고

26 배성준, 앞의 책, 2021, 231쪽.

27 〈종방공장 영등포에〉《동아일보》 1934년 7월 8일. 종연방직은 이미 경성부 동대문 밖 新設町과 전라남도 光州의 2개의 製絲工場을 가지고 있었으나, 綿紡工場이 없음을 안타깝게 여기던 중 츠다[津田] 사장이 우가키 총독과의 회담 후 영등포에 면방 종합공장 설립을 결정하였다(鐘紡株式會社, 《鐘紡百年史》, 1988, 296쪽).

28 〈종방 영등포공장 공사착수, 180만원 경비로〉, 《조선중앙일보》 1935년 7월 2일.

29 〈영등포 종방 자가발전 인가〉, 《동아일보》 1935년 3월 19일.

30 〈종방 영등포공장 십일 경에 기공〉, 《매일신보》 1935년 7월 3일.

31 1934년에 동방은 광주에도 대공장을 신축하였다(〈女工一人で四十臺も動かす, 世界に誇る東洋紡績, 近〈操業を開始〉, 《京城日報》 1934년 3월 13일).

1936년에 공사를 시작하여 1937년 4월에 완공을 보았다.[32] 일본 3대 방직회사 중 남은 것은 대일본방직회사大日本紡績會社(이하 대일본방직)였다. 대일본방직은 1936년에 조선피혁주식회사 남쪽에 있는 영등포 조선권농주식회사朝鮮勸農株式會社 등의 토지 약 2만 3,000여 평을 매수하였다. 역에서는 멀지만 철도인입선의 혜택을 누릴 수 있는 곳이었다. 이듬해 4월에 2만여 평의 토지를 추가 매입하여 1938년에 착공식을 거행한 후 1939년에 기공하였다.[33]

1937년 중일전쟁이 발발하면서 조선은 대륙침략의 병참기지가 되었고 경인지역에는 각종 군수 관련 업종이 진출하였다. 하지만 〈그림 1〉을 보면 영등포에 가장 많은 면적을 차지한 것은 방직과 맥주공장 등 경공업임을 알 수 있다. 그림은 1946년 환지 처분 당시의 필지별 소유 공장의 분포를 표시한 지도를 바탕으로 한 것이다.[34]

〈그림 1〉의 지도에서 면적 상 가장 큰 규모를 차지하는 업종은 경성방직(1923), 종연방직(1936), 경기염직(1936), 창화공업(1936), 동양방직(1937), 대일본방직(1939) 등으로 섬유업 계통의 대공장이었다. 공장 생산액에서도 방직공업과 식료품 공업이 강세임을 확인할 수 있는데 이를 생산액을 중심으로 살펴보면 〈표 1〉과 같다.

공장 수를 보면 금속 기계 업종이 많지만, 생산액을 보면 방직과 식료의 순으로 경공업이 우세함을 알 수 있으며 영등포에서 가장 우세한 업종은 방직업이었음을 확인할 수 있다. 방직노동자가 전체의 24.7%였고, 기타 공업 20.9%, 기계 금속공업 20.5%의 순이었다.

32 〈동양방직 영등포에 공장 설치〉, 《동아일보》 1934년 9월 15일; 〈동방 영등포 진출, 일백오십만원 거자로 근일 중 신공장의 공사에 착수〉, 《동아일보》 1936년 5월 22일.

33 〈일방 기지를 매수 불원공사에 착수, 영등포에 2만여 평을〉, 《동아일보》 1936년 4월 24일; 〈약진 영등포에 삼대공장 정립 일본방직도 부지매수〉, 《매일신보》 1937년 4월 20일.

34 김하나, 앞의 글, 2013, 202쪽.

〈그림 1〉 1946년 환지 처분 당시 필지 기준 일제강점기의 방직 · 방적·염직 공장 위치

출처: 김하나, 앞의 글, 2013, 201쪽의 그림 114 참고하여 재작성.

〈표 1〉 1938~1943년간 영등포의 업종별 공장 수와 생산액 (단위 : 개소, 천원)

연도		방직	금속	기계	요업	화학	제재	인쇄	식료	기타	계
1939년	공장수	7	4	5	12	6	3	1	16	3	57
	생산액	36,073	254	3,136	291	1,068	704	5	10,876	53	52,460
1941년	공장수	6	7	18	12	8	14	-	16	12	93
	생산액	66,730	624	6,693	1,197	3,875	4,471	-	17,992	21	101,603
1943년	공장수	8	15	43	16	11	27	2	20	34	176
	생산액	61,749	1,016	3,951	3,532	5,036	3,588	10	23,538	1,439	103,858

출처: 경성상공회의소,《京城における工場調査》, 각 년 판.

3. 방직 여공의 구성과 노동조건

1) 영등포의 노동자 구성과 여공

이제 영등포 지역 노동자의 1/4을 차지하는 방직 노동자에 대하여 살펴보자. 1930년대 경성지역 공업의 특징은 대공장의 급속한 증가이다. 1929년부터 1938년까지 공장 수의 증가 추이를 살펴보면, 노동자 30명 미만 공장 비율은 84.9%에서 80.3%로 하락했지만, 노동자 100명 이상의 공장은 1936년에 59개소로 증가하였다. 이 기간 공장 노동자의 수가 늘어남은 재론할 필요가 없으며 증가한 전체 노동자 수의 2/3를 100명 이상의 대공장에서 흡수하였다.[35] 다음 표를 통해 1930년대 서울지역의 업종별 공장 노동자 추세에 대하여 살펴보자.

35 호리 가즈오, 〈한국 근대의 공업화-일본 자본주의와의 관계〉, 《전통과 현대》, 1993, 189쪽.

〈표 2〉 1930년대 서울지역 업종별 공장 노동자 추세 (단위: 명)

연도	방직	기계/금속	요업	화학	제재업	식료품	기타	계
1936	7,071	6,002	1,705	4,027	1,438	4,004	7,709	31,956
1937	8,949	6,116	1,576	5,471	1,596	4,518	8,153	36,379
1938	11,490	8,514	1,891	6,312	2,059	5,121	8,561	43,948
1939	11,974	9,931	1,819	7,252	2,245	4,744	10,133	48,148
1944								66,898

출처: 전국경제조사기관연합회조선지부 편, 《조선경제연보》, 1941·1942, 288쪽; 조선은행조사부, 《조선경제연보》, 1948, Ⅰ-201쪽(곽건홍, 앞의 글, 2007, 62쪽 참고).

전반적으로 공장 노동자의 수에서 방직업이 우세함을 알 수 있다. 1942년에는 종업원 1,000명 이상의 공장 17개 중 10개가 방직공장이었고 총인원의 55%인 총 3만 3,700명이 방직업에 종사하고 있었다. 재차 강조하자면 근대 공장 중 방직업이 차지하는 비중은 매우 컸다.

방직업에서 남성 직공의 비중을 20%, 여성을 80%로 파악한 1942년 《식은조사월보殖銀調査月報》를 통하여[36] 〈표 2〉의 1936~1939년까지 방직여공의 수를 추정해보면, 서울지역의 방직 여공의 수는 5,500~9,500명 정도였다. 또 이들의 대부분은 영등포에 있었다. 1942년에는 직공과 기타 종사자를 합하여 경기지역에 1만 6,000명이 방직업에 종사하고 있었는데 많은 수를 여성노동자가 차지하고 있었다.[37] 한편 《동양방적칠십년사東洋紡績七十年史》에

36 방직업의 남녀 직공 비율

	1930	1932	1933	1934	1935	1936	1937
남	19.2%	17.5%	17%	17.7%	16.3%	19.5%	19.8%
여	80.8%	82.5%	83%	82.3%	83.7%	80.5%	80.2%

37 《식은조사월보》에 의하면 경남에 7,200명, 전남에 7,000명, 경북에 4,700명, 평남에 4,000명이 방직업에 종사하고 있었다. 남녀 비율을 추정해보면 여성이 각각 약 5,760명, 5,600명, 3,760명, 3,200명 선이다(〈朝鮮紡績業の現況〉, 《식은조사월보》 45, 1942).

의하면 1941년에서 1944년 사이에 동양방적 영등포 소재 경성공장의 인원은 남자 352명, 여자 1,368명이었다.[38]

방직공의 연령에 대하여 다음의 표를 통해 살펴보자.

〈표 3〉 1937년 방직업 32개 공장 노동자 구성과 남녀 비율 (단위: 명, %)

성별	총수	비율	16세 이상		16세 미만	
			수	비율	수	비율
남	2,228	18	2,090	17	138	1
여	10,090	82	7,114	57	2,976	24
합계	12,318	100	9,204	75	3,114	25

출처: 《식은조사월보》 45, 1942, 17쪽.

일본의 경우 1936년 여공 90%, 1941년 여공 85%인 데 비하여 여공의 비율은 조선이 더 낮았다. 그런데 유년공의 비율을 보면 조선이 일본보다 높은 것으로 나타났다. 1937년 조사에서는 16세 미만의 유년공이 25%를 차지하였다. 유년공의 성별을 보면 남공은 1%, 여공은 24%였다. 이를 남공의 연령 구성으로 살펴보면 전체 남성에서 유년이 차지하는 비율은 17:1로 미미하였다. 반면 여공의 연령 구성을 보면 16세 미만 유년 여공이 전체의 30%를 차지하였다. 일본 유년 여공이 17.2%와 비교하면 여공 전체에서 유년의 비율이 상당히 높았음을 알 수 있다. 여성 비중의 증가와 유년 여공의 증가 추세는 기계화의 진전과 관련이 있다.[39]

미성년 또는 유년 여아의 출가노동出稼勞動은 식민지 시기에 광범위하게

38 東洋紡績七十年史 編纂委員會, 《東洋紡績七十年史》, 東洋紡績株式會社, 1953, 658쪽.

39 강이수, 앞의 글, 2011, 69쪽.
대공장에 비하여 중소공장의 유년 노동 비율이 높은 것으로 조사되기도 했다(《식은조사월보》, 1945·1942, 16쪽). 이는 공장법의 미시행과 여아의 출가노동이 성행했던 당대의 출가노동 관행과 관련이 있다.

이루어지고 있었다. 이아리의 연구에 의하면 여공뿐만 아니라 남의집살이 여성에게도 유년노동은 두드러지게 나타난다. 전근대 시기에는 경제적으로 몰락하여 생계를 잇기 어렵게 된 농가에서 자매自賣 노비나 유기아遺棄兒 수양의 방식으로 이루어졌지만, 식민지 시기에는 출가노동의 성격을 띠고 있었다.[40] 여아의 출가노동은 인구 통계를 통해서도 살펴볼 수 있는데, 1925~1935년간 도시 인구에서 14세 이하 아동 연령층에서 여성 비율이 높게 나타나고 있었다. 이는 10~14세 여성의 도시 이동 규모가 남성보다 높기 때문이다.[41] 또 1930년의 《중외일보》 기사에 의하면 16세 이하 남직공의 수는 줄어든 반면 여직공의 수는 증가하고 있었는데, 제사공장, 연초공장, 방직공장이 증가하여 유년 여공의 수요가 늘었기 때문이라고 풀이하였다.[42] 유년의 여성노동자들은 성인 여성에 비하여 훨씬 취약한 상태에 놓여 있었다. 이를 전시체제기 강제동원에 피해자의 구술을 통해서 잠시 살펴보자.[43]

> 그때는 너무 어려서 아무 말도 하지 못하고 그저 먹고 자고 시키는 대로 일만 했다.[44]

40 이아리, 〈1920~30년대 남의집살이 여성들의 삶과 인권-'어멈'과 '오모니'에서 '식모'로〉, 《한국근현대사학회 창립 30주년 기념 학술대회(2023.9.16.) 발표문》, 2023, 97~98쪽 참고.

41 이아리, 앞의 글, 2023 참고.

42 〈성년공이 9시간 노동 유년공은 10시간 이상〉, 《중외일보》 1930년 6월 28일.

43 강제동원 피해자의 구술은 이상의, 〈구술로 보는 일제의 강제동원과 동양방직 사람들〉, 《인천학연구》 37, 2022에서 재인용하였다. 구술자는 권양조(1931년생, 경북 예천), 양종희(1932년생, 충북 충주), 이인심(1932년생, 경북 상주)이다.

44 이상의, 앞의 글, 2022, 157쪽 재인용.

> 잠이 안 들어 밖에 나갔다가 언니들이 그런 걸 받아서 먹는 걸 보면 배가 고파서 눈물이 났다. 마음씨 좋은 언니들은 한 개씩 주기도 했지만, 그럴 때는 입맛만 다시기 뭐해서 다른 곳으로 옮겨갔다. 언니들은 일요일에는 허락을 받고 월미도에 가서 구경하고 오기도 했지만 가보지 못했다. 공장에 일단 들어간 후에는 일만 하고 밖에는 한 번도 나간 적이 없다. 그대로 갇혀 있다가 해방된 후에야 처음 공장 문밖으로 나왔다.[45]

구술에 의하면 어린아이들은 언니들이 가는 월미도 외출은 엄두도 못 내고 공포에 떨면서 시키는 일을 할 수밖에 없는 딱한 처지였다. 16세 이상 여공의 처지도 매한가지였겠지만 그나마 월미도로 외출도 하고 남자들을 만나고 싶어했다고 하는데[46] 어린아이에 비하면 하고 싶은 것을 그나마 하는 편이었다.

2) 여공의 모집과 노동조건

여공들은 어디서, 어떻게 영등포까지 왔을까? 1920년대 제사공장 여공 모집을 보면 공개채용이나 모집을 통해서 입사했다고 한다.[47] 당시에는 공장에 대하여 여공이 '폐병 걸리는 곳', '처녀 신세 망치는 곳', '공장에 가면 못 쓰게 된다', '제사 여공에게 장가들지 말라'는 여공 폄하 담론이 퍼져있었다. 부정적 인식에 고약한 병에 걸릴 정도로 열악한 노동 환경임에도 식

45 이상의, 앞의 글, 2022, 167쪽 재인용.

46 이상의, 앞의 글, 2022, 158쪽.

47 제사 자본은 조선에 가장 먼저 진출한 일본 대자본이었는데, 1910년대 후반 대전호황을 타고 진출한 이후, 1920년대 중반에 저렴한 원료와 노동력을 노리고 카네보[鐘淵], 가타쿠라[片倉] 제사, 군제[郡是] 제사, 도요[東洋] 제사 등이 자본이 최신식 설비를 갖춘 대규모 제사공장을 설립하였다. 이에 대해서는 배성준, 앞의 책, 2021, 233쪽 참고.

민지 조선에서 생계에 쫓긴 농촌의 가난한 여성에게 출가노동은 불가피했다. 그렇지만 경제적인 어려움만으로 취업 동기를 설명할 수는 없다. 여공은 선망의 대상이기도 했는데 당시 대공장은 최첨단의 기술이 녹아 있는 곳이었고 또 빈농의 딸에게 기숙사는 금방 쓰러져 가는 초옥보다 나은 곳으로 인식되었다. 그래서 1920년대에 제사공장에 취업하려면 치열한 경쟁을 해야 했고 공장주는 공개채용을 선호했다. 충남제사의 경우 여공을 모집하는 날이면 광고를 보고 찾아온 여성들이 아침부터 장사진을 이루었다고 한다.[48]

그런데 1930년대에는 조선 공업화가 급속하게 추진되면서 많은 일자리가 생겨남과 동시에 방직 여공 모집에 난항을 겪게 되었다. 1935년 평양에 종방과 동방의 유치가 결정되면서 양 공장에 필요한 4,000명의 여공 확보가 걱정거리가 되었다. 평양지역에서 4,000명을 모집하는 것은 거의 불가능에 가까웠다.[49] 저렴하고 풍부한 노동력을 확보하는 것이 방직업의 관건이었고 또 이직률이 높아 인원의 20% 정도가 이동인 상태였기 때문에 여공 확보는 더욱 중요했다. 여공이 필수 노동력인 동방과 오다후쿠 면공장, 일본제분공장, 풍국제분공장 등이 영업을 하고 있던 인천에서도 여공 모집에 비상이 걸렸다. 공장들은 남부지방의의 수해지역과 호남지역으로 사람을 보내 여공을 모집하고 다녔으며 직업소개소를 활용하여 200명의 여공을 확보하고자 하였다.[50] 동방 인천공장의 경우 인천 출신의 여공은 700명 정도였고 나머지는 지방에서 여공을 모집해왔다.[51] 경성방직의 경우에는 인

48 이정옥, 앞의 글, 1990, 207쪽

49 〈2대 방직공장 여공 4천 명이 문제〉, 《매일신보》 1935년 7월 28일.

50 〈인천 여공 부족 서로 모집 경쟁〉, 《조선중앙일보》 1936년 8월 17일.

51 〈2대 방직공장 여공 4천 명이 문제〉, 《매일신보》 1935년 7월 28일.

사계를 설치하고 전담 직원을 배치하였는데 영등포와 경성의 주변 지역으로 충원되지 않는 여공을 확보하기 호남 등 주요 지역에 연락소를 두었다.[52] 다음은 동방 인천공장의 경북 지방의 모집 사례이다.

> 젊은 부녀자가 더욱 많아 경북 문경군을 중심으로 상주, 예천 등지에서는 인천 동양방직회사 여공에 응모되어 가는 처녀와 부인들이 지난 15일 오후 6시 30분 점촌역발 열차를 서민수씨 인솔하에 78명이 이향의 애달픈 눈물을 뿌리며 정든 고향을 등지고 인천방직회사로 떠났다는데 작년 이래로 10여 차례에 걸쳐서 점촌역을 떠나 인천 방직으로 넘어간 부녀자만이 560명이란 놀라운 숫자에 달한다고 한다.[53]

서울과 경기권의 공장들은 경북, 충남북, 강원 지역에서 여공을 모집하였는데, 호남의 경우 광주의 동양방직 공장이 가동하고 있었고, 경남은 부산의 공장들이 있었기 때문에 제외된 듯하다.[54] 여공 모집에 관한 문제가 계속 제기되자 방직 자본과 총독부 측은 대책을 마련하기 시작하였다.

다음으로 노동조건에 관하여 간략하게 살펴보자. 고온의 작업공정에서 일주일 단위로 1일 2교대로 12시간 이어지는 작업 환경은 노동자의 신체를 마모시킬 정도로 혹독했다. 1950년대 부산의 조선방직 부속병원에서 근무한 의사에 의하면 여공의 초경 연령은 15.7세로 일반 여성에 비해 1.3

52 경성방직주식회사, 《경성방직50년: 1919-1969》, 1969, 230쪽.

53 〈눈물 실은 소녀 열차〉, 《동아일보》 1936년 3월 19일.

54 경성방직이 호남에서 여공을 모집한 것에 대해서는 사주의 연고라는 것 이외에 별다른 근거를 찾지는 못하였다. 카터 에커트 지음, 주익종 옮김, 《제국의 후예: 고창 김씨가와 한국 자본주의의 식민지 기원, 1876~1945》, 푸른역사, 2008 참고.

년 늦었으며 초경 전에 취업한 여성들의 경우 일반 여성보다 3년 늦게 초경을 하였다. 여공의 평균 임신 횟수는 3.0회로서 당시 농촌 기혼 여성 3.7회, 도시 여성 4.9회보다 낮았으며 임신 간격은 3.3년으로 평균 2.5년보다 길었다. 또 영아사망률도 높은 것으로 파악되었다.[55] 월경에 대한 지적은 이상의의 동양방직 강제동원자 구술 연구에서도 확인된다.

> 공장에서 지내면서 달거리 하는 사람을 본 적이 없다. 자신도 열아홉에 혼인을 했는데, 월경이 없어 동네에서 자식을 못 낳는다는 소문이 돌아 걱정이 컸다가, 스물셋이 되어서야 월경이 시작되고 아이를 낳게 되었다. 이씨도 열여섯에 혼인을 했지만 스무살이 되어서야 초경을 해서 시어머니의 눈치를 많이 보고 살았다. 권씨 역시 동양방직에서 귀가하자마자 열 세살에 혼인을 했는데 나이 들도록 월경이 없어서 열 아홉살에야 출산을 하였다.[56]

이러한 열악한 조건은 여공의 모성에 대한 공격으로 이어졌으며 이들의 섹슈얼리티를 향한 의심과 연루되었다. 고온다습, 분진이 가득한 작업장, 장시간 노동과 같은 물리적인 것과 함께 여공을 둘러싼 노동 환경에는 구타와 성폭력이 있었다. 작업장에서 감독의 구타와 성폭력은 1920~1930년대 초반 정미업, 고무, 제사 여공 파업의 주요 원인일 정도로 광범위하게 자행되었다. 1930년대 새로 진출한 대규모 방직공장에서는 거의 일어나지 않아 상세히 알 수 없지만, 인천의 동양방직 강제동원 피해자 구술을 참고하도

55 조규상, 〈조선방직의 여공들〉, 《산업보건》, 2005, 37쪽. 조규상은 한국전쟁 직후 조선방직 부속병원의 검사실에서 근무한 의사로 2005년 《산업보건》에 당시 상황 대한 기고글을 썼다. 그는 임상검사와 신체검사를 담당하면서 여공의 모성에 관련한 실태를 조사하였다.

56 이상의, 앞의 글, 2022, 162쪽 재인용.

록 하겠다. 아래 인용문의 구술자는 1930년대 초반 출생으로 10대 초반에 유년공으로 동양방직에 동원되었다.

> 점심 먹을 때쯤 되면 사무실에서 '미마와리'(순찰하는 사람)가 나와서 한 바퀴씩 돌면서 순찰을 했다. 그는 뭔가 가르쳐주지는 않고 돌아다니면서 사람들 머리를 톡톡 때리고 다녔다.[57]

이처럼 구타는 공장에서 비공식적 통제 기제였다.[58]

4. 방직 여공의 노동공간으로서 영등포

영등포가 경성부를 대표하는 신흥공업지대였음은 재론할 여지가 없다. 대공장이 들어서면서 영등포 인구는 폭증하였으며 시가지도 확장되었다. 남북 방향의 철도인입선 주변은 대체로 공장 용지로 되었고 동서 방향의 철도 주변에도 공장들이 들어섰다. 대규모 공장이 들어서면서 시가지도 확장되었는데, 1920년대 말에서 1936년 사이에 기존의 시가지뿐 아니라 기린맥주공장과 같이 공장이 들어선 지역에 시가지화도 눈에 띄었으며,[59] 1930

57 이상의, 앞의 글, 2022, 156쪽 재인용.

58 작업장에서 이루어진 여공에 대한 성적 통제에 대해서는 배상미,《혁명적 여성들: 프롤레타리아 문학의 젠더, 노동, 섹슈얼리티》, 소명출판, 2019 참고. 성폭력과 구타에 대응한 파업의 사례로서 예지숙, 〈1920년대 인천 선미여공의 존재 양상과 집단 저항〉, 《여성과 역사》 38, 2023 참고.

59 김하나, 앞의 글, 2013, 115쪽.

년대 들어 인구도 폭증 양상을 보였다.[60] 이와 함께 영등포소학교, 영등포공립보통학교, 영등포역이 확장, 개축되었고 영등포 공설시장(1934)이 경성방직 북측에, 등기소, 세무서가 영등포소학교 옆에 새로 들어섰다. 신길동에는 고소득층의 안신처인 고급주택이 들어서기 시작했다. 대규모 공장이 들어서면서 신시가지에 거주하던 일본인 지역 유지들은 더욱 좋은 주거환경을 찾아 전망 좋은 고지대로 이주하기를 원했다.[61]

영등포지역의 두드러진 주거 형대 중 하나는 무엇보다도 바로 공장의 사택과 기숙사이다. 특히 일본 본토 대기업의 진출로 신흥공업도시화되면서 지어진 대공장들에는 대규모의 공장과 더불어 도한渡韓한 직원과 그들의 가족을 위한 상당한 규모의 사택 단지가 최첨단의 양식으로 지어졌다. 영등포 제일의 규모를 자랑하는 종연방직 공장의 경우 구내에 있는 직원 사택촌은 100여 세대에 달하였다.

> 반도 제일을 자랑하는 섬유공업의 왕좌 카네보 경성공장 구내에 있는 직원 사택 백여 세대는 문화시설이 갖추어진 세련된 아파트 안에 단란하여 각 세대가 뒤처지지 않게 국방 산업 전선에서 일하고 있는데, 이 시대가 낳은 신체제하의 규율 바른 일상생활을 엿보도록 하자. 현재 이 세대 중에서 취학하는 자는 중학, 여학생은 36명, 국민학교 아동이 64명, 계 100명. 동사택 부속 애국유치원 원아가 15명으로 소문화촌을 이루고 있는데 (후략)[62]

60 앞서 살핀 바와 같이 1920년대까지 영등포는 경성의 주변 지역에 비해 인구 증가가 매우 더뎠다.

61 김하나, 앞의 글, 2013, 232쪽.

62 〈宛然小文化村, 鐘紡京城工場社宅內子供會の整った日常〉, 《京城日報》 1941년 6월 20일.

'소문화촌'이라 불린 사택촌은 드넓은 공장에 여유롭게 위치하였고 문화시설과 부속 유치원까지 갖추고 있었으며, 임원급에는 단독주택 양식, 직원급에는 3층 규모 연립주택 양식의 주거가 제공되었다. 연립주택은 철근콘크리트조 모더니즘 양식의 '세련된' 건물로 더스트 슈트 등 최첨단의 편의시설을 갖춘 것이었다.[63]

노동자 거주지의 경우 조선피혁주식회사 및 용산공작소는 인근 마을을 노동자의 거주처로 활용하였다. 그렇지만 방직공장의 경우 나이 어린 여성노동자가 주요 고용 대상이었고 원거리에서 모집을 해왔기 때문에 회사 부지 내에 기숙사가 설치되었고, 대부분의 여공은 기숙사에서 생활하였다. 다른 업종의 남자 직원들이 마을과 관계를 가지는 반면 방직 여공은 그럴만한 기회를 좀처럼 가지기 힘들었던 것으로 보인다.

1930년대 영등포에 지어진 기숙사는 대공장인 만큼 웅장하다는 느낌을 줄 만큼 대규모의 설비를 자랑했다. 1936년 10월 30일 《경성일보》의 기사를 보면 종연방직 기숙사에 대한 장황한 소개가 있다. 〈그림 2〉에서 볼 수 있는 것처럼 "3,000여 명의 여공이 조선의 정서를 만끽할 수 있도록" 사장이 "특별히 배려하여 만든" 정문의 조선식 누각이 특징이었다. 종방은 총공사비 800만 원을 들였고 "근대 과학 문명의 정수를 마음껏 모았다"고 칭송받았다.

이 시설은 총공비 60만 원을 들였고 3,000여 명의 여공을 수용할 수 있는 동양 제일의 규모를 갖추었다고 하였다.[64] 경성방직의 기숙사는 2층의 벽돌 양옥의 빌딩식 건물과 대규모의 인원을 수용할 수 있는 식당 등의 편의시설과 "나는 새도 잘 출입을 못 하게 둘러싸인 높다란 담장"이

63 김하나, 앞의 글, 2013, 230~232쪽.

64 〈まさに東洋一を誇る, 六十萬圓もかけた鐘紡女工寄宿舍, 永登浦にピカ一新風景〉, 《京城日報》 1936년 10월 30일.

있었다.[65] 종방의 기숙사는 1,500명을 수용할 수 있는 식당, 폭이 협소하고 긴 형태로 온돌을 갖춘 직공의 방과 편의시설이 있었다. 경성방직이던 종방이던 간에 방문기에 기숙사는 공히 '호텔과 같은 시설'을 갖춘 호화로운 곳이라 언급되고 있었다.[66] 경성방직에서는 직원 복지 프로그램으로 위안 영화회, 직원이 직접 배역을 맡는 연극 공연 프로그램이 있었고, 작업을 마친 후에는 수신과 어학 등의 학습프로그램이 운영되었으며 일요일에 목사가 설교하는 종교행사도 있었다.[67]

〈그림 2〉 종연방직의 기숙사
출처 : 《京城日報》 1936년 10월 30일.

외부와 분리되어 살아가는 여공에게 기숙사는 여공의 생활공간이면서 엄격한 규율이 작동하는 공간이었다. 기숙사의 시설 중 담장은 외부로부터 여공을 단절하였고 흔히 발생하는 여공의 도주를 막는 역할을 하였다. 인천의 동양방직은 담장 옆에 담장 옆에 '호리가타(인공수로)'도 있었고 도주를 방지하기 위해서 담장에 가시철조망을 옆으로 눕혀놓았다. 1943년에 유년공으로 강제 동원되어 인천 동방으로 온 1932년생 피해자는 해방 후 귀환

65 〈거리의 여학교를 찾아서〉, 《삼천리》 1936년 2월호, 143쪽.
66 〈거리의 여학교를 찾아서〉, 《삼천리》 1936년 2월호, 143쪽.
67 〈거리의 여학교를 찾아서〉, 《삼천리》 1936년 2월호, 142~143쪽.

할 때까지 기숙사 밖을 나와보지 못하였다고 한다.[68]

호텔 같은 화려한 시설이라 칭송을 받고 있었지만 월담을 감행하며 도주한 여공에 관한 기사는 신문에 빈번하게 등장하였다. 일례로 경북 영주 출신의 여공들이 인천 동양방직 회사에서 일하다가 대우도 열악하고 구타가 심해서 기숙사 담을 넘어 도망친 일이 있었다. 고향으로 돌아갈 여비가 없던 이들은 부내의 가정집에서 식모 일을 하며 여비를 만들고자 하였으나, 공장 관계자에게 발각당해서 다시 붙들려가게 되었다. 해당 여공은 "부내에 있는 직공은 때리지 않으나 먼 데서 온 직공은 유독 심하여 철봉으로 때린다", "저도 속아서 왔다가 이 모양"이라고 말하였으며, 여공을 식모로 데리고 있었다는 집주인도 "처음 우리 집에 왔을 때 전신에 상처였다"고 여공들을 두둔하고 나섰다.[69] 다음은 안동에서 영등포 방직공장에 모집되어 왔다가 탈출한 여공들의 이야기이다.

> 영등포에 잇는 모방직 공장 여직공 7명이 31일 오전 1시 30분경에 동공장에서 탈출하는 것을 인천경찰서 오류동주재소 순사가 발견하여 동 경찰서까지 다리고 왓는데 그 여직공들은 경상북도 안동군 南興面 孫南順(14세), 金根姬(15세), 權在姬(16세) 외 4명으로 동공장 여직공으로 8일 만에 그와 같이 도주하려든 것이라는데 탈출하려든 원인을 들은즉 제일 식사가 문제인데 쌀 반 버리 반으로 밥을 주어서 먹을 수 없을 뿐 아니라 가끔 쥐똥이 섞여서 먹을 수가 없고 작업장에는 악취가 나서 견딜 수가 없어서 고향으로 가려 감시원의 눈을 피해 (후략) [70]

68 이상의, 앞의 글, 2022, 171쪽.

69 〈매를 견딜수업 東紗女工越逃走 도중에 붓들려서 臥病者數名〉, 《조선일보》 1938년 5월 27일.

70 〈紡績女工七名 夜半에 脫出 設備와 宿食에 不滿〉, 《매일신보》 1937년 2월 3일.

《조선중앙일보》 1936년 7월 2일 보도에 따르면 출퇴근 노동자로 여공 생활을 하던 여성이 처지에서 벗어나기 위해 가출을 감행한 사례도 있다.[71] 또 1936년 12월 3일자 《매일신보》 기사에는 영등포 종방을 탈출한 충청도 출신 10대 중반의 여공에 관한 내용이 수록되어 있다.

1920년대에서 1930년대 초반까지 여공 저항의 대표적인 방법은 파업이었다.[72] 1930년대 중반까지도 중소규모의 고무공장, 제사공장에서는 여공의 파업이 일어나고 있었지만, 영등포의 대공장에서는 그러한 사례나 조짐은 없었다. 1930년대 중반의 노동통제가 더욱 강화되었음을 의미하는 것으로 보인다.

5. 맺음말

본 연구는 서울에 관한 역사에 연구가 양질의 측면에서 상당한 수준에 이르렀음에도 여전히 여성사/젠더사의 시각의 고찰이 필요하다는 문제의식하에, 조선공업화 시기 등장한 서울의 여성노동자 집단인 방직 여공에 관한 연구가 다방면에서 필요함을 제기하는 것에 소박하나마 연구의 의의를 두었다. 이를 위해 영등포지역의 장소성의 형성과 변용에 주목하면서 여성노동의 장으로 해당 지역을 구성해보고자 하였다.

영등포의 방직 여공은 영세한 농촌 가정의 자녀였다. 본고는 이들을 이

71 〈여공생활 싫다고 3처녀가 出奔〉, 《조선중앙일보》 1936년 7월 2일.

72 일제강점기 여공의 파업에 대해서는 다음의 연구들이 있다. 서형실, 앞의 글, 1990; 윤정란, 앞의 글, 2006; 이송희, 앞의 글, 2001; 이송희, 〈일제하 부산지역 방직공장·고무공장 여성노동자들의 쟁의〉, 《이화사학연구》 30, 2003.

주 노동자로 바라보면서 이주와 노동에 초점을 두어 조선총독부의 공업화 정책과 도시개발에 초점을 둔 기존 연구가 간과한 여성 이주자의 공간으로서 영등포를 조명하고자 하였다. 또 장소의 형성과 변용에 대한 이해에 젠더를 개입시켜 역사 공간이 결코 성적으로 중립지대가 아님을 보여주고자 하였다. 한편 이 연구를 수행하면서 '조선공업화' 시기에서 전시체제기로 이어지는 모집과 동원에 대한 세밀한 이해가 필요하다는 후속 연구 과제가 제기된 것도 주요한 성과 중 하나이다. 본문을 요약하자면 다음과 같다.

2장에서는 근대 공업도시로 변화해가는 영등포에 대하여 설명하였다. 영등포는 개항 이후 철도 개통과 함께 발달하였고 1910년대와 1920년대 들어 철도와 철도인입선 주변으로 서서히 공업 시설이 들어서면서 서울의 공업 배후지로 인식되기 시작하였다. 영등포가 '서울의 만췌스타'라 불리며 본격적으로 신흥 공업 도시로 발돋움한 것은 1930년대 조선공업화로 일본 본토 자본이 진출하면서였다. 1920년대까지는 여타 경성의 주변 지역과 달리 인구의 유입도 더디었고 공장 지대와 종래의 조선인 거주지와 역전을 중심으로 재조일본인 거주지로 이루어진 다소 투박한 이미지의 도시로 추정된다. 하지만 1930년대 이후 대공장이 들어서면서 일자리를 찾아 영등포를 찾는 사람들이 늘어나 폭증이라 할 정도의 인구 유입이 이루어졌다. 도시 공공시설과 인프라도 확장되어 영등포는 신흥 공업도시로 자리매김을 하였다. 3장에서는 방직 여공의 구성과 모집, 노동조건에 대하여 다루었다. 1920년대보다 1930년대의 방직 여공의 연령대가 더 낮았는데 여공의 1/3이 16세 이하의 여아였다. 이는 같은 연령대의 남공에 비할 수 없는 규모였다. 영등포의 방직 여공은 대부분 강원도·경상북도·충청남도·충청북도의 영세한 농촌 가정의 자녀들로 원거리 이주 노동자들이었다. 4장에서는 영등포의 도시 공간을 중심으로 여공의 공간인 공장 일대와 기숙사에 대하여 살펴보고자 했다. 1930년대 경성으로 편입되고 공업지대로 발전하면서 시가지도 확장되고 주택도 우후죽순으로 지어졌으며 관공서, 학교 등의 신설과 증개축도 이어졌다. 또 신길동 산록을 중심으로 재조일본인 자산가들의 고급주택도 건설되었다. 대규모 공장은 공업 시설뿐 아니라 학교, 유치원, 사택, 기숙사로 이루어진 '타운'을 방불케 하는 시설을 갖추고 있었다. 기숙사는 현대식의 시설을 갖추고 있었고 몇천 명을 수용할 수 있을 정도의 규모로 높은 담장과 여러 감시 기능을 갖추어 마치 수용소와 같았다. 이렇게 보면 당대 최첨난의 기계설비, 건축 등의 기술로 무장한 영등포라는 근대 공업 도시에서 가장 많은 수를 차지하고 있었던 여공은 그 최첨단의 문명에 의해 수탈당하는 존재로 보인다. 하지만 이들이 단지 식민지 자본주의의 피해자로 볼 수만은 없다. 이들은 방직공장에 취직하면서 근대교육에 접속하는 것을 꿈꾸거나 휴일이면 주변 위락지로 외출을 하고 연애를 꿈꾸면서 도시의 근대문명에 접속하고 있었다. 이들은 귀향을 꿈꾸거나 도시 안에서 이직을 하고자 하였고 탈출을 해서라도 더 나은 처지로 옮겨가고자 했다. 이러한 여공의 모습은 여공의 다양성과 역동성을 엿볼 수 있게 한다.

마지막으로 이 연구를 하면서 여공의 모집 과정에 천착할 필요가 있다는 생각을 하게 되었다. 사회과는 1920년대에 직업 소개 사업에서 시작하여 1920년대 후반부터 노동력 수급 사업을 벌이는데, 여공 모집이 난항을 겪자 세궁민 조사, 이재민 조사 등 사회조사 자료 등을 활용하여 모집에 중요한 역할을 했을 가능성이 높다. 이것이 최소한 모집 과정의 세부사항을 밝히는 것에 그칠 수도 있지만, 강제동원에 이르는 여러 경로를 설명하는 데 도움이 될 수도 있을 것 같다. 즉 '조선공업화' 시기에서 전시체제기로 이어지는 시기에 여성 인력의 모집과 동원이 어떻게 이어지는지 실마리를 찾을 수 있는 부분으로 보인다. 또 점증하는 유년 여공의 존재에도 유의할 필요가 있을듯한데, 이와 관련하여 자본의 통제 기술의 변화에 대해서도 살펴볼 필요가 있을 것이다.

제 2 장

서울지역 여성 타이피스트의 노동과 삶

소현숙 (역사문제연구소 연구위원)

1. 머리말

1927년 3월 8일 《동아일보》는 "현대문명의 괴현상"이라면서 기계가 노동을 대체하는 현상을 보도하였다. 기자는 통계 사무의 자동화가 진행됨으로써 사무실에 계산기가 도입되자 더는 다수의 사무원이 필요치 않게 되었다며 "기계의 위세"에 감탄한다.[1] 굳이 오늘날의 AI를 언급하지 않더라도 기계가 인간의 노동력을 대체하는 현상과 그에 대한 우려는 근대 초기부터 포착되고 있었다. 그런데 새로운 기계는 인간으로부터 노동의 기회를 박탈하기만 했던 것은 아니다. 그것은 이전에는 존재하지 않았던 노동영역을 창출하면서 새로운 노동의 기회를 제공하기도 하였다. 이는 특히 산업화에 따라 공적 영역으로 노동 공간을 이동·확장해간 여성노동에서 두드러지게 나타난 특징이다. 방직 기계의 도입이 여성의 노동 공간을 가정으로부터 공장으로 옮기고 여성의 역할에 변화를 가져온 사실은 이를 잘 보여준다.

이처럼 여성의 삶이 기계/기술의 도입과 밀접한 관련 속에서 변화해 왔음을 고려할 때, 기계/기술의 변화와 그것이 여성들의 노동에 미친 영향을 살펴보는 것은 서울 여성들의 삶의 변화를 더욱 풍부하게 이해하는 데 필요한 작업이다. 서울은 새로운 기술과 문물을 블랙홀처럼 빨아들여 다른 지역으로 확산시키는 데에서 중핵적인 역할을 담당해 온 곳으로, 서울 여성의 삶에서 기계/기술의 영향력은 다른 어떤 지역보다 더 빠르고 광범하게 나타났다는 점에서 더욱 그렇다.

이 연구에서는 이러한 문제의식에 기반하여 서울지역 여성들의 노동과 삶의 변화를 '타자기'와 '타자술'이라는 새로운 기계/기술과의 연관성 속에

1 〈勞働도 機械로〉, 《동아일보》 1927년 3월 8일.

서 살펴보고자 한다. '근대 문명의 작은 상징'이라 일컬어지는 타자기의 발명은 새로운 여성 직업인 '타이피스트'의 탄생과 여성들의 사무직 진출을 촉진하는 결정적 계기가 되었다. 여성의 삶에 큰 영향을 미친 새로운 기술 매체로서 타자기의 도입은 20세기 여성노동의 구조적 변화를 이해하는 데에서 빼놓을 수 없는 중요한 사건이었다고 할 수 있다. 이와 관련하여 일찍이 독일의 프리드리히 키틀러Friedrich Kittler는 타자기와 여성해방의 상관관계를 분석하며 새로운 기술이 여성의 해방을 촉진시켰다고 주장하였다. 그에 따르면 타자기의 발명과 더불어 20세기 초 많은 여성이 타이피스트나 비서로 고용되어 사회에 진출할 수 있었다. 타자기는 사용 기술이 단순하여 접근하기가 쉽고 배우는 기간도 짧았기 때문에 대학이라는 고등교육에서 제외되었던 여성들이 이를 통해 사무직에 진출할 수 있었다. 여성들은 타자기를 통해 가정에서 벗어날 출구를 발견할 수 있었는데, 이 과정은 '글쓰는 성'은 남성이라는 기존의 담론이 무너지고 텍스트 보급의 주역으로서 여성이 새롭게 부상하는 과정이기도 했다. 이러한 변화 속에서 여성노동은 사무직으로 확장되어갔고 그것이 젠더 관계의 변화로 이어지면서 여성해방을 촉진하였다.[2] 그러나 주디 와이즈먼이 지적하듯이 관리적인 사무는 남성이 담당하고 그 아래에서 여성이 사무적인 일을 담당한다는 새로운 남녀의 직업 분리를 낳았다는 면에서 타자기의 도입이 여성에게 긍정적인 경험만을 가져다준 것은 아니었다. 타자 치는 행위는 여성의 일로 여겨졌고, 여성들은 값싼 노동력으로 착취당하였음 또한 사실이다.[3]

2 프리드리히 키틀러 지음, 윤원화 옮김, 《기록시스템 1800·1900》, 문학동네, 2015; 프리트리히 키틀러 지음, 유현주·김남시 옮김, 《축음기, 영화, 타자기》, 문학과 지성사, 2019; 도기숙, 〈타자기와 여성해방-키틀러의 매체이론에 나타난 기술과 여성의 문제〉, 《독일어문학》 43, 2008.

3 주디 와이즈먼 지음, 박진희·이현숙 역, 《테크노페미니즘: 여성 과학 기술과 새롭게 만나다》, 궁리, 2009.

이처럼 타자기의 도입과 타이피스트라는 새로운 여성 직종의 출현에 관해서는 기술과 젠더의 상관관계를 중심으로 논의되어왔다. 그러나 식민지를 겪은 한국에서 양자의 관계는 생각보다 간단치 않다. 이민족 지배라는 현실은 기술과 젠더의 관계에 더하여 민족차별이라는 현실이 어떻게 작동하는지를 고려하도록 요청하기 때문이다. 식민지적 언어의 위계 상황에서 문자를 매개로 하는 타자 기술은 식민지 여성의 삶에 어떤 영향을 미쳤을까? 제국주의적 위계와 민족차별의 역학 속에서 새로운 기술의 도입이 식민지 여성노동에 미친 영향에 관해서는 보다 면밀한 검토가 필요하다.

한편, 서울에서 여성들이 대거 타이피스트로 고용되기 시작한 것은 해방 이후였다. 각종 관공서와 회사에서의 고용이 확대되면서 타이피스트는 '직업여성'의 대명사로 불리게 되었다. 그렇다면, 해방 이후 타이피스트의 고용이 확대된 배경은 무엇인가? 서울지역에서 타이피스트의 양성과 고용은 어떻게 이루어지고 있었을까? 새로운 기술은 서울지역 여성의 삶에 어떤 변화를 가져다주었을까? 타이피스트로 고용된 여성들은 누구이고 그들의 노동조건은 어떠했는가? 등등의 문제를 꼼꼼히 살펴볼 필요가 있다.

이 연구에서는 서울지역 타이피스트의 역사를 살펴보면서 타자기의 도입이 서울 여성들의 노동과 삶에 어떤 변화를 가져왔는지, 나아가 그것이 젠더 관계에 어떤 영향을 미쳤는지를 살펴보고자 한다. 이를 위해 근대 초기 타자기가 도입되던 시점부터 컴퓨터의 도입으로 사무자동화가 진행되어 타자기가 사무실에서 사라지기 직전인 1980년대까지를 시야에 두면서 서울지역 여성들이 어떻게 타이피스트로 교육받고 취업하였으며 그 실태는 어떠했는지를 추적해 볼 것이다.

2. 일제하 타자기의 도입과 타이피스트의 출현

1) 타자기의 도입과 영문타자

한국에서 타자기는 근대 초기 서구문물이 도입되는 가운데 소개되었다. 주요한은 증기기관, 비행기 등과 더불어 19세기의 발명품 중 하나로 타자기를 언급하였다.[4] 서구 문명의 특징인 속도와 능률을 체현하고 있는 것으로 여겨졌던 타자기는 문명의 상징으로서 그 도입 시기부터 식자층의 많은 관심을 끌었다.[5]

타자기의 활용과 이를 위해 필요한 교육은 우선은 영문 타자기를 중심으로 이루어졌다. 그러나 영문 타자에 대한 수요가 많지 않았고, 영어에 능통한 이도 적었기 때문에 영문 타자기가 널리 상용화되지는 않았다. 그 와중에도 영문 타자기를 사용한 소수의 조선인이 있었다. 이들은 주로 서양 선교사의 조수 등으로 일하면서 업무 보조를 위해 필요하여 영어를 배우고 영문 타자기를 익힌 것으로 보인다. 이러한 사례로 경성 동대문부인병원의 로제타 홀 의사 밑에서 일했던 조배녀趙培女, 30세라는 여성을 들 수 있다. 1926년 5월 28일자 《조선일보》에는 조배녀를 인터뷰한 기사가 실려 있는데, 시각장애인이었던 조배녀는 평양 태생으로 다섯 살 되던 해에 실명하였다. 두뇌가 명민하고 기억력이 좋은 그녀는 일곱 살 되던 해부터 교육을 받기 시작하여 평양 숭의여중학교를 졸업하고 일본 도쿄로 건너가 관립 맹아학교 사범과를 우수한 성적으로 졸업하였다. 조선으로 돌아온 그녀는 강원도 강릉자혜병원에서 마사지를 전문 직업으로 하고 있다가 동대문 부인병원으로 옮겨왔는데, 영어·일어 등에 능통하였다. 기사는 시각장애인 여

4 주요한, 〈最近百年間의 發見과 發明〉, 《개벽》 31, 1923년 1월.

5 김태호, 《한글과 타자기》, 역사비평사, 2023, 63~64쪽.

성으로서 그녀가 자신과 같은 처지에 있는 시각장애인 여성들을 교육하기 위해 야학을 만드는 등 애써온 사실을 전하고 있으나, 아쉽게도 타이피스트로서 어떻게 일했는지에 관한 자세한 설명은 없다. 오전에는 병원에서 마사지사로 일하고 필요할 때마다 의사 홀을 도와서 영문 타자기로 문서 작성하는 일을 도맡아서 했던 것으로 추측된다.[6]

1930년에는 최초로 영문 타자수 양성소가 설립되었다. 경성 시내 청진동 188번지 경성보육학교 구내에 신설된 경성영문타이피스트양성소가 그것이다. 조윤용趙允鏞, 윤치호尹致昊, 박희도朴熙道의 주선으로 설립된 이 양성소는 1923년 연희전문학교 상과를 졸업한 후 선교회 서기생, 남경 영미연공사英米煙公司 타자생寫字生 등으로 일한 경험이 있는 오국환吳國煥이 강사를 맡았다. 당시 고학을 목적으로 구미에 도항하는 사람들이 많아졌지만 아무런 기술도 없이 가서 실패하고 돌아오는 경우가 많아서 이런 고학생들에게 "유력한 고학자료" 하나를 가르쳐 주기 위하여 설립되었다고 한다. 보통과와 속성과를 두고 각 과에 오전·오후반을 두어 속성과는 50일, 보통과는 3개월에 수료하게 하였는데, 제1회 모집인원은 남녀 12명이었다.[7] 그러나 모집인원을 다 채우지는 못했는지 제1회 졸업식에서 졸업생은 최헌식崔憲植, 김일환金一煥, 야마모토 레코[山本禮子], 박금희朴今姬 등 속성과 4명에 불과했다. 이들은 모두 도미渡美를 목적으로 타자를 배웠다.[8] 이외에 태화여자관 내에도 영어강습원이 만들어졌는데, 여기서는 영문타자를 영어와 함께 가르쳤

6 〈조선 녀성이 가진 여러 직업(14) 타이피스트〉, 《조선일보》 1926년 5월 28일.

7 〈타이피스트 양성소 신설〉, 《동아일보》 1930년 11월 8일.

8 〈"영문 타이피스트" 졸업식〉, 《동아일보》 1931년 1월 24일; 〈영문 타이피스트 연구 속성과 졸업자〉, 《조선일보》 1931년 1월 25일.

다. 입학을 위해서는 중학 졸업 정도의 학력이 필요했다.[9]

이처럼 몇 군데 영문 타자기 강습소가 만들어지고는 있었으나 영문 타자기를 배우려는 수요는 그리 많지 않았다. 영문타자기는 선교사에 의해, 그리고 외국과 거래가 있는 회사나, 관청, 민간회사 등에서 사용되는 정도였다. 초기 영문타자기 교습은 조선 내에서의 취업을 목표로 한 것이 아니었고, 타자를 배우는 이들도 단지 여성에 국한되지 않았다.

2) 타이피스트의 출현과 민족적 위계

수요가 많지 않았던 영문 타자기와 달리, 일문日文 타자기의 사용은 그보다 빈번했다. 일문 타자기는 1915년 스기모토 쿄타[杉本京太]가 발명하여 니혼[日本]타이프에서 시판한 이래 스가누마 타이프, 도요 타이프, 시마다 전동식 타이프 등 여러 회사에서 제조하고 있었다.[10] 그러나 당시 일문타자기는 영문타자기와는 그 형태와 작동방식이 달라 능률적인 타자기는 아니었다. 일문은 한자 없이는 제대로 쓰기 어려우므로 일문 타자기는 한자 타자기에 가나를 추가한 형태로 만들 수밖에 없었다. 책상처럼 큰 판에 수천 개의 활자가 놓여 있어서 활자판에서 한 자씩, 한 자씩 글자를 고르면 그 활자가 들려 올라가 롤러에 감긴 종이에 글자를 찍는 구조였다. 따라서 엄밀한 의미에서 서양식 타자기와 같은 의미의 타자기라 말하기는 어려웠다. 당시 영문 타자기가 26개의 문자에 부호, 숫자를 갖추어 92개의 키로 구성되어 있었다면, 일문 타자기는 3,126자에 달하는 키로 구성되어 있었기 때문에 글자를 새기는 능률에서 크게 차이가 났다. 영문이 1분에 200자 이

9 〈태화여자관 내에 영어강습원 개강〉, 《조선일보》 1936년 9월 26일; 〈학원통신: 영어강습원 신학기 개시〉, 《조선일보》 1939년 9월 18일.

10 김태호, 앞의 책, 2023, 44쪽.

상을 쳤던 반면, 일문 타자기는 겨우 30~60자를 칠 수 있었다.[11] 이처럼 일문 타자기는 속도는 빠르지 않았지만 인쇄한 것처럼 깔끔한 문서를 만들 수 있었기 때문에 관공서·은행·기업 등에서 형식을 갖춘 문서를 만들기 위하여 사용하였다.[12]

한글 타자기의 발명도 여러 차례 시도되었다. 그러나 한글 타자기를 만드는 것 역시 생각만큼 간단한 일은 아니었다. 낱 자모가 독립된 공간을 차지하며 가로로 쓰는 로마자와 달리 한글은 자모를 모아 음절 글자를 구성하는 모아쓰기이며 당시까지 한자를 섞어 세로쓰기를 하고 있었기 때문에 영문 타자기의 로마자를 한글 자모로 변경한다고 해서 한글 타자기를 바로 만들 수는 없었다. 한글 타자기의 개발을 위해서는 모아쓰기, 가로쓰기, 한글 전용 문제를 해결해야 했다.[13] 이러한 문제점 때문에 다양한 형태의 한글 타자기가 개발되었다. 1913년 미국 특허를 출원한 언더우드 타자기와 재미교포 목사 김준성이 만든 타자기는 로마자 타자기를 개조하여 한글 풀어쓰기 타자기로 만들었다. 1914년 역시 미국에서 이원익은 모아쓰기를 시도한 최초의 타자기를 만들었다. 이 타자기는 당시의 쓰기 관행을 존중하여 세로쓰기 방식을 채택하였으나 칠행식 타자기로 자판을 보지 않고 손가락 자리를 외워서 치는 촉지 타자를 할 수 없다는 약점이 있었다. 이후 미국에서 유학 중이던 송기주가 1934년 무렵 타자기를 개발하였는데, 이원익 타자기와 마찬가지로 세로쓰기에 맞추어 돌아누운 글자를 가로로 찍는 방식을 취했고 네벌식 타자기였다. 송기주 타자기는 한글 타자기의 "완성"이라 일컬어지며 언론의 주목을 받았으나, 한글 타자기에 대한 수요

11 〈婦人の職業, 女タイピスト(中)〉, 《釜山日報》 1928년 5월 8일.

12 김태호, 앞의 책, 2023, 47쪽.

13 김태호, 앞의 책, 2023, 67~77쪽.

가 많지 않은 상황에서 널리 상용화하지는 못하였다.[14]

이처럼 한글 타자기는 일찍부터 다양하게 개발되고 있었지만, 그 상용화는 해방 이후로 지연되었다. 김태호는 그 주된 이유로 세로쓰기와 한자를 중심으로 한 문자문화의 한계를 지적하였지만, 이러한 언어의 구조 외에 한글이 공식 언어로부터 배제되어 있었던 식민지라는 정치적 상황 또한 고려해야 할 것이다. 송기주 타자기의 경우 일문 타자기보다 능률이 더 높았지만, 능률이 한참 떨어짐에도 불구하고 일제시기 많이 사용되었던 것은 일문 타자기였다. 제국의 문자로서 일문이 모든 공적 활동에서 지배적인 위치를 차지하였던 식민지라는 조건에서 문자를 기반으로 하는 타자기의 사용에는 식민지적 언어의 불평등이 그대로 투영되어 있었다.

1920년대 중반까지도 타이피스트에 대한 수요는 그리 많지 않았다. 당시 여성의 직업으로서 타이피스트가 수입이 좋다는 소문이 있어서 여고보를 졸업한 여성 중에 타이피스트가 되고자 했던 이들도 있었지만, 취업은 쉽지 않았던 듯하다. 경성에는 〈일본타이피스트양성소日本タイピスト養成所〉가 명치정(현재의 명동) 식산은행 부근에 있었으나 타이피스트를 쓰는 회사나 은행은 별로 없었다.[15]

분위기가 달라진 것은 1920년대 후반부터였다. 이른바 "타이피스트의 유행열"이라 불리는 현상이 나타나기 시작하면서 타이피스트 고용도 증가했다.[16] 당시 명치정에 위치한 카페 마루비루[丸ビル] 근처의 회사 밀집 지역에 있는 사무실들과 관공서, 은행 등에서는 거의 타자기를 사용하여 문서를 생산하고 있었으며, 타이피스트의 대부분은 여성으로, 타자기의 보급은

14 김태호, 앞의 책, 2023, 84~98쪽.

15 〈가뎡고문〉, 《동아일보》 1926년 5월 1일.

16 〈婦人の職業, 女タイピスト(下)〉, 《釜山日報》 1928년 5월 9일.

"부인의 직업 부문을 확대"했다고 보도되고 있다.[17] 특히 경성에서 학교 교육을 받은 젊은 여성들이 직업전선에 나서는 모습은 시선을 끌었는데, 여성들은 은행, 회사의 사무원과 타이피스트, 전화교환수, 그리고 버스차장으로 활발하게 활동하고 있었다.[18]

그러나 이 시기 타이피스트로 고용된 여성들은 대부분 경성에 거주하였던 재조일본인 여성들이었다. 일본어를 사용하는 회사와 관공서에서 필요했던 타이피스트는 일본어에 능통한 자였기에 일본인 여성이 조선인보다 취업에 유리했고 우선 고용의 대상이 되었다. 타자기를 통해 구현된 식민지적 문자의 불평등이 민족 따른 고용의 위계로 이어졌던 것이다.

당시 경성에는 많은 일본인이 거주하고 있어서, 식민지시기 내내 경성 전체 인구의 거의 1/3을 유지했다. 경성의 인구는 1915년 24만여 명에서 1944년 98만여 명으로 증가하였는데, 일본인은 같은 시기 6만여 명에서 15만 명 이상으로 증가하였다. 조선에 들어온 일본인은 조선 인구 전체의 2.8%에 불과했지만, 경성에서는 이농 인구가 급격히 증대하는 1930년대 후반이 되기 전까지 26~28%를 유지하며 큰 집단을 형성하고 있었다.[19]

더욱이 일본인을 우선하는 총독부의 교육정책 결과 조선 인구 대비 2.8%에 불과했던 일본인이지만 여학교 졸업자 수는 조선인보다 두 배 정도 많았다. 일본인 여학생의 취학률 또한 매우 높아서 1920년대에 30%, 1930년대 후반으로 가면 50%에 근접하였는데, 이는 식민지 시대 내내 1%에 미치지 못하였던 조선인 여학생의 취학률과 크게 차이가 난다.[20] 이

17 〈婦人の職業, 女タイピスト(上, 中, 下)〉, 《釜山日報》 1928년 5월 6·8·9일.

18 〈조선에도 여순사 출현?〉, 《조선일보》 1930년 5월 31일.

19 김수진, 《근대의 과잉, 신여성》 소명출판, 2006, 77쪽.

20 김수진, 앞의 책, 2006, 68~69쪽.

러한 교육 격차 속에서 재조일본인 여성들은 압도적으로 유리한 조건에서 전화국, 우체국, 은행, 병원 등 근대적 기관에 취업하여 '직업부인'으로 활동하였는데, '하카마[袴] 입은 여자'라 불기도 했다.[21] 게다가 경성에 거주하는 일본인 외에 일본에서 중등학교 이상을 마치고 조선으로 구직하러 온 일본인들까지 더해져서 조선인들은 취업이 쉽지 않았다.[22]

따라서 조선인 여학교 졸업자들이 높은 취업 열망에도 불구하고 일자리를 구하기 힘들었던 것은 단지 조선의 낮은 산업화 정도와 그에 따른 근대적 사무직 서비스 직종의 부재 때문만은 아니었다. 김수진이 지적하듯이, 경성에서 중등 학력을 요구하는 정도의 여성 사무 서비스직은 1920년대 중반 이후 증가해갔지만, 그 절대다수를 일본 여성들이 담당했기 때문이었다.[23]

〈표 1〉 경성부 사무직 여성의 민족별 인구(1930년) (단위: 명)

대분류	중분류	소분류	조선인	일본인
공무자유업	관공직	관리	26	10
		관공고용원	16	430
	서기류	부기계, 출납계, 회계계	8	64
		속기사, 타이피스트	1	51
		기타 서기직	31	211
기타	기타 유업자	관청회사 등 급사	17	68
합계			99	834
총합			933	

출처: 朝鮮總督府, 《昭和五年 國勢調査報告-京畿道編》, 1930(김수진, 앞의 책, 2009, 87쪽 재인용).

21 송혜경, 〈식민지 조선의 '일본어문학'(1920~30년대)과 재조일본인 여성 표상 연구〉, 《일본사상》 28, 2015, 142~144쪽.

22 〈일본학생진출로 전선에 이상〉, 《조선일보》 1931년 1월 26일.

23 김수진, 앞의 책, 2006, 84쪽.

〈표 1〉에서 드러나듯이 1930년 무렵 대표적인 여성 사무직으로 꼽힌 타이피스트를 보면, 경성의 여성 타이피스트는 51명 전원이 일본인이었고, 조선인은 없었다(1명은 속기사).[24]

관공서의 말단 급사나 사무원, 서기, 회계도 사정은 크게 다르지 않아서 절대 다수가 일본인으로, 회계, 타이피스트처럼 중등 학력을 요구하는 도시 사무 직종에 조선인 여성이 종사하는 경우는 매우 드물었다.[25]

그러나 1930년대 이후 점차 조선인 여성들도 타이피스트로 채용되기 시작했다. 1930년대 중반에는 송기주 타자기가 발명되면서 널리 상용화되지는 않았지만, 일부 조선문 타자기를 쓰는 경우도 있었다. 1939년 《조선일보》 서무부에서 타이피스트를 모집하였는데, 일문뿐만 아니라 "선문鮮文"타자에 경험이 있는 자를 구하고 있음은 이를 보여준다.[26] 1930년대 후반에 이르면 조선인 타이피스트와 관련된 사건 사고 기사들도 실리고 있는데,[27] 예컨대, 영화배우였던 이백희는 여학교를 졸업하고 회사의 타이피스트로 있다가 영화계로 옮긴 경우였다.[28]

타지술은 대체로 3~4개월 정도 훈련하면 습득할 수 있었는데, 이처럼 단기간에 전문기술을 습득해서 직업인으로 자리 잡을 수 있는 경우가 많지 않았기 때문에 여성직업으로 타이피스트는 인기가 좋았다. 그렇다 하더라도 타이피스트가 되려면 대체로 여고보를 졸업해야 했고, 영문타이피스

24 김수진, 앞의 책, 2006, 87쪽.

25 김수진, 앞의 책, 2006, 86~87쪽.

26 〈타이피스트 채용〉, 《조선일보》 1939년 7월 16일.

27 〈一日 三秋 약혼 반지 消〉, 《조선일보》 1937년 11월 14일.

28 〈여배우 번영기 지는 꽃과 피는 꽃〉, 《조선일보》 1938년 1월 4일. 이백희가 졸업한 학교로 원문에는 경성여고라 표기되어 있는데 경성여자고등보통학교를 지칭하는 것으로 보인다.

트의 경우에는 영어에 능통한 어학실력이 있거나 여고보 이상 전문학교 정도의 어학실력을 갖추어야 했다.[29] 1930년대 후반이 되면 각 관청과 웬만한 회사에서는 대개 타이피스트가 필요한 까닭에 공급이 오히려 부족한 형편이어서 타자기만 배워 놓으면 취직은 어렵지 않았다고 보도되고 있다.[30]

타이피스트 고용의 확대에 따라 타이피스트 양성소도 점차 증가하여, 1930년대 말 타이피스트의 양성을 목적으로 하는 양성소는 황금정 이정목의 성칙正則타이피스트양성소, 남대문통 삼정목 타이피스트학원 등 경성에만 100여 곳에 이르렀다.[31] 수업기간은 속성과는 3개월이고 수업료는 한 달에 5원 가량으로 매일 두 시간씩 교수하는 것이 보통이었다. 태평동 이정목 대한문 근처에 자리잡은 경성실천부기학원의 예를 보자. 이 학원은 단기 실업학교로서 부기, 주산, 타이프라이터를 전문으로 가르쳤다. 6개월 과정의 본과와 속성과 및 야학이 있었고, 1932년에는 여자전문부를 신설하여 여성교육을 확대하였고 여자타이피스트과를 설치하였다. 입학 자격은 특별히 없었고 수료생에게는 취업을 알선해 주었다.[32]

여자실업학교에서도 타자교육을 행하였다. 전국에 여자실업학교는 1943년 말 현재 모두 7교가 있었는데, 그중 부산의 삼도고등여실, 청진의 청진여실을 제외한 나머지 5개교가 모두 경성에 위치하고 있었다.

29 〈신여성 직업 안내〉, 《매일신보》 1937년 1월 1일.

30 〈신여성 직업 안내〉, 《매일신보》 1937년 1월 1일.

31 〈신여성 직업 안내〉, 《매일신보》 1937년 1월 1일; 〈"타이피스트"가 되랴면 손끗치 빠르고 독서력이 예민해야 된다〉, 《매일신보》 1939년 3월 16일.

32 〈형설공의 성과, 각교의 졸업식〉, 《동아일보》 1932년 3월 20일; 〈실천부기원 여자부신설〉, 《동아일보》 1932년 4월 17일; 〈실천부기학원 중등공민학교〉, 《조선일보》 1933년 2월 28일; 〈중등이상 남녀학교 입학안내 ⑬〉, 《동아일보》 1934년 2월 16일.

〈표 2〉 경성의 여자 실업학교 현황(1943년)

교명	설립주체	인가년도	소재지	수업연한	학급수	학생수
경성여자 상업학교	사립	1926	경성부 홍제정	4년	12개	692명(조선인)
경성여자 실업학교	공립	1926	경성부 황금정	3년	8개	854명(일본인)
덕성(근화)여자 실업학교	사립	1935	경성부 안국정	4년	9개	540명(조선인)
향상여자 실업학교	사립	1936	경성부 천연정	3년	6개	356명(조선인)
상명실천여자 실업학교	사립	1940	경성부 홍지동	본과 3년, 전수과 2년	-	?

출처: 朝鮮總督府學務局 편, 《朝鮮諸學校一覽(昭和十八年五月末現在)》, 1944; 渡部学·阿部洋 편, 《日本植民地教育政策史料集成(朝鮮篇)》(第62巻), 東京: 龍溪書舎, 1988.

〈표 2〉에서 보듯이 일본인이 통학한 경성여실을 제외하면 나머지는 조선인 학생들을 대상으로 설립된 학교였다. 경성여상의 개설 학과목을 보면 타자는 본과 3학년 과목으로 수업시수 1시간으로 배치되어 있다.[33] 일부 여고보 졸업자들은 근대 직종으로의 취업에 필요한 실무 능력을 배우고자 경성여상 1년 과정인 전수과에 진학하기도 했다.[34]

이와 같이 실무적인 능력을 갖춘 상업학교 출신들은 인문계 졸업자들보다 더 쉽게 취직할 수 있었다. 이는 인문계 진학자들이 상대적으로 취업에 큰 가치를 두지 않았던 것과 달리 상업학교 출신들은 취업에 보다 관심이 많았던 점도 반영한다. 1934년 경성여상과 인문계인 숙명여고보, 정의여고보, 평양여고보 졸업생의 취업상황을 비교해 보면, 경성여상의 졸업생은 88명 중 53명(60.2%)이 취업을 한 반면, 인문계인 숙명여고보의 경우

33 〈京城女子商業學校 學則〉, 《私立商業學校學則變更ノ件》, 1929.

34 박현옥, 〈일제하 경성의 자본주의 소비문화와 여자실업학교〉, 《서울과 역사》 113, 2023, 274쪽.

는 졸업생 78명 중 취업 5명(6.4%), 가사종사자 52명(66.7%)로, 가사종사자가 50~60%에 달하였다. 이는 정의여고, 평양여고도 마찬가지로, 실업계인 경성여상은 인문계인 여고보 출신들과 달리, 졸업과 동시에 은행·회사·상점에 절반 이상 취업하고 있었음을 알 수 있다.[35]

타이피스트의 수입을 보면, 1920년대 후반 영문 타자기의 경우 관청에서는 40~45원, 민간회사에서는 45~50원에 보너스를 받았기 때문에 수입은 민간회사가 더 높았나. 일문 타자기의 경우는 영문 타자기보다 10원 정도 더 적은 액수를 받았는데 관청에서는 30~35원, 민간회사에서는 35~40원을 받았고, 여학교를 졸업하지 않았을 때는 2~3원 정도 임금이 더 쌌다.[36] 1930년 직업조사 통계에 따르면 여성 직업의 초임 급료가 20~30원 정도였다면, 소학교 교원이 약 40원, 여의사 70~80원, 신문기자 60원, 회사원 25~35원, 전화교환수 30~45원, 엘레베이터걸 25원 정도였는데 타이피스트는 40원 정도의 월급을 받아서 여성 직업으로서는 수입이 좋은 편이었다.[37]

1930년대 전반까지도 타이피스트의 업무가 그리 많았던 것은 아니었던 듯하다. 1933년 12월 《신여성》에 실린 〈제일선상의 신여성〉에는 엘레베이터걸, 숍걸, 기자, 버스걸 등 직업여성과의 인터뷰 내용이 수록되어 있는데, 그중 타이피스트였던 황금조黃金鳥의 인터뷰 내용을 보자. 황금조는 자신의 직업을 "한가한 직업"이라 소개하며 다음과 같이 말한다. "저의 존재는 마치 치레삼아서 잇는 모양입니다. 그러케 밧부지도 안코 또 그러케 필요한 것 갓지도 안슙니다."라고 말한다. 아침 8시 30분이나 9시쯤 출근하여

35 김명숙, 〈일제강점기 경성여자상업학교 여학생의 특성 연구-1939년 졸업생 학적부를 중심으로〉, 《인문학연구》 27(동덕여대 인문과학연구소), 2022, 17쪽.

36 〈婦人の職業, 女タイピスト(下)〉, 《釜山日報》 1928년 5월 9일.

37 〈기밀실(우리 사회의 제 내막)〉, 《삼천리》 10-10, 1938.

저녁 5시까지 근무한다. 타이프라이터 앞에 앉아서 키를 찍지만 쉴새 없이 찍을 정도로 바쁜 업무가 아니고 어떤 때는 심심할 정도로 한가한 시간이 많다고 말한다. 월급은 30원 정도인데, 엘레베이터걸 20원, 전화교환수 30원, 부인기자 30~50원, 버스걸 23원 내외, 숍걸 20원 정도와 비교해 볼 때 비교적 높은 임금을 받고 있음을 알 수 있다. 어려운 집안 형편을 돕기 위해 수입의 일부를 집안 살림에 보태는 여성들이 많았지만, 황금조의 경우는 넉넉한 가정형편이었기 때문에 집안 살림을 도울 필요가 없이 스스로의 생활을 위해 지출을 했다. 스스로 부족한 돈이 아니라고 언급하고 있고, 일 년에 두 번 일주일 정도씩 휴가를 받는 "퍽 즐겁고 유쾌"한 직장이라고 말한다.[38]

일제 말기 전시체제로 재편되면서 여성들의 공적 노동에의 진출이 더욱 가속화되었다. 전시 인력 동원으로 일터에서 빠져나간 남성들을 대신해야 했기 때문이다. 이에 따라 중등학교 졸업생들의 취직률은 점차 높아졌는데, 1945년 동덕고등여학교 학적부를 분석해 보면, 1930년대 후반보다 취업률이 두 배 이상 증가하였으며, 특히 은행, 회사원 등 사무직으로 진출한 경우는 무려 12배나 증가한 것으로 나타났다. 이들이 취업한 기관은 교통국, 식량영단, 군청 등 총독부 산하 중앙·지방의 관공서와 은행 및 금융조합, 백화점, 보험회사, 만주길림국 등이었다.[39] 이러한 분위기 속에서 타이피스트 고용 역시 급격히 증가하였는데, 특히 중일전쟁 이후 "대륙 방면"으로 "광범위한 일자리가 널려서" 바야흐로 "타이피스트의 황금시대"를 현출하고 있다는 보도가 나오고 있다. 전선을 따라 북상하여 대륙으로 가는 경

38 〈제일선상의 신여성〉, 《신여성》 7-12, 1933년 12월.

39 김명숙, 〈일제강점기 고등여학교 학생들의 꿈과 이상, 그리고 현실-1945년 동덕고등여학교 학적부를 중심으로-〉, 《서울과 역사》 78, 2011, 262~263쪽.

우 임금은 조선에 있는 때보다 2배 이상의 좋은 대우를 받을 수 있어서 만주에서는 70~80원, 베이징은 80~90원, 북지(화북)에서는 100원 정도였다.[40] 1939년 가족과 함께 천진으로 이주한 양충자는 일본 조계지에 있는 상업 계열의 대성학원에 입학하여 타자기를 배웠고 졸업 후 프랑스 조계지에 위치한 카네보종합주식회사에 취업하여 타이피스트로 근무하였다. 1941년 가을부터 1944년 봄까지 근무하는 동안, 그녀가 받은 월급은 기술수당까지 합하여 매달 110원이라는 상당한 금액이었다.[41]

타이피스트의 수요 급증은 타이피스트 부족을 야기하였다. 이에 각 단체 및 기관이 나서서 타이피스트 양성 교육을 실시하기 시작했다. 예컨대, 1939년 경성군사후원연맹에서는 약초정 서본원사 안에 유가족 수산소를 개설, 화양재 수예·생화를 교수해 왔는데 1940년 4월부터는 타이프라이터과도 신설하여 부족한 타이피스트를 양성하고자 했다. 이 양성소는 군인 유가족을 대상으로 하였고 강습료는 무료였다.[42] 경성직업소개소에서도 타이피스트 무료강습을 통해 직업보도를 실시하였다.[43] 타자교육을 촉진하기 위한 경기대회도 각 기관 주최로 개최되었다. 1942년 경성부는 경성상공회의소, 경성능률협회와 공동으로 타이피스트 경기대회를 개최하였고,[44]

40 〈"타이피스트"가 되랴면 손끗치 빠르고 독서력이 예민해야 된다〉, 《매일신보》 1939년 3월 16일.

41 김미선, 〈식민지시대 조선여성의 제국 내 이주경험에 관한 연구-양충자(중국 천진)와 이종수(만주국 안동)의 구술을 중심으로〉, 《여성과 역사》 11, 2009, 13쪽.

42 〈유가족 수산소에 타이프 과를 신설〉, 《동아일보》 1940년 3월 17일.

43 〈타이피스트 무료강습〉, 《매일신보》 1942년 11월 13일.

44 〈직장에 핀꼿의 絢爛한 싸움 朝鮮 最初인 타이피스트競技〉, 《매일신보》 1942년 3월 9일; 〈〈타이피스트〉 대경기회 경성부와 상공회의소 주최로〉, 《매일신보》 1942년 9월 3일.

1943년 조선군사령부도 부내에서 타이피스트 경기대회를 개최하였다.[45] 타이피스트 교육은 주로 여성을 대상으로 이루어졌는데, 1943년 경성직업소는 "일을 하고 싶어도 이렇다 할 손재주가 없는 탓으로 나아갈 길이 막힌 젊은 여성들을 위하여" 단시일에 기술을 가르쳐 일자리를 알선해 준다고 선전하며 교육생을 모집하였다. 주로 대상은 국민학교 고등과나 고등여학교 졸업 정도의 학력을 가진 여성들이었는데 일반 기업이 미혼여성만을 선호했던 것과 달리, 28세까지의 기혼여성도 선발대상에 포함하였다. 3개월간의 수업료 등 기타 비용을 무료로 하였고 수료 후에 취업까지 알선해 준다고 선전하였다.[46]

1939년 《조선일보》에 실린 타이피스트 김완순의 인터뷰를 보자. 김완순은 경성 시내 체신국 보험 업무과에 취직하여 타이피스트로 일하고 있었다. 아직도 학창시절 입었던 교복을 그대로 입고 팔에는 검정색 토수를 끼고 단발에 화장끼 없는 얼굴로 일하고 있던 그녀는 타이피스트가 된 것은 "한 개의 동경" 때문이라고 한다. "여학교 다닐 때부터 타이피스트가 기계를 곁에 놓고 찍는 것이 마치 피아노 치는 것 같기도 하고 여간 부러운게 아니"었다. 그러나 실제 일을 해보니 "그다지 별난 건 아니"고, 사무원이나 점원보다 더 훌륭하게 보았던 것은 공상에 불과하다고 말한다. 인터뷰를 마무리하면서 기자는 타이피스트라 하면 "직장을 치레하는 꽃"인 줄만 알던 시대는 가고 이제는 "한 개의 완전한 일꾼"으로 되어 함부로 화려한 모양을 주문할 수 없다고 말한다.[47]

45 〈조선군사령부 타이피스트 경기회〉, 《매일신보》 1943년 3월 7일.

46 〈타이피스트 보도생 직업소개소에서 모집〉, 《매일신보》 1943년 1월 22일.

47 〈女性職場의 初年兵 ⑥〉, 《조선일보》 1939년 4월 14일.

이처럼 식민지적 조건 속에서도 점차 타자기의 활용이 증가하면서 타이피스트로 일하는 여성들도 늘어났다. 식민지 조선에서 타자기는 그 소개단계에서부터 여자가 사용하는 기계로, '여성해방'과의 연관성 속에서 이해되었다. 1923년 영문타자기의 발명 50돌을 알렸던 동아일보의 기사는 "차기此機(타자기-인용자)의 발명을 따라 부녀의 경제해방을 실행 하얏나니 사자기寫字機는 여자 자유 생활의 로路를 개開하야 점차로 여자는 각 방면 실업에 종사케 되엿나"고 소개한다.[48] 나아가 《조선중앙일보》는 1872년 세계 최초의 타이피스트였던 레트럼 쇼오레스를 소개하면서 그녀가 타자기를 발명한 아버지를 위해서 타자기를 선전하기 위해 평생을 타이피스트로 살았다고 언급하면서 만약 그녀가 여성이 아니라 남성이었다면 타이피스트가 오늘날과 같이 여성의 직업이 아니라 남성에게 빼앗겼을지도 모른다고 하였다.[49] 타자기는 그 도입부터 문명의 상징일 뿐만 아니라 여성해방의 상징으로 표상되었음을 알 수 있다.

이처럼 타이피스트가 "여자들의 독점적인 직업"이 되었던 이유로 언급되었던 것은 타이프라이터가 "근대적인 일"일 뿐만 아니라 "남자보다 세심하고 민속敏速한 여성들에게 적합한 직업"으로 간주되었기 때문이었다.[50] 타이피스트는 잔일이 많은 부인의 직업 중에서도 "미묘한 손끝의 움직임을 필요로 함"으로 타이프라이터가 들어온 초기부터 이 직업은 "부인의 영역"으로서 인식되었다. 타이피스트의 적당한 소질로는 손가락이 기계처럼 움직여야 하고 두뇌가 치밀하며 독서력이 예민해야 된다는 세 가지 조건이 언

48 〈타이프우라잇터〉, 《동아일보》 1923년 8월 27일.

49 〈세계 최초의 타이피스트〉, 《조선중앙일보》 1933년 9월 22일.

50 〈신여성 직업 안내〉, 《매일신보》 1937년 1월 1일.

급되었다.[51]

그리고 여성도 직업을 구하는 시대가 되었는데 얼굴에 자신이 없는 사람은 되도록 전문적인 기술을 배워서 용모의 결점을 기술로 때우라는 조언도 나타났다.[52] 그러나 실제 타이피스트를 뽑는 데에서는 학업성적이나 업무능력보다 미모와 건강이 더 중요하게 고려되고 있었던 것으로 보인다. 당시 타이피스트의 채용에서 점수의 약 80% 이상이 미모에 관한 것이라는 지적이 있음은 이를 보여준다.[53]

3. 해방 후 한글 타자기의 보급과 타이피스트의 양성

1) 미군정기 영문타이피스트의 양성과 고용

해방 직후 경제적 불안과 여성해방운동으로 인한 여권의 강조 속에서 여성들의 직업 활동은 더욱 활발해졌다. 기존에 진출해 있던 직종에서의 여성 고용의 증가와 더불어, 이전에는 여성들의 취업이 쉽지 않았던 관청, 회사, 자유영업 등의 각 부문에서의 여성고용이 확대되었다.[54] 특히 미군정기에 나타난 주요한 변화는 영문타이피스트의 증가였다. 해방과 더불어 정권을 이양받은 미군정은 당장 행정을 담당할 인력이 필요했고, 영문타이피스트는 그 필요 인력 중 하나였다. 그러나 수요에 비해 이를 담당할 인력이

51 〈"타이피스트"가 되랴면 손끗치 빠르고 독서력이 예민해야 된다〉, 《매일신보》 1939년 3월 16일.

52 〈용모의 결점은 기술로 때웁시요〉, 《조선일보》 1935년 6월 1일.

53 〈일본학생 진출로 전선에 이상〉, 《조선일보》 1931년 1월 26일.

54 조경원·이배용, 〈해방 이후 여성교육정책의 변화와 여성의 사회진출 양상: 미군정기(1945)~제1공화국시기(1960)〉, 《한국교육사학》 22-2, 2000, 274쪽.

많지 않았기 때문에 군정청은 영문 타이피스트의 고용을 위해 우선 이들을 양성해야 했다. 미군정은 타이피스트 강습회를 개최하여 여학교를 졸업한 여성들을 영문 타이피스트로 양성하기 시작했다.[55]

영문타자와 더불어 한글 타자에 대한 수요도 증가하였다. 공식 언어로서의 지위를 박탈당했던 한글은 이제 버젓한 국어로서의 지위를 회복하고 타이피스트의 세계에 진입하게 된 것이다. 이에 따라 한글 타자를 가르치는 타이피스트 학원도 본격적으로 생겨나기 시작하였다.[56] 일본어를 쓰지 않고 한글을 공식 언어로 타자하는 해방된 새로운 세상은 타이피스트들에게 새로운 희망과 감회를 불러일으켰다. 타이피스트 조인순은 해방 직후의 희망에 찬 분위기를 다음과 같이 전한다.

> 아직도 환이 밝지 않은 새벽에 고단한 눈을 부비고 일어나 그대로 찬물에 세수를 하고 구공탄 풍로에 냄비밥을 지어 이것을 먹고 몸단장을 하고서 거리로 나오면 새로운 아침의 공기가 무심스런 채 다정하다. (중략) 한 시간 이상을 시달려 이슥고 회사의 정문 안에 들어서게시면 두 다리는 물론이고 어깨까지 노곤해진다. 사무복을 입고 일자리에 앉으면 남자 사무원들의 담배 연기가 코를 찌르는 그런 자극이 오히려 새로운 정신을 가다듬을 수 있게 내 몸은 항상 피곤한 속에서 사는가 보다. 한자 또 한자 자판 위를 혹은 가로 혹은 세로 오고 가는 핸들 똑딱 똑드락 하고 새캄한 글자가 찍혀 나가는 시간만이 내가 직업의식 속에서 가장 아름다운 시간이라고 할까. **열 번을 찍고 백 번을 찍어도 내 글 내 말을 찍어보지 못하든 남의 세계에서 인제는 '가'자도 찍고 '나'자도 찍을**

55 〈영문타자생〉, 《동아일보》 1946년 1월 27일.

56 〈타이피스트 생도 모집〉, 《조선일보》 1946년 9월 14일; 〈타이피스트 생도 모집〉, 《경향신문》 1947년 8월 23일.

수 있는 버젓함이 나도 모르게 아침 몇시간 동안의 시달리움과 피곤함을 잊게 한다. 이것은 오로지 나만의 기쁨이 아니리라. 나와 같은 직업은 물론 다른 직장에 있는 여성들도 함께 느끼는 환희가 아닐까.[57]

그러나 군정청에 취업한 타이피스트들의 직업적 처우는 그리 좋지 않았던 듯하다. 일제시기보다 낮은 처우는 타이피스트들의 불만을 낳았다. 1947년 3월 경기도의 군정청은 인사행정규정 제2호에 의하여 새로운 직제를 실시하였는데 타이피스트들은 이 새로운 직제가 억울하다며 불평을 쏟아냈다. 보일러맨은 8급, 교환수 12급, 순시도 12급인데 타이피스트는 그보다 낮은 13급으로 취급되자, "일제시대에도 우리들은 다른 여사무원들이 50원 밖에 못 받을 때 100여 원은 받아 왔는데 이상하기 짝이 없습니다"며 불만을 피력했다.[58] 타이피스트들은 그해 7월 13일 명동성당 내 계성유치원에서 여사무원, 전화교환수 등과 함께 상호친목과 질적 향상을 내걸고 조선직업여성회를 결성하였다.[59] 그러나 이러한 단체 결성 이후 노동 조건에 대한 불만을 내걸고 집단적인 행동을 했다는 사실을 보여주는 추가적인 자료는 아직 발견하지 못하였다.

2) 한글 타자기의 보급과 타이피스트 양성

해방 이후 한글이 공식적인 문자의 지위를 회복하면서 한글 타자기의 발명과 상용화를 위한 노력이 본격화하였다. 조선발명장려회에서는 현상

57 〈오직 일하는 질거움, 어느 직업여성의 일기〉, 《경향신문》 1946년 11월 24일. (현대어 표기 및 강조는 인용자)

58 〈新職制 억울하오〉, 《조선일보》 1947년 3월 9일.

59 〈조선직업여성회 13일 결성식 거행〉, 《동아일보》 1947년 7월 12일.

모집을 실시하는 등 한글타자기 발명을 독려하였다.[60] 이 시기 김준성, 공병우, 장봉선, 송제범, 김동훈, 방성숙 등 다수에 의해 각종 한글 타자기가 고안되었고 이는 한글 기계화운동에 큰 발전과 기여를 하였다.[61] 그중 특히 타자기 시장을 개척하는 데 중요한 역할을 한 것은 공병우 타자기였다. 안과의사로서 해방 후 타자기 발명에 매달린 공병우는 그 결과 1948년 세벌식 '쌍초점 타자기'를 개발하였다. 이것은 가로 모아쓰기를 실용적으로 구현한 혁신적인 타자기로, 글쇠의 빌수를 줄임으로써 빠르고 직관적인 타자가 가능하여 그 속도에서 로마자 타자기를 능가하였다.[62]

한국전쟁은 타자기의 상용화에서 중요한 계기가 되었다. 타자기에 특별한 관심을 가졌던 해군참모총장 손원일孫元一이 군 조직의 효과적인 문서 생산과 유통을 위해 공병우타자기를 해군에 도입하였고, 이렇게 전쟁 중에 보급되기 시작한 타자기는 전후 국방부, 외무부 등 정부 각 부처로 확대되었다.[63]

1940년대 말까지 한글 타자기는 수십 대의 수입 물량도 팔지 못할 정도로 시장을 찾지 못해 고전하고 있었다. 그러나 약 20년이 지난 1968년에 남한의 정부 각 부처에서 이용 중인 한글 타자기는 1만 1,000여 대에 이르렀고, 누계 6만 2,000여 대에 달하는 타자기가 팔렸다. 더욱 편리한 타자기

60 〈한글타자기 모집〉, 《동아일보》 1949년 3월 13일; 〈발명장려회 간담회 성황〉, 《조선일보》 1949년 3월 13일; 〈우리말 타자기! 공병우씨 등이 발명〉, 《동아일보》 1949년 7월 10일 등.

61 姜錫昊·鄭承學, 〈한글 타자기 자판들에 대한 비교 연구〉, 《대한산업공학회지》 5-1, 1979, 27쪽.

62 김태호, 앞의 책, 2023, 147~148쪽.

63 김태호, 앞의 책, 2023, 156~159쪽; 조일래, 〈한글 타자기와 손원일 제독〉, 《바다: 해양연맹지》 32, 2009, 69~70쪽.

가 개발되었을 뿐만 아니라 가로쓰기와 한글전용을 받아들이는 이들이 증가하고 무엇보다 한국전쟁을 거치면서 비대해진 군에서 한글 타자기를 사용함으로써 한글 타자기 시장이 급격하게 확대되었다.[64] 1960년대 들어 타자기 보급은 더욱 가속화하여 1969년 전국에 타자수는 4만 대에 이른다고 보고되었다.[65]

그러나 타자기의 보급 확대에 따라 한글 타자기 표준화 문제가 대두하기 시작했다. 당시 공병우식, 김동훈식, 백성죽식, 장봉선식, 진윤권식 등 타자기 제작회사에 따라 글자판 배열이 달라서 어떤 타자기로 배워야 할지 배우는 사람들에게 혼란을 주었다.[66] 글자판 표준화의 시도는 1950년대부터 존재했는데, 1957년 한글학회 이사장 최현배가 〈한글 타자기 글자판 통일에 대한 건의서〉를 제출한 것을 계기로 문교부는 '한글 타자기 글자판 합리적 배열에 관한 협의회'를 구성하고 표준안을 마련하고자 하였으나 결국 실패하고 말았다.[67] 1960년대 들어서도 글자판 통일에 대한 민간의 요구는 끊이지 않아서, 1968년 서울 시내 타이피스트 양성학원 관계자들은 글자판을 통일하여 "한 타이프에 숙달된 타이피스트가 다른 회사 제품의 타이프로는 초심자보다 더 타이프를 치지 못하는" 불합리성을 조속히 시정해 달라고 정부 당국에 건의하였다.[68] 이러한 민간에서의 요구에 따라 1960년대 후반 정부는 다시 표준 자판 제정 작업에 착수하였고 1950년대와 달리 공병우나 김동훈 같은 타자기 발명가 또는 사업자들을 표준화 논의에

64 김태호, 앞의 책, 2023, 154~156쪽.

65 〈전국에 타자수는 4만〉, 《동아일보》 1969년 6월 12일.

66 〈타자기의 당면 문제〉, 《동아일보》 1963년 10월 9일.

67 김태호, 앞의 책, 2023, 228~231쪽.

68 〈사무능률화 저해〉, 《매일경제》 1968년 6월 12일.

서 배제하거나 들러리 정도로만 포함하여 "업자들의 끈덕진 반대"를 극복하고자 했다. 그 결과 1969년 7월 28일 국민총리 훈령 제81호로 한글 타자기의 표준 자판이 공포되었다. 표준 자판의 공포 이후 관공서에서 새로 구입하는 타자기는 표준 자판을 장착한 것에 국한되었으며, 중등학교나 사설 학원의 타자교육과 정부에서 실시하는 타자검정시험도 모두 표준 자판으로만 이루어지게 되었다.[69]

타자기의 보급 확대에 따라 타자교육도 탄력을 받았다. 서울에는 한성타이피스트학원, 제동타이피스트학원, 한국타이피스트학원, 종로타이피스트학원 등 타자를 교육하는 학원이 생겨났는데, 1970년 초반 서울 시내에 인가된 타자학원만 50군데가 넘었고,[70] 무인가 학원도 상당했다.[71] 당시 학원들은 타자교육 뿐만 아니라 과정 수료 후의 취직도 알선하였다. 타자교육은 보통 3~5개월 걸렸고, 3개월 정도 교육받으면 1분에 100~120자, 영문은 300자 내외로 치는 것이 가능했다. 수강료는 1970년 3,000~5,000원 정도였다.[72] 충무로에 있던 한국타이피스트학원의 경우, 국문·국한문·영문 타자를 교육했는데 수강생들에게 매일 1시간씩 영어회화 교육을 무료로 제공했다.[73]

69 김태호, 앞의 책, 2023, 238~249쪽.

70 〈타자원〉, 《매일경제》 1970년 10월 1일.

71 〈무인가 학원 시당국서 해산조치〉, 《동아일보》 1954년 10월 20일; 〈서울에 인가 "서당" 강습소 형식의 학원도 오십여종〉, 《경향신문》 1954년 11월 1일; 〈무인가 강습회 폐쇄〉, 《동아일보》 1955년 12월 11일; 〈사설강습회 폐쇄〉, 《조선일보》 1956년 8월 15일; 〈무인가 학원 폐쇄〉, 《조선일보》 1956년 11월 3일; 〈장안 삘딩 전소」 《경향신문》 1957년 4월 6일.

72 〈타자원〉, 《매일경제》 1970년 10월 1일.

73 〈영어공부에 혁신 또 대 혁신〉, 《동아일보》 1960년 10월 15일.

타자교육은 상업학교에서도 실시되었다. 해방 이후 여자상업학교는 급속하게 증가하였는데, 〈표 3〉은 1975년 서울시내 여자상업학교 현황을 보여준다.

〈표 3〉 서울 시내 소재 여자상업학교 일람(1975년)

번호	학교명	개교년월	설립주체	주야별	소재지	비고
1	서울여자상업고등학교	1926.4	사립	주야	서대문구 홍제동	
2	동구여자상업고등학교	1942.6	사립	주야	성북구 성북동	
3	일신상업고등학교	1949.11	사립	주	성동구 가락동	남녀공학
4	공항상업고등학교	1954.6	공립	주	영등포구 양평동	남녀공학
5	정화여자상업고등학교	1956.2	사립	주야	동대문구 제기동	
6	예일여자상업고등학교	1959.2	사립	주야	서대문구 구산동	
7	성암여자상업고등학교	1960.2	사립	주	도봉구 미아동	
8	해성여자상업고등학교*	1961.4	사립	주야	동대문구 전농동	
9	성동여자실업고등학교	1961.6	공립	주	성동구 신당1동	
10	동서울상업고등학교	1961.12.	사립	주	성동구 성내동	남녀공학
11	봉영여자상업고등학교	1961.12.	사립	주야	영등포구 양평동	
12	염광상업고등학교	1968.2	사립	주야	성북구 장위동	남녀공학
13	영란여자상업고등학교	1969.1	사립	주	동대문구 망우동	
14	경복여자상업고등학교	1971.12	사립	주야	성동구 서초동	
15	신경여자상업고등학교	1974.12	사립	주야	도봉구 우이동	

출처: 서울특별시 교육위원회, 《서울교육통계연보》, 1975.
비고: 해성여자상업학교는 1961년 명신여자상업고등학교로 개교하여 1963년 덕화여자상업학교로 교명 변경, 다시 1974년 해성여자상업고등학교로 교명을 변경하였다(haesung.sen.hs.kr).

〈표 3〉에서 보이듯이, 해방 직후 3곳에 불과했던 여자상업학교는 1960년대 급속하게 증가하여 1975년 15개교에 달하였다. 산업화가 본격화되면서 상업학교를 졸업한 여성 사무직에 대한 수요의 증가를 반영하여 학교가 증가하고 있음을 알 수 있다.

이들 상업학교를 중심으로 한글타자와 영문타자교육이 교과과정의 일환으로 실시되고 있었다. 타자교육은 미군정시기에도 주산, 속기, 통계, 무역실무, 부기회계 등과 함께 상업계 학교의 주요 교과목으로 배정되어 있었으나,[74] 산업화와 더불어 실업·기술교육의 중요성이 강조됨에 따라 1963년 문교부령 제22호에 따라 실업고등학교의 정식교육과정으로 채택되기에 이른다.[75] 1960년대 상업고등학교 교과 편성 및 시간 배당을 보면, 타자는 필수 전문과목으로 2학년 4시간이 배정되어 있었다. 1970년대 들어서면 한글 타자는 전문 필수과목으로 영문타자는 전문 선택과목으로 배당되었고,[76] 타자교육의 시수도 확대되었다.

〈표 4〉 서울시내 여자상업학교 타자과목 편성 및 단위배당 시간(1973년)

과목	기준단위	실시단위	실시학년			해당 학교수	해당 학교명
			1학년	2학년	3학년		
한글타자	4~8	10	2	4	4	1	영란
		8		4	4	1	성동
			4	4		2	봉영, 정화
		6	2	2	2	1	동구
					6	1	경복
		4		2	2	1	예일
			2	2		1	염광
			4			1	덕화
				4		1	동서울
					4	1	서울
		0				1	성암
영문타자	4~6	8		4	4	1	덕화
		6	6			1	성동
			2	2	2	1	동구
		4	2	2		1	경복
				2	2	2	염광, 예일
				4		1	서울
					4	2	동서울, 정화
		2	2			1	봉영
		0				2	성암, 영란

출처: 박정원, 앞의 글, 1974, 65~66쪽; 70쪽.

74 박정원, 〈상업고등학교의 교육과정 편성 및 운영에 관한 연구-서울시내 여자상업고등학교의 실태분석을 중심으로〉, 고려대학교 교육대학원 석사학위논문, 1974, 21쪽.

75 문교부, 《실업고등학교 교육과정 해설》, 대한교과서주식회사, 1963, 151쪽.

76 문교부, 《실업계고등학교 교육과정》, 1971, 441~442쪽.

1970년대 이후에는 〈표 4〉에서 드러나듯이, 한글타자의 시수가 늘어나서 기준단위가 4~6시간이었으나 학교에 따라 8~10시간까지로 확대된 경우도 있었으며, 영문타자도 교육하지 않는 학교도 일부 존재하기는 했지만, 대부분의 학교들이 4~8시간 교육하고 있었다.

그러나 학생 수에 비해 각 학교에 비치된 타자기 수는 절대적으로 부족한 상태였고, 방과 후에는 타자실을 개방하지 않는 관행, 부족한 수업시수 등으로 학교 수업만으로 정상적인 타자 교육과정을 이수하기는 어려웠다. 따라서 학생들은 주로 연습 장소로 사설 타자 강습소를 이용하는데, 1982년 59.9%나 되는 학생이 학원을 다니고 있었다.[77] 1981년 3월 1일부터 1982년 2월 28일까지 타자과정 사설 강습소를 이용한 수강생 5,846명 중 중학교·고등학교·전문학교·대학교 재학생은 3,431명(58.7%)이었는데, 그중 고등학교 재학생은 3,213명으로 93.6%를 차지하였으며 그중 여고생은 고등학생 재학생 수의 96.8%(3,109명)나 되었다.[78] 타자 사설 강습소는 사실상 여고생들에 기대어 운영된다고 해도 과언이 아니었다.

대학교에서도 타이프라이터를 구비하고 학생들에게 특별교육을 제공하였다. 예컨대 1962년 중앙대학교는 타이프라이터 120대, 계산기 50대, 전자계산기 2대를 비치한 특별강의실을 마련했는데, 학생들은 2학기 정도 수업을 받으면 1분에 200자를 치는 숙련된 타이피스트가 되었다고 한다. 취업난으로 인해 타자기를 칠 수 있는 능력이 직장을 구하는데 도움이 되기 때문에 "쓸모 있는 현실적 기술"을 배우려는 학생들로 이 강의실은 인기를 끌었다.[79]

77 주미향, 〈여자상업고등학교의 실기교과 교육과정 운영에 관한 연구〉, 이화여자대학교 교육대학원 석사학위논문, 1983, 46~47쪽.

78 서울특별시 교육위원회, 《서울교육통계연보》 1982, 442~443쪽.

79 〈대학생 '타이피스트' 中大에 특별교실 마련〉, 《경향신문》 1962년 5월 14일.

대학생 중에는 특히 여성들이 타자기를 적극적으로 배웠다. 타자기를 배우는 일은 더 이상 신기한 일이 아니었다. 대부분의 회사가 영문이나 한글 타이핑을 할 수 있는 여사원을 구하기 때문에 직장을 구하는 젊은 여성들은 타자기를 필수적으로 배우는 분위기가 되었다. 대학을 졸업한 후 취직을 하려고 서둘러 타이프라이터 학원을 찾는 대학졸업자들도 많지만 졸업 후를 위해 미리 배우는 "준비성 많은" 대학생들도 있었다.[80]

한편, 서울상공회의소는 기능의 연마와 사무능률 향상을 내걸고 한국전쟁 직전부터 서울 타이피스트 경기대회를 개최하기 시작하였는데 전쟁 중에도 지속되었다.[81] 대회는 누가 먼저 찍는가를 겨루는 속도 경기와 20분 안에 741자를 정확히 찍어야 하는 정확 경기로 나누어 진행되었다.[82] 한편, 미국문화관에서는 1955년부터 영문 타이피스트 경기대회를 개최하였다.[83]

상공회의소에서는 타자 경기대회 외에도 1960년 초부터 타이피스트의 기능향상과 보급을 위해 한글 타이피스트 검정시험을 실시했다.[84] 이 시험을 통해 타이피스트 기능(급수)를 부여하고 타자수 채용의 기준을 확립하는 것을 목표로 하였다.[85] 1960년대 후반에는 한글학회가 노동청에 타이피

80 〈생활의 지혜(7) 타이프 라이터〉, 《경향신문》 1965년 4월 12일.

81 〈타이피스트 경기대회〉, 《조선일보》 1950년 4월 7일; 〈불꽃이룬 타자경기〉, 《경향신문》 1950년 4월 25일; 〈한글 노래도 힘차게〉, 《경향신문》 1952년 10월 10일; 〈모임〉, 《경향신문》 1957년 4월 12일.

82 〈纖手에 자신은 "담뿍"〉, 《조선일보》 1950년 4월 25일.

83 〈영문타자경기대회〉, 《동아일보》 1950년 4월 11일; 〈돋보기〉, 《경향신문》 1955년 9월 18일.

84 〈'타이프' 검정시험 상의서 경기대회도〉, 《동아일보》 1962년 4월 26일.

85 1962년 3월 한글학회 안에 한글기계화연구소가 부설되었는데 1962~67년까지는 한글기계화연구소가 한글타자경기대회를 맡아 치렀다(한글학회, 《한글학회 100년사》, 2009, 708~710쪽).

스트의 자격시험을 국가가 주관하여 기능 자격을 부여하는 제도를 도입하도록 노동청에 건의하였다. 이제까지 민간단체에서 주관해온 기능자격시험을 국가가 주관하도록 촉구한 것이다.[86] 이에 정부는 이를 수용하여 1968년부터 타이피스트에 국가기능검정을 실시하고 1급에서 4급까지 기능사 자격을 부여하기 시작하였다. 1급 타자수가 되려면 1분에 300타를 오자 없이 쳐야 하고 2급은 250타, 3급은 200타, 4급은 150타였는데, 보통 3개월의 수련을 거치면 150타를 칠 수 있었다고 한다. 1967년도 노동청 기준을 보면 1급은 최하 1만 5,000원, 2급은 1만 3,000원, 3급은 1만 원, 4급은 7,000원 이상으로 임금을 주어야 한다고 규정되었으나, 실제로 3급 정도면 1만 5,000원 이상을 받았다고 한다.[87] 검정시험에 응시해서 자격증을 딴 사람은 1973년 말 현재 2만 865명에 달하였는데, 1972년까지의 합격자 1만 3,272명 가운데 한글타자가 6,344명, 영문타자가 6,928명이었다. 노동청 검정 이외에 한국타자교육연구회, 상공회의소, 상업교육회 등의 민간 검정시험도 있어 이들 합격자까지 합하면 타자 자격 소지자는 훨씬 더 많았을 것으로 추측된다.[88]

4. 타이피스트 고용 확대와 노동공간에서의 젠더

1) 서울지역 타이피스트 고용 실태

타자기의 급격한 보급에 따라 타이피스트에 대한 수요가 커지면서 여성들의 고용이 증가해갔다. 선도적으로 타자기를 도입했던 한국군은 전쟁 발

86 〈타자수 자격제로〉, 《매일경제》 1968년 4월 18일.

87 〈직업여성의 명암(8) 타이피스트〉, 《동아일보》 1969년 6월 12일.

88 〈기능공이 되려면(10) 타자수〉, 《동아일보》 1974년 5월 8일.

발 직후 행정요원으로 있던 남성 군인을 전투요원으로 배치하고 그 자리를 여자의용군으로 대체하였다. 여자의용군에게 타자 업무를 맡김으로써 군대의 전반적인 행정 사무의 신속화와 간소화를 기하고자 한 것이다.[89]

전쟁기 군으로부터 촉발된 여성 타이피스트의 고용은 1950년대 후반에 이르면 관청이나 회사 등으로 확산되었다. 이 시기 서류와 보고서를 작성할 때 한글이나 영문 타자기를 사용하는 것이 보편화되었다.[90] 그리하여 타이피스트는 일반사무직, 비서직, 경리사원 등과 더불어 고졸 이상 학력 여성이 취업할 수 있는 대표적인 직종으로 자리 잡게 되었다. 1960년대가 되면 타이피스트는 "직장 여성 하면 타이피스트를 연상할 만큼" 여성 직업의 대명사가 되었다. 국영기업체 관공서 대기업을 비롯하여, 소규모 군소기업체에서까지 타이피스트를 고용하기 시작했는데, 1970년대에 이르면 전국에 타이피스트가 7만여 명으로 추산되고 있다.[91] 특히 서울에는 각종 관공서와 기업, 외인기관, 공·대사관 등이 자리 잡고 있고 이들 기관에서 타이피스트로 여성을 고용하였기 때문에 다른 지역에 비해 여성 타이피스트가 압도적으로 많았다. 이러한 변화는 1960~1980년대까지 사무직 노동자의 증가와 사무직 취업자 중 여성비율의 증가라는 노동시장의 전반적인 변화와 함께 이루어진 것이다. 1963년에서 1987년까지 전국의 취업자 수는 절대 수에서 2.2배 증가하였는데 생산직이 4.8배 증가한 데 비해 사무직의 경우 약 7배 증가하였으며, 전국 취업자 중 사무직이 차지하는 비율도 1963년 3.5%에서 11.5%로 크게 상승하였다. 전체 사무직 취업자 중 여성의 비율은 1963년 11.3%에서 1970년 13.4%, 1975년 20.9%, 1980년 32.7%,

89 〈戰鬪要員增强方策으로〉, 《조선일보》 1952년 12월 18일.

90 〈여성과 기술(4) 타이피스트〉, 《동아일보》 1958년 12월 4일.

91 〈여성직업훈련(11) 타자수〉, 《동아일보》 1973년 3월 5일.

1987년 36.9%로 현저하게 증가하였다.[92]

사무직 중 타이피스트는 다른 직업보다 여성의 비율이 월등히 높았다. 〈표 5〉에서 1980년 사무직 여성노동자 직업분포를 살펴보자.

〈표 5〉 사무직 여성노동자의 직업분포(1980년) (단위: 명, %)

구분	전체	여성	여성 비율
계	575,111	217,958	37.9
사무원감독자	64,446	1,249	1.9
속기사 · 타자원 및 전신타자원	9,159	8,820	96.3
카드 및 테이프천공원	739	585	79.2
경리원 및 출납원	101,368	63,847	63
달리 분류되지 않는 경리출납원	1,037	436	42
기장기 및 계산기 조작원	415	44	10.6
자동자료처리기 조작원	462	72	15.6
운수 및 통신사업 감독자	80	0	0
교통안내원	28,986	28,891	99.7
우편물 취급사무원	-	-	-
전화 및 전신기조작원	8,937	8,059	90.2
물품관리원	7,643	1,096	14.3
자재수급 및 생산관리원	23,142	4,410	19
문서 및 보고 사무원	322,029	97,426	30.2
안내원 및 여행사 사무원	1,180	455	38.5
도서 및 문서정리원	14	9	64.3
달리 분류되지 않는 사무원	5,474	2,559	46.7

출처: 노동부, 《직종별 임금실태조사보고서》, 1980.

92 이방윤, 〈하위 사무직 여성노동자의 상태에 관한 일 연구〉 이화여자대학교 사회학과 석사학위논문, 1989, 23~24쪽.

〈표 5〉를 보면, 타이피스트는 교통안내원, 전화 및 전신기조작원과 더불어 여성 고용율이 높은 직종으로 전체 고용에서 여성고용이 96.3%에 달한다.

그렇다면 타이피스트들의 임금 수준은 어떠했을까? 1959년 타이피스트 윤차남(22세, 미혼)의 가계부를 보자. 서울 신촌에 거주하며 개인회사의 타이피스트로 근무하는 윤차남은 월급 3만 환을 받았다. 시장에서 잡상으로 일하는 어머니가 벌어들인 수입 1만 환을 합하여, 이 가족의 총수입은 4만 환이다. 고등학생(17세), 소학생(9세)의 동생들이 있는 윤차남의 가족은 주식 8,700환, 부식 2,200환, 조미료 700환, 기호물 1,100환, 교육 3,700환, 부채이자 2,000환, 의복 5,700환, 교통 4,800환, 위생 1,900환, 계 3,000환, 잡비 6,400환, 기타 1,700환, 합계 4만 1,900환을 지출하여 1,900환의 적자를 보았다.[93] 윤차남은 아버지가 부재한 속에서 실질적인 가장 역할을 하고 있었지만, 그녀가 번 수입은 가족을 부양하기에는 부족한 액수였음을 알 수 있다.

1968년 타이피스트는 공무원의 경우 본봉이 9,000원 내외에 수당이 1,000원 정도 붙었고, 임시용원의 경우는 이보다 1,000~2,000원이 적었다. 민간기업체는 공무원보다 대우가 좋아서 초봉이 월 1만 원, 몇 년만 있으면 2만 원 정도 받았고, 국가 검정의 1급 정도이면 3만 원 정도를 받을 수 있었다. H은행에 다녔던 S양은 본봉 1만 5,000원에 각종 수당이 합쳐져서 약 4만여 원의 월급을 받았다. 당시 1만 원 정도의 봉급은 미혼 여성들의 용돈으로는 넉넉치 못한 것으로 여겨졌다. 국가기관에서는 국문이나 영문 어느 하나면 되지만, 기업체에서는 국문, 영문 두 가지를 타이핑 할 수 있는 타이피스트를 원했다. 이들은 타이핑만 하는 것이 아니라 비서직을 겸하는 경우가 많았다.[94]

93 〈우리집 가계부, 네식구에 사만환〉, 《조선일보》 1959년 9월 27일.

94 〈돈(49) 타이피스트, 어떻게 벌어 어떻게 쓰나?〉, 《매일경제》 1968년 7월 4일.

대개 타이피스트는 고교 졸업자들이 다수였다. 이와 관련하여 직접적인 통계는 찾아볼 수 없다. 〈표 6〉에서 사무직 여성노동자의 학력구성을 살펴보자.

〈표 6〉 사무직 노동자의 연도별 · 성별 · 학력별 구성(비) 추이 (단위: 명)

성별	연도	초졸	중 · 고졸	대학이상	계
전체	1970	57,501(9.7%)	348,705(58.8%)	187,228(31.5%)	593,475(100%)
	1975	61,721(7.3%)	534,163(63.3%)	248,326(29.4%)	844,210(100%)
	1980	52,059(4.3%)	867,583(72.1%)	283,534(23.6%)	1,203,176(100%)
남자	1970	46,558(9.5%)	269,719(54.7%)	176,534(35.8%)	492,842(100%)
	1975	44,023(6.8%)	367,254(56.7%)	236,178(36.5%)	647,455(100%)
	1980	34,803(4.3%)	502,509(62.6%)	265,683(33.1%)	802,995(100%)
여자	1970	10,943(10.9%)	78,986(78.5%)	10,694(10.6%)	100,633(100%)
	1975	17,698(9.0%)	166,909(84.8%)	12,148(6.2%)	196,755(100%)
	1980	17,256(4.3%)	365,074(91.2%)	17,851(4.5%)	400,181(100%)

출처: 경제기획원, 《인구 및 주택센서스 보고서》 각년도(이방원, 앞의 글, 29쪽 재인용).

〈표 6〉을 보면 1970년 사무직 여성노동자의 78.5%가 중·고졸이었고, 1980년에는 그 비율이 91.2%로 증가하고 있었다. 타이피스트의 경우도 중고졸자가 많았을 것임은 쉽게 유추할 수 있다.

한편, 대학 졸업자도 타이피스트가 되는 경우도 있었다. 1960년대에는 대학을 졸업하는 여성들이 점차 증가하고 있었으나,[95] 이들은 취업할 곳은 마땅치 않았다. 여대생의 경우 졸업생의 70%가 취업을 원했으나 은행 등을 비롯한 대부분의 직장에서 응시 자격이 남자로 국한되어 있는 것이 현실이었고, 응시 가능하다고 해도 "10대 1의 관문"을 뚫어야 한다고 이야기

95 1969년 현재 전체 대학생 중 여성은 24%에 달했다(〈사설: 직업여성의 증대와 지위향상 문제〉, 《조선일보》 1969년 3월 18일).

할 만큼 취업이 쉽지 않았다. 그런 가운데 여성을 요구하는 직종의 대부분 타이피스트였다.[96] 취업난에 직면한 여대생들은 "전공을 죽이는 취직"을 선택하여 타이피스트, 비서, 안내직으로 취직하는 형편이었다.[97] 이런 분위기에서 학생 대부분이 졸업 후의 취직 준비를 위해 특기를 준비하고 있었는데, 타이핑을 준비하는 경우는 15%로 영어회화 30%의 다음을 차지하였다. 그렇지만 대학 졸업 여성들이 타이피스트가 되길 원하는 경우는 겨우 4%에 불과하였다.[98]

1970년대 들어서도 대졸 여성들의 취업상황은 크게 나아지지 않았다.[99] 당시 일반 기업체는 거의 여성 직원을 뽑지 않았다. 예컨대 삼성은 800명 채용에 신입 여사원은 1명도 없었다. 모집공고에 직접 제한을 두지 않더라도 합격자에 여성이 한 명도 없는 경우가 많았다. 회사들은 비서직이나 사서직 등 특수분야를 제외하고는 여성 사원을 원치 않았고 타이핑, 서무 등의 분야는 여자상업학교 졸업생을 채용하였다. 따라서 대졸 여성은 기업체에 취업하기 어려운 상황이었다. 한 대학 당국자는 학생 추천 의뢰가 오지만 여성의 경우 보수가 낮고 대부분 비서직이나 타이피스트, 서무 등 대학교육이 거의 필요 없는 분야로 한정되어 있다고 말한다. 비교적 남자와 동등한 대우를 받을 수 있고 대학 4년 동안 공부한 전공을 살릴 수 있는 직업은 자격증이 있는 약사, 의사, 간호원, 영양사, 교사 등 특정 분야에 한정되었다. 따라서 자격증이 없고 외국어 실력, 영문 속기, 컴퓨터 조작 같은 특기가 없는

96 〈10대 1의 관문〉, 《조선일보》 1967년 9월 17일.

97 〈해차서 교문은 나서건만〉, 《경향신문》 1964년 1월 14일; 〈올 여학사들의 취직 전망〉, 《조선일보》 1967년 12월 17일.

98 〈일반 기업체에 큰 인기〉, 《매일경제》 1973년 11월 5일.

99 〈여대생이 본 오늘의 여대생(17) 취직을 할 때〉, 《동아일보》 1978년 10월 5일.

학생들은 여고 졸업자를 필요로 하는 직장에라도 가야 하는 상황이었다.[100]

운이 좋으면 외국인 회사나 기관 취업할 수 있었다. 예컨대 반도호텔 6층에 사무실을 둔 우학상사에서 근무하는 김정녀(24세)는 여자대학 영문과를 졸업하고 치열한 경쟁을 뚫고 입사한 경우였다. 타자는 1분에 70단어(약 350~360자) 영문 속기는 1분에 100단어를 정확하게 칠 수 있었던 그녀는 대학을 졸업하고 2년 동안 이화여대의 특강을 이용하여 여비서의 정식 면허장을 받았다. 대우는 다른 기관에 비해 좋은 편으로, 외국인 회사나 기관의 여비서가 되려면 외국어는 물론 타이프와 영문 속기가 능란해야 했다.[101] 영어속기를 할 수 있는 경우는 비교적 고수입을 누릴 수 있었다.[102]

타자기가 빠른 속도로 보급되고 일반 사무원들도 업무상 타자기를 사용하는 일이 점차 보편화하면서 타자기능은 더 이상 특수기능이 아니라 "웬만하면 다 할 수 있는" 보편적인 기술로 점차 자리잡아 갔다. 이러한 분위기 속에서 그동안 대우로 보나 일로 보나 '전문직'으로 간주되어 왔던 타이피스트는 점차 '단순기능노동자'로 여겨지며 빛을 잃기 시작했다. 공무원의 경우 종래 기능직이었던 타이피스트가 용원으로 그 처우가 낮아진 것은 이를 보여준다.[103] 이러한 분위기에서 도입 초기 선망받는 직종이었던 타이피스트는 어느새 일부 여성들에게는 "신물 나는" 직종으로 인식되기도 했다. "여고 나와야 기껏 한다는 게 타이피스트"라는 비하적인 언급이 나타나고 있는 것은 이를 보여준다.[104]

100 〈좁은문 여학사 취직-졸업반 여대생을 위한 가이드〉, 《경향신문》 1973년 12월 10일.

101 〈여성전선(3) 외인기관 비서 김정녀양〉, 《동아일보》 1960년 1월 28일.

102 〈나는 한국 제일① 영어속기〉, 《조선일보》 1962년 5월 18일.

103 〈돈(49) 타이피스트, 어떻게 벌어 어떻게 쓰나?〉, 《매일경제》 1968년 7월 4일.

104 〈결혼이 취직일까〉, 《경향신문》 1964년 4월 6일.

타자 기능의 보편화는 특히 정부에 의해 촉진되었다. 1970년 정부는 사무능률화를 추진하면서 인력 절약과 행정 능률의 기동성을 위해 현직 공무원들에게 타자능력을 요구하기 시작했다. 타이피스트를 쓰지 말고 직접 타자를 쳐서 "국장까지도 자신이 공문서를 타자해서 결재 발송"할 것을 요구받았다.[105] 이를 위해 공무원들에게 타자교육을 실시하여, 공무원들은 틈틈이 타이피스트들로부터 타자 교습을 받는가 하면,[106] 기관들은 외부에서 타자 강사를 초빙해 매일 2시간 30분씩 타자 교육을 실시하기도 했다.[107] 또한 총무처는 공무원 타자경연대회를 실시하는 등 공무원들의 타자 습득에 열을 올렸다.[108] 그러나 예상외로 공무원의 타자 습득이 지체되자 총무처는 공무원의 승진에 타자 실력을 감안하도록 관계 규정을 개정하여 타자를 못 치는 공무원은 아예 승진의 기회조차 주지 않기로 했다.[109] 그리고 공무원 타자경연대회의 성적을 근무 평점에 반영키로 하였다.[110] 1973년 4월 9일자 총리령을 통해 4·5급 행정직 및 기능직 공무원 채용시험에 타자 자격증 소지자는 특별채용시험과 공개채용시험에 응시하는 경우 필기시험 각 과목별 득점의 5%까지 가산하도록 우대조치가 취해졌고, 공무원의 진급에도 특전을 부여한 것은 이러한 사무능률화 작업의 일환이었다.[111]

105 〈중앙 4, 5급 공무원 정리〉, 《경향신문》 1970년 1월 7일; 〈기상천외 대답에 무색〉, 《매일경제》 1970년 2월 18일.

106 〈좌불안석에 신경과민?〉, 《매일경제》 1970년 1월 16일.

107 〈기상천외 대답에 무색〉, 《매일경제》 1970년 2월 18일.

108 〈청렴 세리에 대통령 표창〉, 《매일경제》 1971년 10월 22일.

109 〈메머디 지방회의에 관심〉, 《매일경제》 1971년 2월 16일.

110 〈타이핑은 필수과목 콤퓨터 조정 특기로〉, 《경향신문》 1970년 1월 13일.

111 《(대한민국) 관보》 제6419호, 1973년 4월 9일.

1973년 타자자격증 합격자 7,500여 명 가운데 공무원이 약 2,000명을 차지한 것은 이러한 우대조치 때문이었다.[112] 이와 더불어 중앙관서에 고용되어 있는 649명의 타이피스트들을 단계적으로 감원 조치하고,[113] 1971년부터 타이피스트의 신규 채용을 중지하였다.

이처럼 여성 타이피스트가 감원되기 시작한 정부 조직과 달리, 민간부문에서 타이피스트의 고용은 계속해서 증가해갔던 것으로 보인다. 1970년대에도 매월 500여 대씩 타자기가 보급되고 있었고, 결혼하면 퇴직하는 경우가 많았기 때문에 "신진대사가 빨라" 타이피스트의 수요는 여전했다.[114] 1980년대에도 증가 추세에 있었는데, 노동부가 집계한 직종별 임금실태조사보고서에 따르면, 1980년 8,820명이던 여성 타이피스트 수는 1986년 2만 328명으로 상승하였다.[115]

그러나 타자기의 보편화에 따라 타이피스트의 취직율은 점차 감소하고 있었다. 1950년대 말 타이프를 칠 수 있을 경우 취직율은 70%에 달한다고 보도되었으나,[116] 1960년대 후반에 이르면 학원에서 타이피스트 과정을 수료한 뒤 취업하는 비율은 50%로 낮아졌다. 이와 같은 분위기에서 1969년 타이피스트의 직업 전망을 전하며 10년만 지나면 쇠퇴하리라는 전망이 나

112 〈기능공이 되려면(10) 타자수〉, 《동아일보》 1974년 5월 8일.

113 〈메머디 지방회의에 관심〉, 《매일경제》 1971년 2월 16일.

114 〈취직 부끄럽게 여기는 사고방식부터 탈피해야〉, 《동아일보》 1975년 1월 30일.

115 노동부, 《직종별 임금실태조사보고서》, 1980·1986. 이 통계는 근로자 10인 이상 사업체 중 추출된 3,300개 표본사업체를 대상으로 하였고 국가 또는 지방행정기관, 군경찰, 국공립 교육기관, 학교, 병원, 도서관, 국제기구 및 기타 외국기관 등을 제외하였으므로 전체 타이피스트의 수를 제시한 것은 아니지만, 그 증감 경향은 확인할 수 있다.

116 〈타이프〉, 《경향신문》 1959년 3월 23일.

오며, "직업으로서는 명이 길지 못한 아쉬움"이 언급되고 있다.[117] 특히 컴퓨터의 보급과 사무자동화 혁명은 타이피스트의 일자리를 위협했다.[118] 사무자동화는 고도화되고 복잡해지는 산업구조, 서비스 산업의 발달, 정보량의 증가 등으로 사무직 노동의 비중이 커지는 상황에 대응해야 할 필요성 속에서 컴퓨터 기술 및 통신기술의 급진적인 발전을 계기로 확대되어 갔다. 1981년 화이트 컬러 국제연맹은 "직장의 화려한 존재였던 여비서 겸 타이피스드는 오피스 오도메이션OA의 물결로 처치 시리지고 OA의 새로운 기술을 익힌 남성군이 대신 대두하고 있다"고 보고하였다. 세계 84개국 회원 190개 단체를 대상으로 한 이 조사는 워드 프로세서, 전자계산기 등의 도입이 직장에 끼친 영향을 분석하면서, "여성이 독점해 오다시피 한 비서, 타이피스트와 같은 일이 완전히 사라지던지 혹은 격이 떨어지고 있다"고 진단하고 OA조작을 맡은 새로운 기술직이 생겨나고 있는데 이것은 남성의 일로 평가된다고 전하였다.[119]

한국에서 컴퓨터는 1967년 인구 센서스 처리를 위해 경제기획원이 소형컴퓨터를 처음 도입한 이래, 연평균 30% 이상의 증가율로 빠르게 보급되고 있었다. 또 사무자동화는 1980년대 초에 컴퓨터, 워드프로세서, 온라인 시스템, 최신 정보통신장비 등이 도입되면서 대기업을 중심으로 특히 금융보험 및 전기통신분야를 선두로 본격화하였다.[120] 이러한 변화 속에서 1990년대 들어 타이피스트는 점차 그 설 자리를 잃어 가게 되었다. 1995년 대표적인 타자기 회사인 스미스 코로나 타자기 회사가 법원에 낸 파산신청은 20세기 문명의 작

117 〈직업여성의 명암(8) 타이피스트〉, 《동아일보》 1969년 6월 12일.

118 〈초기술의 고동(10) 제3차 산업혁명과 우리의 과제〉, 《경향신문》 1983년 5월 13일.

119 〈미(美) 여비서 밀어내는 '사무실 자동화'〉, 《조선일보》 1981년 10월 11일.

120 이영자 · 장필화, 〈정보화사회와 여성노동〉, 《여성학논집》 9, 1993, 126쪽.

은 상징이 침몰하였음을 보여준다. 개인용 컴퓨터와 워드 프로세서에 미래를 내주고 타자기가 마침내 도태되기에 이르렀다. 국내에서도 1994년 노동부가 주관해 온 타자 능력 검정시험이 폐지되었고,[121] 한때 직장 여성의 대명사로 불렸던 타이피스트는 역사의 저편으로 사라지게 되었다.[122]

2) 노동의 현실과 젠더규범

1930년대 한가했던 타이피스트는 1960~1970년대 이르러 보다 바쁜 업무에 매진해야 했다. 대개 회사는 한달 단위로 일이 매듭지어지기 때문에 월말에는 밀렸던 일이 한꺼번에 쏟아져 타이피스트는 출근 때부터 퇴근 때까지 꼬박 타자기 앞을 떠나지 못하는 게 예사였다. 단순 기능직으로 여겨지고 지원 업무에 불과하다는 인식이 있지만, 타이피스트는 "현대 기업의 최일선 기수"였다. 비록 지원업무지만 현대화된 기업의 각종 계약서 등 중요한 서류에서부터 사내 회람 문서에 이르기까지 모든 문서를 작성하는 일을 담당하고 있기에, 아무리 작은 회사라 해도 타이피스트는 필수적인 인적 요소였고, 이들이 없으면 기업 기능이 마비되었다.[123]

타이피스트에게 타자 업무 중 어려운 일은 국문, 영문을 혼용한 문서를 작성하는 일이었다. 글자 수를 세어 사이즈를 잡고 칸을 비워 놓은 다음 타자로 넘어가야 하기 때문이다. 그 외에 도표 그림, 세어보기도 어려운 "천문학적 숫자"를 칠 때도 쉽지 않다.[124] 특히 "골탕 먹는 일"은 알아보기 힘든 한자로 "휘갈겨 쓰고"는 "성화같이" 재촉하는 경우이다. 알아볼 수 없

121 〈횡설수설〉, 《동아일보》 1995년 9월 5일.

122 〈우리나라 직업 1만 1천여 종〉, 《동아일보》 1996년 1월 28일.

123 〈현대를 사는 직장여성(9) 타이피스트〉, 《경향신문》 1977년 6월 27일.

124 〈현대를 사는 직장여성(9) 타이피스트〉, 《경향신문》 1977년 6월 27일.

는 글자를 해독해가며 힘들여서 타자해 놓은 문서를 상급자가 마음에 들지 않아 반려해서 똑같은 문서를 여러 번 치게 될 때면 "딱 그만두고 싶을 정도"의 마음이 들곤 한다.[125]

1964년 대한석탄공사 기획부에서 타이피스트로 근무한 지 4년 차 되는 박주임의 인터뷰를 보자. 아침 9시에 출근하여 퇴근은 오후 5시 30분이지만 일이 있을 때는 퇴근 시간이 넘도록 남아서 일을 정리한다. 일요일에도 출근하여 일을 해야 하는 날도 있다. 영문, 국문을 모두 치는데, 일이 많은 날에는 손에 경련이 일어나서 타이프를 잘 칠 수가 없다. 이럴 때는 자주 손등에 파스를 붙이고 손끝을 달래가며 일한다. 일이 태산 같아서 쩔쩔매고 있는데 직원들이 또 일거리를 가지고 와서 "성화같이 졸라댈 때"는 한바탕 고함을 질러 보고 싶지만, 꾹 참고 일한다.[126]

무리한 타자업무는 직업병으로 이어지기도 했다. 어깨와 팔을 과도하게 사용하여 경견완증이라는, 혈액순환이 되지 않고 근육이 수축, 경직되는 병이 발병하곤 했다. 그 증세는 어깨, 팔 등의 통증과 함께 감각마비, 관절, 힘줄 주변의 염증, 손떨림으로 나타난다.[127] 모 방송국 심의실에서 1급 타자수로 근무한 최미숙은 타자업무로 인해 경견완증을 진단받았는데, 타자업무는 물론 일상생활이 어려운 지경에 이르렀다. 아래 그 내용을 보자.

> 일을 시작한 지 6년만인 1986년부터 양어깨의 관절과 양손목의 통증, 근육수축으로 손이 통통 부어오르고 심한 경우 양팔을 들지도 못하는 날이 잦아졌다. 병원에서는 사무직 여성노동자에게 나타나는 직업병 중의 하나인 이른

125 〈돈(49) 타이피스트, 어떻게 벌어 어떻게 쓰나?〉, 《매일경제》 1968년 7월 4일.

126 〈직업 여성의 애환(9) 타이피스트〉, 《동아일보》 1964년 2월 20일.

127 한국여성민우회, 《사무직 여성의 현실과 운동》, 석탑, 1989, 40~41쪽.

바 '경견완증후'라는 진단을 내렸다. 6년 동안 얼마나 많은 활자를 두들겼던가? 더구나 동료 한 사람이 홍보실로 자리를 옮겨간 뒤는 타자업무에서 행정업무까지 무려 10가지 일을 혼자 처리해야 했다. 일이 많은 날의 타자량은 무려 8절지 50매, 여기에 시청률 조사 기간에는 아침 7시 출근에 밤 11시 퇴근도 감내해야 했다. 병원에 갈 시간 조차 없어 1회용 파스와 온수찜질로 버티다 더 이상 버틸 수 없어서 병원을 찾았다. 회사의 산재 담당자와 병원 사이를 오가기 수차례. 3개월 10일간의 요양기간을 받아냈다. 회사는 이 기간 동안 임금을 100% 지급했다. 그러나 요양 후 다시 일을 시작한지 한달 만에 증세는 재발했다. 동생들이 저녁마다 퉁퉁 부어오른 손목과 팔을 주물러 주었지만 가라앉지 않았다. 재요양을 신청했다. 회사에서는 난색을 표했다. 노동부 산재담당관은 재활원을 권했다. 아직 26세의 처녀인 내가 그런 곳에 간다는 것은 사회로부터 격리당한다는 것, 곧 절망을 의미했다.[128]

최미숙은 끈질긴 투쟁 끝에 한국 최초로 경견완증 직업병을 인정받았으나, 대부분의 회사는 이를 산재로 인정하지 않고 직업병을 예방하기 위한 조치를 취하고 있지 않았다.

한편, 타이피스트는 타자 업무 외에도 여러 잡일과 비서직을 겸하는 경우가 많았다. 많은 회사에서 타이피스트가 차를 대접하는 것은 자연스러운 것으로 여겨졌다.[129] 그러나 이러한 잡일보다 더 힘든 것은 인간관계였다. 타이피스트 유애리는 직장생활이 그리 쉽지 않다고 하면서 업무상의 어려움보다는 인간관계에서의 품행이 더 어렵다고 강조한다.[130] 한 타이피

128 한국여성민우회, 앞의 책, 1989, 41쪽.

129 〈한국인은 누구인가 의식구조 밑바닥을 본다〉, 《조선일보》 1976년 4월 10일.

130 〈직장여성의 단상, 평화스러운 분위기에서〉, 《경향신문》 1958년 2월 6일.

스트는 "남자들이 타이피스트 양들을 하나의 직장인으로 1대 1로 대해주지 않고 막 일을 시키는 것이 제일 참기 힘든 일"이라고 실토하고, "남자들이 타이피스트 양들의 용모에 따라 편애를 하는 것이 정말로 참기 어려운 일"이라고 말한다.[131]

여사원을 '직장의 꽃'으로 여기며 여성다움을 강요하는 분위기 또한 일반적이었다. 타이피스트들은 남자들만 북적거리는 사무실에서 "꽃처럼 우아한 옷차림과 은은한 향기 싱싱한 미소로 분위기를 녹일 것"을 요구받았다. 남성 직원들은 출근 직후 하루를 시작하는 대화의 소재로 여직원의 옷차림을 화젯거리로 삼곤 했는데, 여직원의 "산뜻한 옷매무시 밝은 미소는 피곤해지기 쉬운 사무실 안에 항상 생기를 불어넣어 주는 활력소"로 여겨졌다. 옷차림이나 화장이 세련되지 못하면 '촌닭'이라 비난받기 일쑤였다.[132]

한편, 결혼퇴직과 조기정년도 큰 문제였다. 1970년대까지 여성 취업 인구의 대다수는 미혼이었는데 1972년 YWCA와 노동청 조사에서 도시지역 여성취업인구의 80%가 미혼이며 평균연령은 23.5세로 나타났다. 그런데 버스안내원, 점원 등 서비스 판매직과 생산직 그리고 비서, 은행원 등의 사무직 등과 같이 여성들이 많이 고용되어 있던 직종 대부분에서 결혼퇴직제가 규범으로 자리잡고 있었다.[133] 사무직 여성들은 이미 채용공고에서부터 "용모단정한 미혼여성"이라는 제한이 달려 있었다.[134] 아래 1973년 한 기업의 채용공고를 보자.

131 〈돈(49) 타이피스트, 어떻게 벌어 어떻게 쓰나?〉, 《매일경제》 1968년 7월 4일.

132 〈新 샐러리맨(23) 여사원의 옷차림〉, 《동아일보》 1977년 2월 5일.

133 신경아, 〈산업화 이후 일-가족 문제의 담론적 지형과 변화〉, 《한국여성학》 23-2, 2007, 14~15쪽.

134 〈10대 1의 관문〉, 《조선일보》 1967년 9월 17일.

훼어차일드쎄미콘닥터 ①생산기기 정비사 ○○명(공고 전자과 및 기계과 졸업자로서 2년 이상 정비분야에 경험이 있는자, 인문고교 졸업자로서 군의 전자장비 또는 정밀 기기 분야에 3년 이상 유경험자, 만 30세 미만), ② 전자장비 정비사 ○명(공고 전자과 졸업자로서 3년 이상 전자장비를 정비 경험이 있는 자, 인문고교 졸업자로서 군의 전자 장비 분야에서 4년 이상 유경험자로 만 35세 미만), ③ 타자수 ○명(상고 졸업자로서 영타 200자, 국타(공병우) 120자를 오자 없이 타자할 수 있는 만 22세 미만의 미혼여성)"[135]

위 채용공고를 보면, 남성은 결혼 여부는 전혀 상관없었고, 연령 제한이 있다 하더라도 대체로 30~35세 미만으로 되어 있음에 반해, 여성 타이피스트의 경우는, "22세 미만의 미혼여성"으로 기혼여성을 원천적으로 배제하고 있음을 알 수 있다. 많은 기업이 이처럼 여성노동자에 대해 결혼퇴직제와 조기정년제를 적용하였다. 따라서 타이피스트들은 결혼하면 퇴직하는 것이 관행이 되었고, 결혼하지 않더라도 근무한지 4~5년쯤 되면 남성동료로부터 "이제 지겹지? 시집이나 가지 그래?"라는 말을 들어야 했다.[136]

1970년대까지도 기업 인사담당자는 "여사원은 업무수행 능력이나 대외접촉 또는 적성면에서 남자 사원보다 훨씬 못하다"는 말을 공공연하게 내뱉고 있었다. 여성은 직업에 임하는 마음가짐이 "생업으로서가 아니라 결혼 전 잠시 거치는 과정"으로 생각한다는 사회적 인식이 팽배하였다.[137] 대학을 졸업해도 보조역에 그치고 결혼과 더불어 퇴사하는 관행에 관해서 언론은 그 원인을 성차별 구조로부터 찾지 않고 "여성은 남성들과 달리 직

135 〈모집〉, 《매일경제》 1973년 12월 8일.

136 〈타이피스트〉, 《경향신문》 1976년 12월 23일.

137 〈좁은문 여학사 취직-졸업반 여대생을 위한 가이드〉, 《경향신문》 1973년 12월 10일.

장을 갖는 목적을 심심풀이 또는 용돈 마련, 기타 시집갈 때까지의 사회 경험 등 안일한 곳에 두고 있다"며 화살을 여성에게 돌렸다.[138]

그러나 여성 또한 남성과 똑같이 경제적인 필요 때문에 취업하며 남녀 차별 없이 똑같이 교육한 후에 직업에서 불합리한 차별을 두는 것은 "교육의 비합리적 낭비"에 불과하다는 비판이 이미 1960년대부터 대두하고 있었다. 여성에 대한 차별적인 고용 관행 속에서 모 은행에서 결혼과 함께 권고사식을 낭한 한 여성은 외국인 무역상사 타이피스트로 자리를 옮겼는데, "대한민국이 그 많은 비용을 들여 나를 교육시켰고 나도 이 특혜에 헌신적으로 보답하고 싶었는데, 외인 상사에서 외국인의 장사를 돕고 있다는 데 수치를 느낀다"며 성차별적 고용관행에 대한 아쉬움을 피력하였다.[139]

고용차별에 대한 여성들의 저항감은 1970년대 이후 사회적으로 가시화하기 시작했다. 1970년대 후반 여성 은행원들은 결혼하면 퇴직하겠다는 각서를 종용하는 회사에 항의하였고 이것이 문제가 되자 노동청은 1976년 결혼퇴직제가 〈근로기준법〉 위반이라며 즉각 폐지할 것을 각 은행에 지시했다. 이에 따라 은행업종 내에서 결혼퇴직제는 공식적으로 폐지되었다. 그러나 그 성과는 은행권 내에 한정되어 사무직 전반으로 확산되지 못하였다.[140] 1980년대에는 여성단체의 항의와 전화교환원 김영희 등 개인에 의한 소송 제기 등에 의해 결혼퇴직과 차별정년제에 대한 항의가 지속적으로 나타났지만, 1988년 〈남녀고용평등법〉 도입 이후에도 차별적 정년제와 결혼·임신퇴직제는 비공식적인 방식으로 지속되고 있었다.[141]

138 〈여직원 그 대우와 실태〉, 《동아일보》 1965년 2월 11일.

139 〈직장 여성의 지위와 보수〉, 《동아일보》 1967년 7월 13일.

140 신경아, 앞의 글, 2007, 20쪽.

141 장미현, 〈"일할 권리를 청구합니다"-1980년대 전반기 고용차별 비판과 여성들의 실천-〉, 《사학연구》 138, 2020, 375~385쪽.

5. 맺음말

본 연구에서는 서울 지역 타이피스트의 역사를 살펴보면서 타자기의 도입이 서울 여성들의 노동과 삶에 어떤 변화를 가져왔는지를 살펴보고자 하였다. 이를 위해 근대 초기 타자기가 도입되던 시점부터 컴퓨터의 도입으로 사무자동화가 진행되어 타자기가 사무실에서 사라지기 직전인 1980년대까지를 시야에 두면서 타이피스트 교육 및 취업의 실태를 검토하였다.

그동안 '근대 문명의 상징'으로서 타자기의 도입과 '타이피스트'라는 새로운 여성 직종의 출현에 관해서는 기술과 젠더의 상관관계를 중심으로 논의가 이루어져 왔다. 그러나 식민지를 겪은 한국에서 양자의 관계는 생각보다 간단치 않았다. 제국의 언어가 모든 공적 활동에서 지배적인 위치를 차지하였던 식민지 조선에서 언어를 기반으로 하는 타자기의 사용에는 식민지적 언어의 불평등이 그대로 투사되었다. 공식 문자로서의 지위를 박탈당한 정치적 상황에서 한글타자기의 발명과 상용화는 지연되었고, 제국의 문자인 일문 타자기가 공적 공간에서 주로 사용되었다. 언어적 불평등은 고용의 불평등으로 이어졌다. 여성 타이피스트들 대부분은 일본어에 익숙한 경성 거주 재조일본인 여성들에 의해 채워졌다. 1930년대 후반 전시체제로 재편되면서 타이피스트에 대한 수요가 증가하자 조선인 여성들의 타이피스트 채용도 점차 증가하기 시작했지만, 타이피스트의 주류는 재조일본인 여성들이었다. 이는 제국주의적 위계와 민족차별의 역학 속에서 새로운 기술의 도입이 여성노동의 변화로 단순하게 이어질 수 없었던 식민지적 맥락을 보여준다.

서울에서 여성들이 본격적으로 타이피스트로 고용되기 시작한 것은 해방 이후였다. 미군정기 영문 타이피스트의 수요가 급증하면서 타이피스트 고용이 증가하기 시작하였고, 이후 한글 타자기의 보급이 본격화하면서,

관공서와 각 회사에 타이피스트의 고용이 확대되었다. 이에 따라 서울에는 타이피스트 학원들이 다수 설립되었고 여자상업학교 등에서도 타자 교육이 실시되었다. 타이피스트는 일반사무직, 비서직, 경리사원 등과 더불어 고졸 이상 학력의 여성이 취업할 수 있는 대표적인 직종으로 자리 잡았다. 대졸 여성들의 취업난이 극심했던 1960~1970년대에는 고졸자뿐만 아니라 대졸 여성들이 '전공을 죽이는 취직'을 통해 타이피스트로 취업하기도 했다. 그러나 타자기가 대중화되면서 한때 전문직으로 각광 받았던 타이피스트는 점차 단순기술직 노동자로 여겨지며 그 빛을 잃어 갔다. 한때 문명의 상징이자 여성해방의 상징으로 표상되었던 타자기는 여성에게 새로운 직업으로 가는 문을 열어주었지만, 문에 들어서자마자 여성들은 성차별적 관행이 구조화된 공간에서 '직장의 꽃'으로서 여성다움을 실천하고 결혼과 함께 재빨리 퇴장할 것을 강요받고 있었다.

제 3 장

서울 영등포지역 여성노동자의 협동운동 참여와 확산

김이경 (단국대학교 일본연구소 HK연구교수)

1. 머리말

서울시 영등포구 당산동의 빼곡한 아파트 건물 사이, "노동선교의 요람-민주화운동 사적지"라고 적힌 기념비가 세워져 있다. 기념비 뒤편에는 1958년부터 지금까지 노동자 등을 위해 사역을 펼치고 있는 영등포산업선교회(이하 영등포 산선)가 자리하고 있다. 건물 1층에는 농민과 도시 소비자의 연대 조직인 생활협동조합과 노숙인상담보호시설 그리고 주거취약계층의 일자리 창출을 위한 재활용가게가 있다. 건물 내부에는 노동자·사회활동가 심리상담소와 비정규노동선교센터, 지역 내 활동을 지원하는 신용단체 등이 자리하고 있다. 이처럼 이곳은 일반적인 교회가 아닌, 가난한 자와 소외받는 이들을 지원하는 사회운동 조직이다.

〈그림 1〉 영등포산업선교회와 역사관 전경

영등포 산선은 민주노총이 설립되기 전까지 노동운동의 핵심적인 역할을 한 곳이다. 그렇기 때문에 주로 노동운동 연구에서 핵심적인 단체로 등장한다. 한편, 역사관을 둘러보면 노동운동뿐 아니라 노동자를 위한 다양한 생활운동을 시도한 것을 알 수 있다. 폐타이어 생산자협동조합부터 주택조합, 의료조합, 공동구매조합 등이 추진되었다. 이 사업이 시작될 때 초기 자금을 지원하고, 대출을 진행한 곳은 영등포산업개발 신용협동조합이었다.

영등포산업개발 신용협동조합(이하 영등포산업개발 신협 또는 신협)은 여성노동자가 중심이 되어 1969년 8월 11일에 창립했다.[1] 신협 조합원은 대부분 영등포 인근 지역에 위치한 공장에서 일하던 노동자였고, 노동운동에 적극적으로 참여한 여성이었다. 이들은 퇴직금 받기 운동, 어용 노동조합의 민주화, 노동조합 파괴 반대, 체불임금 요구, 8시간 노동시간 투쟁, 임금인상 등에 참여했다. 열악한 노동 구조를 개선하기 위한 투쟁에 참여한 이들의 활동은 한국의 급속한 산업화 가운데 전개된 노동운동으로 기록되었으며, 많은 연구가 진행되었다.

1970년대 영등포 산선과 관련된 연구는 주로 노동운동 또는 종교의 사

1 신협(Credit Union)은 지역 주민 등 조합원의 공동유대와 민주적 운영을 통해 상호 금융 편의를 제공하는 협동조합으로 비영리 금융기관이다. 신협은 투자자 중심의 금융기관과 달리 조합원(member)에 의해 소유된다. 특히, 투자 금액과 관계 없이 조합원이 1인 1표의 의결권을 갖고, 이사회를 구성한다. 신협은 1852년 독일 농촌의 고리대금 문제를 해결하는 방법으로 시작되어, 유럽 각지와 미국, 캐나다 등으로 확산하였다. 한국에서는 1960년 5월 1일, 부산 성가신용협동조합을 시작으로 신협운동이 시작되었다. 은행을 이용하기 어려웠던 서민들이 중심이 되어 금융조직을 직접 만들어 스스로 운영하였으며, 협동조합 교육과 가치를 중시하고 민간 주도로 형성되었다는 특징을 갖고 있다.

회적 역할이라는 주제에 초점이 맞춰져 있다.[2] 당시 노동자 권리 투쟁이 당면한 과제인 동시에 여성노동자의 삶 대부분을 차지했다고 간주하여 '노동자의 일상생활'이라는 부분은 충분히 검토되지 않은 측면이 있다. 아울러 노동자의 근로조건, 주거 환경 등 일부는 다루어졌으나, 하루하루 살아가는 데 필요한 생활 여건에 대한 관심은 부족한 경향이 있다.[3]

예를 들어 1960~1970년대에는 지금과 같이 2년 단위로 주택 계약을 하는 것이 아니었기 때문에, 월세와 전세금이 자주 변동되었다. 이때, 수시로 오르던 월세에 노동자들은 어떻게 대응했을까? 목돈으로 준비해야 했던 전세금은 어떤 과정으로 마련하였을까? 가족에게 생활비와 학비를 보낸 후 얼마 남지 않은 생활비로 어떻게 생활했을까? 갑자기 아프거나 사고가 났을 때 어떻게 비용을 마련하고, 누구에게 도움을 요청했을까? 여성노동자와 관련하여 이러한 생활적인 부분은 아직 충분히 다뤄지지 않았다. 즉, 노동자들이 어떤 금융기관을 통해 저축하고, 돈을 빌렸는지 그리고 개

2 관련 연구는 신학, 노동운동, 인물사적 접근으로 크게 분류되며, 일부 연구는 이 주제를 복합적으로 다루었다. 황홍렬, 이병옥 등은 영등포 산선의 선교 방식을 변화시킨 조지송 목사를 초점에 두고 산업선교와 신학을 연결하였다. 장숙경, 김명배, 곽원일, 권진관은 산업선교가 노동운동에 미친 영향에 주목하였다. 이외에 주요 인물에 주목한 평전이 있다(황홍렬, 〈영등포산업선교회 조지송의 산업선교 역사와 선교신학적 해석〉, 《선교신학》 65, 2022; 이병옥, 〈선교학 관점에서 보는 조지송의 선교의 다양한 주제들〉, 《신학과 사회》 35-1, 2021; 장숙경, 《산업선교, 그리고 70년대 노동운동》, 도서출판선인, 2013; 김명배, 〈기억의 역사로 본 영등포산업선교회의 노동운동〉, 《숭실사학》 28, 2012; 곽원일, 〈한국교회와 도시산업선교에 대한 구술사 연구: 1960, 70년대 여성노동운동을 중심으로〉, 한신대학교 신학과 석사학위논문, 2012; 권진관, 〈1970년대의 산업선교 활동과 특징〉, 《한국기독교역사연구소》 22, 2005; 서덕석, 《조지송 평전》, 서해문집, 2022.

3 산업화 시기 여성노동자의 삶과 노동 현장을 다룬 연구로 다음의 저서를 참고하였다. 이종구, 《1960~70년대 노동자의 생활세계와 정체성》, 한울, 2005; 이종구, 《1960~70년대 노동자의 작업장과 생활세계》, 한울, 2005; 김원, 《여공 1970, 그녀들의 反역사》, 이매진, 2006; 이영재, 《공장과 신화》, 학민사, 2016 등.

인의 금융 신용을 어떻게 형성하였는지 등 생활 문제는 구체적으로 검토되지 않았다.

영등포산업개발 신협은 노동자들이 "경제적 곤경에 빠질 때 도움을 준 곳"이었다.[4] 신용협동조합은 주로 같은 직장이나 성당을 다니던 직장인과 교인 또는 지역 주민의 공동유대(Common Bond)로 조직된다.[5] 반면 영등포산업개발 신협은 직장 동료 또는 지역 주민이 아닌, 영등포 인근에 있는 여러 공장에서 일하던 노동자들의 경제적 연대를 통해 조직되었다.[6] 노동자들은 영등포 산선의 공장별 소모임에 참여하며 협동조합을 접했고, 신협 조합원

4 〈1972년 11월 영등포산업선교 보고서〉(장로교 가정봉사 위원회 보고), 영등포산업선교회.

5 신협에서는 공동유대를 "서로 잘 알고, 믿을 수 있고, 자주 만날 수 있는 사람들의 집단체"로 정의하고, 직장, 교회, 지역, 천주교, 협의체 등으로 분류하였다. 영등포산업개발 신협의 경우 지역, 직장, 교회를 모두 포괄하는 형태였는데, 주로 영등포산업선교회를 중심으로 설립되었기 때문에 이곳을 직장으로 분류한 것으로 보인다. 신협 관련 자료에서는 영등포산업개발 신협의 공동유대 방식을 '직장'으로 구분하고 있다(〈信協 單位組合 住所錄〉, 《월간 신협연구》 창간호, 한국협동조합연구소·신협연구사, 1975년 8월, 95쪽; 신용협동조합연합회, 《신용협동조합 설립안내(개정판)》, 1981, 4쪽).

6 노동자들의 신용협동조합운동 참여에 주목한 연구는 인천 지역을 중심으로 진행되었다. 인천은 영등포와 유사점이 많은 지역으로 1930년대부터 경인공업지대가 조성되었고, 1960~1970년대에 노동운동이 활발히 전개되었다. 인천 지역에서는 1960~1970년대에 가톨릭교회(11개), 감리교와 기독교장로회(5개), 직장유대(13개), 직능단체(3개)를 중심으로 신협이 설립되었다. 이 중 감리교계 인천기독교도시산업선교회에서는 공장 노동자의 직장유대에 기반을 둔 신용협동조합 설립을 추진하여 높은 금리에 시달리던 노동자들을 돕는 역할을 하였다. 영등포와 인천은 각각 장로교와 감리교로 교단은 달랐지만, 도시산업선교회가 신용협동조합 조직에 참여했다는 공통점이 있다. 반면, 영등포산업선교회는 인근 지역 공장들의 노동자를 포괄하여 하나의 신협을 운영했고, 인천기독교도시산업선교회는 운영위원회를 통해 1967년 10월 신협을 조직하였으나 지속되지 못했다. 이후인천 지역에서는 공장별 직장유대 신협이 중심이 되어 운영되었다. 오미일, 〈1960~1970년대 공장노동자의 신용협동조합운동 인천지역을 중심으로〉, 《민족문화연구》96, 2022 참고.

으로 가입했다. 또는 신협을 이용하기 위해 영등포 산선을 방문한 후, 노동운동에 적극적으로 참여한 여성노동자도 여럿이었다.

신협에 가입한 여성노동자들은 홀로 경쟁에서 이기는 것이 아닌 여러 사람이 함께 한 걸음을 내딛고 사회 변화를 이뤄낸다는 "1인人은 만인萬人을 위해, 만인은 1인을 위하여[One for all, all for one]"라는 협동조합 가치에 공감했다. 은행 문턱이 높아 이용하지 못하던 노동자들은 직접 금융조직을 만들어 각자가 처한 경제 문제를 함께 해결하고자 했다. 이들은 서로의 일터 환경, 경제적 형편 등을 알던 처지였기 때문에 동료 노동자들이 한 푼, 두 푼 모아 만든 출자금의 의미를 알고 있었다. 그 가운데 '신용'이 창출되었다.

앞서 언급한 것처럼 신협에 관해서는 영등포 산선에 관한 연구가 노동운동과 종교의 사회적 역할 등이 주를 이루었기 때문에 지금까지 구체적으로 다루어지지 않았다. 또한 1972년 9월 〈신용협동조합법〉(이하 신협법)이 제정되었을 때 '인가번호 1-1'을 받고, 1974년에는 모범조합으로 재무부 장관의 표창을 받는 등 협동조합의 중요한 사례임에도 충분히 검토되지 않았다. 본 연구에서는 신협 설립과 운영에 참여한 여성노동자에 주목하여 1969년부터 1978년까지 전개된 신협운동과 여성노동자의 참여 및 역할을 살펴보았다. 이를 통해 노동운동에 적극적으로 참여하는 동시에, 생활운동의 역할자로 활약한 여성노동자들의 중층적인 활동에 주목하고자 한다.

영등포산업개발 신협과 관련된 연구가 충분히 이루어지지 않은 이유는 문서 자료가 거의 남아있지 않기 때문이다. 1970년대 후반, 당국은 노동운동을 지원한 영등포 산선을 감시하고 관련자를 검거하였는데, 이때 신협 또한 조사 대상이었다. 이 과정에서 신협 문서는 당국에 의해 압수되었고, 반환되지 않은 채 지금까지도 존재 여부조차 확인할 수 없는 상황이다. 그런 까닭에 신협은 스치듯 언급되는 수준에 불과하다. 신협 해산 이후 1990년대에 확산된 협동운동에 관한 연구가 진행되면서 관련 내용이 일부 다

뤄졌지만, 해산 이전 운영은 짧게 요약한 정도에 그쳤다.[7]

이 연구에서는 자료의 한계를 극복하기 위하여 세 가지 방법을 활용하였다. 첫째, 《영등포 산선의 사업계획 및 보고서(1964년~1980년)》에서 신협 관련 내용을 별도로 정리하여 전개 과정을 검토하였다.[8] 둘째, 당시 신협을 경험한 실무자, 조합원, 임원 등을 면담하였다. 셋째, 주요 인물인 조지송 목사의 구술생애사 자료를 활용하였다[9] 이외에 민주화운동기념사업회와 성공회내 민주자료관에서 영등포산입개발 신협과 관련된 내용을 검토하였다.[10]

본문에서는 구술자료와 1차 사료를 바탕으로 내용을 검토하고, 두 자료를 비교하여 부족한 부분을 보완하였다. 이를 통해 영등포산업개발 신협의 전개와 여성조합원의 역할을 살펴보았다.

7 진방주, 〈한국 기독교 협동조합운동 연구-영등포산업선교회 협동조합운동 "다람쥐회" 사례를 중심으로〉, 한일장신대학교 NGO정책대학원 석사학위논문, 2017.

8 1차적으로 확인한 자료는 《영등포 산선의 사업계획 및 보고서(1964년~1980년)》와 《영등포산업선교회 자료집》(Ⅰ-Ⅷ), 《눌린 자에게 자유를》이다. 영등포산업선교회 자료집은 1964년부터 1999년까지 산선이 발행한 원본 자료를 영인한 것으로, 이 글에서는 자료집 Ⅰ과 Ⅳ를 주로 참고하였다. 《눌린 자에게 자유를》은 1964년부터 1974년 영등포 산선의 사업보고서를 데이터 문서화한 것으로 원본 파일과 대조하며 확인하는 절차를 거쳤다.

9 1986년 김용복 박사에 의해 장시간 진행된 면담 자료는 최근에 영등포 산선에서 발굴하여 기록물로 보관하고 있어, 협동운동에 대한 그의 관점을 확인할 수 있었다. 또한 (재)아이쿱협동조합연구소에서 2010년에 진행한 조지송 목사의 구술자료도 참고하였다. 이 자료는 협동조합에 초점을 맞춰 진행되었기 때문에 유용한 참고자료가 되었다.

10 민주화운동기념사업회 오픈아카이브(archives.kdemo.or.kr).
민주화운동기념사업회에서 소장하고 있는 영등포산업개발 신협 문서는 3개에 불과하지만 유일하게 이사회 자료(1977년 9월)를 문서로 확인할 수 있었다. 이외에 1976년에 준비한 공동구매조합 정관(안)을 검토할 수 있다. 〈영등포산업개발신용협동조합공동구매조합정관안〉(1976년, 등록번호 00201838); 〈공동구매조합에 대한 설명〉(1976년 추정, 등록번호 00201837); 〈9월 정기 이사회 회의순〉(1977년 9월, 등록번호 00419288).

〈표 1〉 구술자 구성 및 소개

no.	이름	연령	성별	근무지	노동조합 활동경험	신협에서 역할	신협 가입
1	박영혜	70대	여성	한국모방/ 영등포산업개발 신협	있음	실무자	1969년
2	이신숙	60대	여성	영등포산업 개발 신협	없음	실무자	1976년
3	김갑준	80대	여성	한국모방	있음	조합원	1969년
4	박정희	70대	여성	한국모방	있음	여신위원	1969년
5	장혜숙	60대	여성	서울미원	있음	조합원	1969년
6	김양심	70대	여성	애경유지	있음	여신위원 회계보조원	1970년대 초
7	송효순	60대	여성	대일화학공업	있음	조합원	1976년
8	박덕순	60대	여성	대일화학공업	있음	조합원	1978년
9	김미순	60대	여성	해태제과식품	있음	조합원	1978년
10	박점순	60대	여성	남영나이론	있음	조합원	1970년대 중반

2. 신용협동조합의 설립과 성장

1) 영등포산업선교회 활동 개요

영등포 산선은 1960년대 중반 이후부터 노동자의 근로조건과 생활환경 개선을 중심으로 사업을 추진하기 시작했다. 영등포 산선은 1957년 '산업전도'라는 이름으로 활동을 시작했지만, 1960년대 중반부터는 평신도 노동자와 노사문제에 집중하여 선교 활동을 펼쳤다. 이를 산업선교라 한다. 산업전도(Industrial Evangelism)란 노동자 개인에게 복음을 전하고 교회를 확장하는 활동을 뜻한다. 반면 산업선교(Urban Industrial Misson)는 노동자 개인에게 복음을 한정하기보다 산업사회에 정의와 평화가 확장되어, 산업사회 구조가

변화하는 것을 지향한다.[11]

영등포 산선은 초기에는 노동자를 교인으로 만들거나 교회로 끌어들이기 위해 공장 예배와 심방에 집중하는 방식을 취했다. 또한 당시 기업가, 공장장은 목회자를 공장으로 초청하여 노동자 전도를 위한 목회 활동을 지원했다. 1964년 영등포 산선에 파송된 조지송 목사 또한 부임 초기에는 이전과 같이 공장에서 예배를 진행했으나, 고된 노동으로 쉬지 못한 채 의무적으로 자리에 앉아 있는 노동자들을 만나며 노동자에게 정말 필요한 것이 무엇인지 고민하게 되었다.[12]

조지송에게 성경의 가르침을 실천하는 것은 산업사회에 직면한 "가난한 자, 눌린 자, 자유가 없는 자"인 노동자의 권익 옹호를 위한 활동이었다. 이에 전도 방식을 변화할 필요가 있었다. 그는 기독교 교인 확산을 위한 전도가 아닌, 노동자를 위한 사회활동으로의 선교가 필요함을 역설했다. 교인의 확대를 위한 종교 활동에서 벗어날뿐 아니라 교회라는 공간을 "교회당 안에서만 일하는 것이 아니라 학원, 군인, 병원, 교도소, 경찰, 선원, 윤

11 영등포산업선교회의 방향 전환 과정을 살펴볼 때 산업전도과 산업선교를 구분할 필요가 있다. 산업선교는 1968년 세계교회협의회(the World Council of Churches, WCC) 웁살라대회에서 구체화되었다.

12 조지송 목사는 1933년 8월 황해도 황주군에서 소작농의 칠남매 중 막내로 태어났다. 기독교에 우호적인 집안에서 성장했으며, 평양신학교를 다니며 순회 전도사 역할을 하던 큰 형의 영향을 받았다. 해방 이후 북조선임시인민위원회의 토지개혁 혜택을 받았지만, 주도 세력의 사상에 반발하는 태도를 보였다. 한국전쟁 발발 후 남쪽으로 피난하여 미군부대 일용 노무원으로 일하기 시작했다. 성실한 그의 태도를 눈여겨보던 미군 장교의 도움으로 장학금을 지원받아 신학을 공부했다. 1961년 장로회신학대학(원)을 졸업하고, 이후 산업 전도 목사를 안수받은 후 1964년 영등포산업선교회에 파송되어 1985년까지 노동운동과 협동운동을 이끌었다. 그의 생애는 서덕석이 쓴 평전(서덕석, 앞의 책, 2022)에 구체적으로 서술되어 있으며, 최근에 영문판에서 세부적인 내용이 수정되어 출판되었다. Seo Deok-Seok, *A Gospel for Workers: Cho Chi Song, Yeongdeungpo Urban Industrial Mission, and Minjung*, Fortress Press, 2023.

락 여성, 공장 등 다양한 선교의 장"임을 강조했다.[13]

1965년 초 기준, 약 57만 명의 인구가 거주하던 영등포구에는 502개의 기업체가 있었고, 이곳에 약 6만 명 이상의 노동자가 고용되어 있었다. 또한 임시공과 자유노동자도 수천 명에 이르렀다. 이후 그 수는 점차 증가했다. 1960년대에 기업은 성장했지만, 전체 노동자의 53.9%가 월 3만 원 이하의 임금을 받았다. 노동자들에게는 하루에 12시간에서 18시간의 노동 강요와 공장 간부의 폭행, 임금을 받지 못하고 쫓겨나는 상황이 흔하게 발생했다. 이러한 어려움을 겪을 때, 노동자들은 영등포 산선을 찾아갔다.[14] 산선은 이들과 함께 회사에 항의하고 처벌을 요구하며 노동시간과 임금의 정상화를 주장했다.[15]

영등포 산선은 조지송 목사와 실무 역할을 맡은 전도사를 포함한 3~7명이 중심이 되어 노동자 중심의 목회 활동을 추진했다. 조지송 목사는 "노동자의 언어로 말하고 종교적 언어를 사용하지 말라", "예수 이야기를 하지 말고 노동자 이야기를 하라", "교회가 원하는 것보다는 노동자가 원하는 것에 관심을 기울이라"라고 종교보다는 노동자를 더 중심에 둘 것을 강조했다.[16] 영등포 산선은 사회에서뿐 아니라 교회에서도 외면받는 '돈 없고, 세력 없고, 발언권 없는 가난한 사람들 편'에서 '현실과 내세의 구원을 동시에' 추구하였다.[17]

13 〈1978. 3~4월 영등포산업선교 활동보고서〉, 《영등포산업선교회 자료집》(Ⅰ), 영등포산업선교회·숭실대 문화선교연구소, 2020, 363쪽.

14 〈1976년도 영등포도시산업선교 활동보고서〉(1977.1.10.), 《영등포산업선교회 자료집》(Ⅰ), 2020, 312쪽.

15 〈1976년도 영등포도시산업선교 활동보고서〉(1977.1.10.), 《영등포산업선교회 자료집》(Ⅰ), 2020, 315쪽.

16 〈산업선교 실무자가 되려면〉, 《산업선교 훈련 지침서》(1983.3). 영등포 산선에서는 산업선교를 시작한 이후 노동현장에 밀착된 실무자의 접근법을 강조했다.

17 〈영등포산업선교 활동보고서(1975년 1월~10월)〉,(1975.11.3); 〈11월 영등포산업선교 활동보고서〉(1975.12.2). 《영등포산업선교회 자료집》(Ⅰ), 2020,

유신체제 아래에서는 합법적인 노동조합을 조직하기 어려웠으므로 영등포 산선에서는 소모임으로 노동자들을 조직하였다. 각 공장에서 7~10명 단위로 그룹을 만들어, 그룹마다 회장과 서기를 정하여 자율적인 회비로 운영하는 모임을 구성케했다. 소그룹에서는 모임 구성원의 선호에 따라 강의를 개설하였고, 산선에서는 노동, 경제, 정치, 여성, 가정, 교양, 사회, 종교 문제 등 약 140여 가지의 주제에 따라 적절한 강사를 지원했다.

영등포 산선에는 매월 5,000여 명의 노동자가 방문했고, 매월 400회 이상의 소모임이 진행되었다. 연간 약 4만 명 이상이 산선에서 소모임을 갖거나 교육을 받았다. 소모임은 매월 2~4회 모임을 가졌고, 한 번 모였을 때 90분 가량 진행했다. 하루에 보통 15~28개의 모임이 산선 내에서 진행되었으며 1976년 기준, 각 공장의 노동자들이 만든 그룹은 100개 이상이며, 모임횟수는 연간 4,257회, 참가 인원은 4만 4,596명에 달했다.[18] 동시에 공장별 노동자 리더 모임도 진행되었고, 산선은 이들과 함께 노동 현장의 문제를 파악하여 근로조건 개선, 퇴직금 투쟁, 임금과 산재, 노동조합 결성 지원, 강제노동과 구타 항의 지원 등을 진행했다.

2) 영등포산업개발 신협의 설립

(1) 신협의 출발

영등포 산선이 신협을 조직하게된 계기는 한 여성노동자의 다리 부상이었다. 이 사건이 있기 전인 1968년 8월에 노동자의 생활 개선을 위한 일환으로 소비자협동조합 강좌가 진행되었지만, 협동조합 설립 논의가 진행된

18 〈1976년도 영등포도시산업선교 활동보고서〉(1977.1.10.), 《영등포산업선교회 자료집》(Ⅰ), 2020, 314쪽.

것은 아니었다.[19] 평신도 교육이 진행되던 1968년 하반기 즈음, 어느 여성노동자가 사고로 다리를 다쳤지만 돈이 없어 치료하지 못하는 일이 발생했다. 산선에서는 이 일을 접한 후 노동운동을 통한 근로환경 개선뿐 아니라 노동자들의 실질적인 생활에 도움이 될 수 있는 방법을 모색할 필요가 있다고 판단하였다. 조지송 목사가 중심이 되어 신협과 협동교육연구원 관계자 곽창렬, 강정렬 등에게 자문을 구했고, 1969년 5월부터 신용협동조합을 준비하기 시작했다.[20]

조지송 목사는 신용협동조합은 노동자의 생활을 향상시키는데 유용한 수단이며, 노동운동과 동일하다고 언급했다. 그는 "노동조합 운동은 임금을 더 따내기 위한 투쟁이고, 신용협동조합 운동은 노동자 쪽에서는 임금 따낸 것을 뺏기지 않는 투쟁"이라고 하며, 두 가지 운동은 "똑같은 투쟁"이라고 강조하였다. 그는 "임금 10%를 올리기 위해서 싸움을 하면 엄청난 싸움을 해야 임금 10%가 올라가는데, 신용협동조합, 소비조합 같은 걸 효과적으로 하면 10%의 재정적인 이익을 보는 것은 임금 인상 효과보다 더 쉽다"고 강조했다.[21] 또한 노동자들이 번 돈을 소비하는 것도 중요하다고 판단하여 협동조합운동을 시작했다.[22]

영등포 산선에서는 같은 해 5월 〈노동자들의 소비생활 합리화를 위한

19 1968년 10월 28일부터 11월 2일까지 제8회 평신도 산업전도 교육에서 협동조합 강좌가 처음 진행되었다. 이때 강연은 "윤리적 입장에서 본 생산자와 소비자"(이규선), "소비자 입장에서 본 협동조합"(박희섭)이었다. 영등포산업선교회, 《영등포산업선교회 40년사》, 대한예수장로회 영등포산업선교사, 1998, 125쪽.

20 〈1976년도 영등포도시산업선교 활동보고서〉(1977.1.10.), 《영등포산업선교회 자료집》(Ⅰ), 2020, 317쪽; 2010년 조지송 구술.

21 1986년 조지송 구술.

22 2010년 조지송 구술.

경제문제 연구모임〉을 개최하고, 사흘에 걸쳐 신협 교육을 진행하였다.[23] 이후, 각 공장 평신도 리더들은 동료에게 "노동자들의 경제 생활 향상을 목적으로 한 신용조합 조직"의 준비를 알리며 조합원을 모집했다. 두 달이 지난 1969년 7월, 조합원 가입 의향을 밝힌 노동자가 100여 명에 이르렀고, 본격적인 창립을 위한 준비위원회가 발족되었다. 준비위원회는 20명 가량이 참여하였고, 이들은 8월에 열릴 사흘 간의 신협 교육(총 12시간) 준비를 위하여 수시로 회의를 개최했다.[24]

신협 운영을 위한 실무자 교육도 동시에 진행되었다. 영등포 산선에서는 강행님 전도사를 마포에 위치한 협동교육연구원으로 파견하여 1개월간 교육을 받게 하였다.[25] 실무 교육이 진행되던 한 달 동안, 각 공장의 그룹은 연합하여 신협을 조직하였다. 1969년 8월에 1차 40명, 2차 80여 명의 조합원이 모여 5만 원을 출자하여 같은 달 11일에 신협을 창립하였다.[26]

---

23 1969년 5월 26일부터 29일까지(28일은 제외) 서울 중앙교회에서 사흘에 걸쳐 신용협동조합에 관한 강좌가 진행되었다. 〈5월 사업보고서〉, (영등포산업선교회, 1969.5.31.).

24 〈7월 영등포산업선교 사업보고서〉, (영등포산업선교회, 1969.8.2.).

25 1960년 5월, 부산에서 신협운동을 시작한 메리 가브리엘라 수녀와 이상호, 박성호 등이 주축이 되어 자조와 협동, 지역사회운동의 교육 기관으로 1962년 2월 협동조합교도봉사회라는 이름으로 설립되었다. 1963년 7월, 기관을 서울로 이전하면서 협동교육연구원(마포구 동교동 158)으로 개칭했다. 협동조합과 관련된 교육, 조사사업, 출판, 국제협력 사업 등을 진행하였고, 설립 후 20년 동안 신협 및 협동조합 지도자 교육을 진행하였다. 정규교육은 4주 내외로 기숙사에 머물며 진행되며, 20년간 246회 교육이 진행되고 약 7,200명이 수료하였다.

26 영등포산업개발 신협의 사무실은 영등포 산선과 동일하다. 1975년 3월 이전까지는 영등포동 7가 70번 2층이었고, 1975년 3월부터는 당산동 121번지 시범아파트 13동 105호로 이전하였다. 영등포 산선의 활동이 활발해지면서 공간이 확장되어 같은 아파트 10동 105호를 함께 사용하였다. 신협 사무실은 시범아파트 13동 105호로 이전하면서 방 한 칸을 활용할 수 있게 되었다.

신협의 목적은 ①경제적인 조직을 통해 산업선교를 보다 활발하게 하고, ②뜻밖의 어려운 재난을 당하는 노동자들에게 경제적인 도움을 주고, ③저임금으로 항상 목돈이 없는 노동자들에게 목돈을 소유하게 하여 안정성 있는 생활을 누리게 하며, ④적은 돈을 서로 협력해서 사용함으로써 구체적인 이웃사랑을 가능하게 할 수 있도록 하는 것이었다.[27]

(2) 신협의 성장

창립 당시 신협은 '가난한 근로자들의 금융기관'(1969년 10월)으로 일컬어졌다. 개인들이 돈을 모아 윤번제로 목돈을 형성하는 방식이 아닌 '금융기관'을 만든 것이 큰 변화였다. 1960년대에 서민들은 은행보다 계에 의존하여 저축과 융자를 이용하고 있었다.[28] 은행은 적은 금액의 대출일지라도 최소 21단계의 절차와 60여 부분에 도장을 요구했고, 시간도 오래 걸렸다.[29] 한국은행의 1969년과 1970년 조사에 따르면 4,500가구 중 72.3%가 결혼자금과 학비 등 목돈 마련을 위해 계를 이용하고 있을만큼 서민들의 주요 목돈 형성은 계 또는 사금융을 통해서 이뤄졌다.[30]

은행은 일반 서민이 쉽게 이용할 수 없을만큼 문턱이 높았다. 구술자들은 은행을 이용하기 어려웠던 이유로 세 가지를 언급했다. 첫째, 3교대를 하는 근무 여건 상 은행을 이용할 수 있는 시간이 충분히 확보되지 못했

27 영등포산업선교회, 《영등포산업선교회 40년사》, 1998, 125쪽.

28 박남수, 〈생각하는 生活契〉 《동아일보》 1967년 2월 16일; 〈有故時의 〈非常財源〉 契〉, 《매일경제》 1967년 9월 19일.

29 〈너무 까다로운 銀行貸出〉 《매일경제》 1969년 1월 30일.

30 한국은행, 《저축시장조사》, 1969(이명휘, 〈한국 서민금융제도의 형성과 정착〉, 《경영사학》 21-2, 2006, 228~230쪽 재인용); 〈主婦경제교실 契〉 《경향신문》 1970년 8월 27일.

다. 둘째, 은행을 방문하여도 까다로운 대출 심사를 감당할 자신이 없었다. 담보뿐 아니라 신용도 충분하지 않은 자신들은 대출을 받기 어렵다는 것을 어림 짐작하고 있었던 것이다. 셋째, 저축할 돈은 10원, 20원 뿐이었는데, 이렇게 적은 금액을 은행에 갖고 가는 것이 "부끄럽고", "적은 액수는 받아주지 않을 거라고 생각"했다. 노동자들은 목돈을 모으기 힘든 상황이었기 때문에, 가족이나 자신에게 일이 생기면 사채를 쓸 수밖에 없었다. 노동자가 은행에서 대출 받는 것 자체가 "하늘에서 별 따기"였기 시기였다.[31]

다음과 같은 발언은 은행의 높은 문턱과 신협의 필요성을 단편적으로 잘 보여준다.

> 공장에서 일을 할 때는 은행 가기가 굉장히 어려웠어요. 월급이 적어서 저축할 돈도 없어 저축할 형편도 안 됐고, 은행 갈 시간도 없었어요. 같이 일하는 동료 언니가 영등포(산선)에 가면 1원도 저축할 수 있고, 1원도 다 받아준다고 하는 거예요. 우리[노동자]의 작은 돈도 친절하게 받아주고, 그곳에 가면 돈을 모을 수 있다라고 해서 …(중략)… 은행은 갈 수 없어서 신협에 저축하러 왔었어요. (송효순)[32]

노동자들은 은행을 이용하기 어려운 자신의 상황을 인지하고, 또한 적은

31 원풍모방에서 근무한 이필남은 1970년대에는 노동자들이 은행과 거래하는 일이 거의 없었다고 기록하고 있다. 월급 자체가 "쥐꼬리만"했고, 월급을 받으면 바로 우체국에 가서 집에 보내야 했기 때문에 저축할 돈 자체가 남아있지 않았다고 한다. 서울에서 언니 둘과 생활했지만 목돈을 모아본 적이 없었고, 남동생 한 명 공부 가르치면서 생계를 유지하는 것도 힘들었다고 회고한다. 황선금, 《공장이 내게 말한 것들》, 실천문학사, 2016, 46쪽.

32 구술자 발언을 인용할 때, 대괄호, 괄호 안의 표기는 문맥상 이해를 위하여 필자가 추가한 것이다.

금액이라도 저축하기 위해 신협에 가입했다.[33] 신협에 가입하기 전에는 모을 돈도 없었고, 돈이 있더라도 "다락 속에다 감춰 놨다가"(박덕순), "장판 밑에도 돈 넣고, 이불 속에다 넣고, 자기가 제일 비밀스럽다고 생각하는 곳에 감추는"(송효순) 것이 저축이었다. 구술자 중 한 명은 혼수와 관계 없이 금목걸이계를 하기도 했으나, 나머지는 "계를 들 정도로 돈을 못 모았"(김갑준)다며 저축할만큼 여유롭지 않았다고 언급했다. 저축의 여유도 없었던 이들이 신협 조합원으로 가입하기 위해 협동조합과 신협의 운영 원리에 대한 필수 기초 교육(90분)을 받았다. 그리고 가입비 100원과 출자금 300원(1구좌)을 내고 조합원이 되었다. 교육을 받지 않으면 신협 가입과 이용이 제한되었고, 시급한 일이 발생하여도 조합원 외는 이용할 수 없었다.

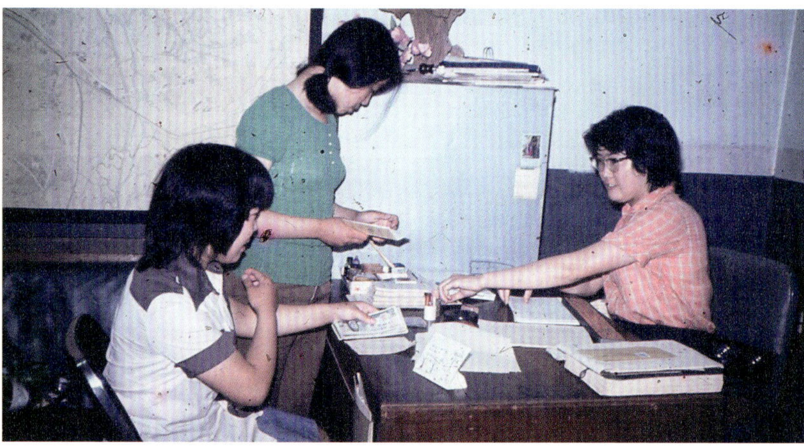

〈그림 2〉 영등포산업개발 신협 사무실 (출처: 영등포산업선교회)

33 곽원일이 구술을 진행한 여성노동자 김연자(가명)는 함께 공장에서 근무하던 동료가 10원을 저금해주는 곳을 소개하는 과정에서 영등포산업선교회를 알게 되었다고 한다. 일급 약 200원에서 10원이 같이 나오자 동료가 대신 10원을 저축해줬고, 그 후 돈을 맡기는 곳이 "불손한 곳이 아닌지" 의심하며 직접 방문하게 되었다. 영등포산업선교회의 실무자를 만난 후 헌신적인 모습에 감동을 받았고, 그 후 다양한 프로그램에 참여하게 되었다고 구술하였다(곽원일, 앞의 글, 2012, 35쪽).

조합원에게는 꾸준한 저축이 강조되었다. 신협에서는 하루 1원 이상의 저축을 통해 매월 300원 이상 저축할 것을 권장하였다. 조지송 목사는 "가난한 이유는 돈이 없어서가 아니라 목돈이 없어서 가난한 것"이라고 하며 "1원 저축하기 운동"을 벌였다.[34] 그는 적은 돈일지 몰라도 노동자들이 힘을 모아 꾸준히 돈을 모으면 다른 누군가에게 큰 도움을 줄 수 있음을 강조했다.

> 처음 신협에 왔을 때 조지송 목사님께서 '1인은 만인을 위하여, 만인은 1인을 위하여'를 많이 강조했어요. 신협을 이야기할 땐 항상 이 슬로건을 많이 이야기했어요. 조 목사님은 협동운동은 한 사람이 1원씩 열 사람이 모으면 10원이 되고, 100명의 사람이 모으면 100원이 되는데, 100사람을 100원씩 모으면 그 돈으로 집도 살 수 있다고 말씀하셨어요. 그래서 주택조합도 하셨죠. 협동운동으로 우리가 더 잘 살 수 있는 사회를 만들 수 있다라는 교육을 하셨어요. (송효순)

> 신용협동조합의 정신이 참 고귀해요. '1인은 만인을 위하고 만인은 1인을 위하고'라는 협동 의식의 슬로건이 참 마음에 들었어요. 서로 협동해서 돕고, 경제적인 어려움을 해결하고, 또 경제적인 것뿐만 서로 의지하고 협동하는 것이죠. 그때 신용협동조합 심벌마크가 우산이었어요. 재난을 막을 수 있는 우산이라는 뜻이었죠. 그때 조 목사님은 "10원을 우습게 여기면 10원 때문에 우는 일이 있다"라는 말씀을 하셨어요. (박영혜)

노동자들에게는 '조합원 누구에게나 돈을 빌려주는 것'이 가장 큰 혜택이었다. 당시 신협은 목돈이나 담보 없이, 신용만으로 목돈을 빌릴 수 있는 유일한 곳이었기 때문이다. 1970년대에 노동자들은 전세금이나 학비와 같

34 2010년 조지송 구술.

이 목돈을 빌리기 위해서는 사채를 이용할 수밖에 없었다. 그때 사채 이자는 월 10%에 달했다. 반면 신협은 월 1.5~2%로 대출이 진행되었기에 신협에 가입하는 조합원은 지속적으로 증가하였다.

1970년대 초 노동자는 잔업까지 포함하면 한 달에 1만 원 가량을 받았다. 구술자들은 각각 일당 188원, 220원, 450원, 674원을 받았다고 언급했다. 노동운동을 통해 근로환경이 개선되면서 1970년대 중반에는 급여가 올랐지만, 아무리 노력해도 월급은 3만 원에서 최대 6만 원(특별수당 포함)이었다. "노동자들은 거의 다 시골에서 올라온 사람들이 많았고, 노동자들의 상황이 안 좋아서" 저축할 형편이 되지 않았다. 신협에 가입해서도 "(산선에) 올 때마다 10원, 20원 꾸준히 넣었지만, 100원 저축하기도 정말 힘들어요"(박점순)라고 할만큼 저축으로 이어질 여유가 없었다. "전세를 얻거나 동생들 학자금, 부모님 생활비를 벌어서 보내야 하는데, 한 달 월급으로는 목돈이 안 돼요"(김갑준)라고 언급한 것처럼 노동자들에게 목돈을 만드는 건 어려웠다. 이러한 상황에서 신협 조합원은 최소 2,000원에서 5,000원부터 최대 150만 원을 월 1.5~2%의 이자로 융자받을 수 있었다. 당시 월급의 50배에 달하는 목돈을 담보 없이 빌리는 것이 가능했던 것이다. 30만 원 이상은 30개월, 20만 원 이하는 20개월, 10만 원 이하는 15개월, 3만 원 이하는 10개월로 금액이 클 수록 상환 기간이 늘었다. 소액대출은 2,000~5,000원으로 15일 내에 상환해야 하는 조건이었다. 노동자들은 6개월에 한 번씩 돌아오는 전세 계약을 위해, 공동구매 물품(스텐 냄비, 선풍기 등)을 구입하기 위해, 가족을 위한 목돈을 위해 신협을 이용했다.[35]

35 구술자 중 한 명은 가족의 사업(개인택시)을 지원하기 위해 신협에서 120만 원을 대출받았고, 2년 간 갚았다고 언급했다. 당시 120만 원은 지방의 집 한 채를 살 수 있는 큰 돈이었다고 한다.

그때는 다른 사람한테 돈 구해봐야 1만 원이면 구할 때지, 그런 돈을 구해줄 수는 없지. 은행에 가도 우리 같은 사람은 대출을 안 해주고 (중략) 은행에서 돈을 꿀[빌릴] 일이 없고, 아는 사람이 없으니까 (중략) (신협이) 도움이 많이 됐죠. (박정희)

이에 영등포산업개발 신협은 "근로자들의 경제협동운동"[36]으로 불렸다. 조합원들은 협동조합, 출자, 배당의 기초적인 원리를 신협을 직접 이용하면서 익힐 수 있었다. 조합원들은 "매일 매일 푼돈을 저축하고 목돈이 필요한 조합원에게 저축금의 배倍를 대부하고, 10~30개월 동안 분할 상환"이 가능하기 때문에 "근로자들의 경제적 재난을 공동의 노력으로 방지하는 활동"[37] 이라는 것을 구체적으로 이해하고, 체험했다.

1969년 8월부터 1977년 1월까지의 조합원 수를 살펴보면 급격한 성장을 확인할 수 있다. 신협 설립 논의가 진행된 지 며칠 만에 40여 명의 조합원에서 두 배가 증가한 80명이 되었고,[38] 창립 1년 만에 9배 이상인 370명이 가입하였다. 이는 당시 다른 신협과 비교하면 단기간에 급증하였기 때문에 신용조합연합회로부터 "너무 빨리 성장하니 그 속도를 완화하는 것이 좋

36 〈(1976년) 11월 영등포 산업선교회 활동보고서〉, 《영등포산업선교회 자료집》(Ⅰ), 2020, 299쪽.

37 〈(1975년) 11월 영등포 산업선교회 활동보고서〉, 《영등포산업선교회 자료집》(Ⅰ), 2020, 275쪽.

38 1969년 8월 조합원 수는 40명과 80명으로 두 번에 걸쳐 기록되어 있다. 신협 창립 이전부터 영등포 산선에서 활동한 김갑준에 따르면 자신 또한 교육을 받은 창립 멤버였으나, 근무 시간과 겹쳤기 때문에 신협 창립 행사에 참여할 수 없었다고 언급하였다. 당시에는 자신이 명단에 기록되지 않은 것 같다고 언급한 것으로 볼 때, 근무 시간으로 창립과 관련된 첫 모임에 참여하지 못한 조합원이 바로 가입했기 때문에 거의 즉시에 40명이 증가한 것으로 볼 수도 있다.

다"고 연락을 받을만큼 빠른 성장세였다.[39] 1971년 자료는 부재하여 수록하지 못했지만, 분기별로 최소 10명에서 최대 170명이 신규 가입하여 3년 후에는 700명에 달했고 1976년에는 약 1,000명에 이르렀다.

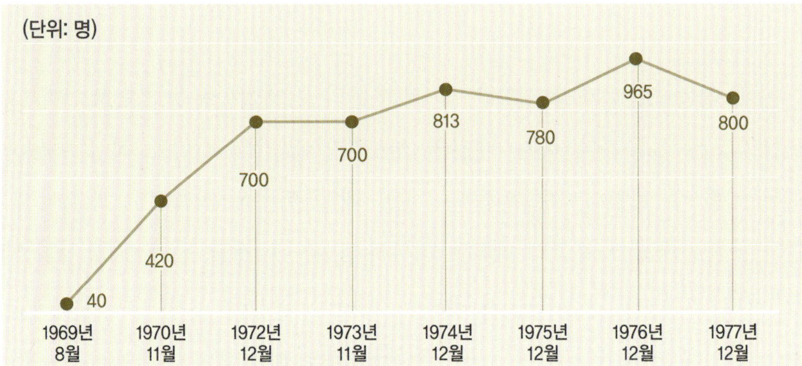

〈그림 3〉 영등포산업개발 신협의 연도별 조합원 규모

출처: 영등포산업선교회 월별, 연간 보고서를 참고하여 필자 작성.

> 사채이자는 비쌌고, 은행이자도 높았다. …(중략)… 신용협동조합은 전혀 달랐다. 서로 잘 알고 믿을 수 있는 사람들끼리 적은 돈을 모아 목돈을 만들어서 돈이 필요한 동료에게는 싼 이자로 빌려주고, 거기서 발생한 이자는 회원끼리 나누어 가질 수 있는 공동체 운동이었다. …(중략)… 신용협동조합 운동은 저임금으로 살아가는 노동자들이 서로 도와 스스로 자립할 수 있게 하는 운동이었으며, 나중에 노조 민주화를 위한 소모임 활동으로 이어지는 계기를 마련했다. (이필남)[40]

39 "회원이 370명을 헤아리는 신용조합은 170만 원의 저축금을 가지고 빈곤에 허덕이는 종업원들에게 많은 도움을 주고 있습니다. 신용조합연합회의 말에 의하면 너무 빨리 성장하니 그 속도를 완화하는 것이 좋다고 충고를 받았습니다." 〈1970년 7월 산업선교활동보고서〉(1970.8.1.).

40 황선금, 앞의 책, 2016, 46~47쪽.

단기간에 조합원이 증가한 이유는 상호 신용의 창출, 심리적 안정감과 편의성 그리고 경제적 효과로 볼 수 있다. 우선 영등포 산선이라는 믿을만한 조직이 있으며, 서로 어려운 상황에서도 저축한 총액이라는 것을 알고 있었기 때문에 서로에 대한 신용이 형성되었다. 순서를 기다리거나 불안전한 관계로 돈을 빌리는 계契와 달리 자신들이 신뢰하는 조직이자, 비슷한 형편의 또래 여성노동자들이 모여 설립한 곳이라는 신뢰가 있었던 것이다.[41] 신용을 스스로 창출하여, 서로의 생활 경제를 지원하는 구조를 직접 만들어 이용할 수 있었다. 또한 소액 저축도 "부끄러움 없이" 할 수 있어 심리적인 안정감도 주었다.

무엇보다 담보 없이 신용대출이 가능했고, 이자율도 낮았다. 은행과 달리 신협에서는 누구든지 목돈이 필요하면 돈을 빌릴 수 있었다. 이에 더

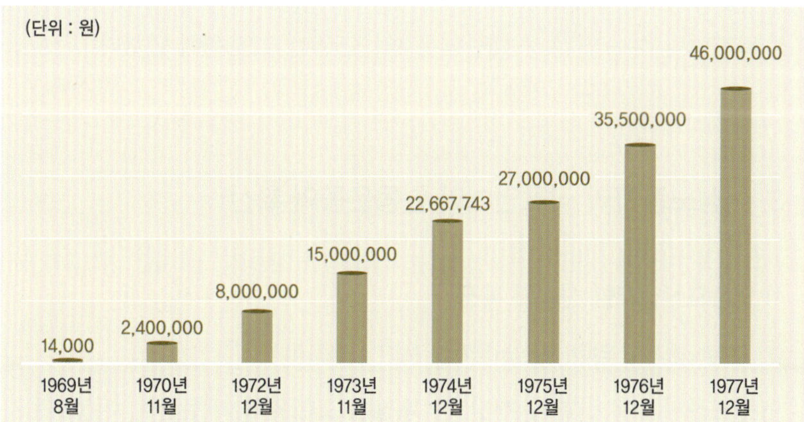

〈그림 4〉 영등포산업개발 신협의 연도별 자산 규모

41 신협법이 제정되기 전에도 신협을 설립하면 개인 출자 비율이 총 구좌수의 10% 이상을 넘지 못하는 규정이 존재했다. 이는 개인이 조직을 점유하는 것을 방지하기 위한 장치였다. 또한 1960~1970년대에는 비조직화된 사금융의 비대화를 축소하고, 서민들의 저축을 증가하기 위하여 정부에서도 신협운동을 지지하는 입장이었다.

해 출자금에 비례한 배당금을 받을 수 있어 자동적으로 저축이 되는 효과를 경험했다. 조합원이 불입한 대출 이자는 매년 총회가 열리는 1월 또는 2월에 경비를 제외한 전액을 합산한 후, 출자금을 기준으로 배당되었다. 구체적인 이율이 기록된 〈1973년 2월 영등포산업선교 활동보고서〉에 따르면 1972년의 증가한 자산으로 조합원은 연 16%의 배당금을 받았다.

신협의 자산 규모도 조합원 가입과 이용 증대에 비례하여 증가하였다. 1969년 8월 창립시 1만 4,000원이었던 자산은 1977년 연말에 4,600만 원으로 늘었다. 1970년대 중반 즈음에는 월 평균 회전금액은 수입 176만 5,000원, 지출 167만 7,000원(5월 기준)으로 증가하며 "많은 금액이 가난한 노동자들 사이를 회전하며 경제적인 혜택"을 주었다. 1976년 기준으로 조합원은 965명으로 1,000명 가까이 늘었고, 총자산 3,550만 원, 연간 대부 총거래액은 약 3,000만 원에 이르렀다. 중복 대출을 받은 조합원을 포함하면 이용 건수는 2,133회였다.[42] 1977년의 경우 연간 총 대출액은 1억 3,555만 8,235원에 달했다.[43]

3. 여성노동자의 상호연대와 협동운동의 확산

1) 영등포산업개발 신협의 특징

(1) 여성노동자에 의한, 여성노동자를 위한 신용조직

영등포산업개발 신협의 가장 큰 특징은 조합원의 대부분이 여성노동자

42 자료에는 2,133명이 이용하였다고 표기되어 있으나, 문맥상 중복 조합원이 이용한 건수를 의미하는 것으로 보인다. 〈1976년도 영등포도시산업선교 활동보고서〉(1977.1.10.), 《영등포산업선교회 자료집》(Ⅰ), 2020, 317~318쪽.

43 〈1977년 사업보고서(개략)〉(1977.12.31.), 《영등포산업선교회 자료집》(Ⅰ), 2020, 353쪽.

라는 점이다.[44] "남자 비율이라고 할 것도 없어요. 남자는 어쩌다 있었죠"(김양심)라고 언급하는 것에 알 수 있듯이, 신협 조합원의 90% 이상은 여성이었다.[45] 이들은 "전세금, 생활비로 대출을 신청"하기 위해, "남자는 가르치고, 여자는 안 가르쳐서 (중략) 부모 생활비, (남)동생들 학비를 주기 위해"(김갑준), "1원도 저축하기 위해"(송효순), "부모님께 보낼 선풍기를 구입하기 위해"(박덕순) 신협 조합원이 되었다.

영등포 지역의 노동운동과 신협운동에 여성들이 중심이 된 배경에 관해서는 장숙경의 연구를 참조할 수 있다. 첫째, 여성노동자들의 노동환경이 매우 열악하였다. 둘째, 산업선교회와 실무자에 대한 높은 신뢰가 있었다. 셋째, 산업선교회 지향점이 기독교 확산이 아닌 노동자도 인간답게 살 수 있는 세상을 만드는 것이었다. 넷째, 남성 노동자들이 노동운동에서 이탈하여 회사 측을 옹호하며 여성노동자와 대립하였다. 다섯째, 여성노동자의 단결과 행동력, 저항이 높았다.[46]

이들은 영등포 인근 지역에서 일하던 노동자였고, 대부분은 노동조합에 참여하여 노동운동에 적극적으로 참여했다. 필자가 면담한 이들도 1960~1970년대 노동운동의 중심에 있었다. 영등포 산선 선교사가 아닌, 첫 평신도(일반인) 신협 실무자였던 박영혜는 한국모방에 다니던 노동자(1964년 입

44 관련한 배경은 각주 3의 연구를 참고.

45 영등포산업선교회 교육책임간사를 역임한 신철영은 "남성노동자들은 수가 아주 적었으며 80년대 초반에 조금씩 증가하기 시작하였다"라고 기록하고 있다. 1대, 2대 이사장은 은행에서 근무한 경험이 있는 남성이 맡았다. 3대 이사장은 원풍모방의 여성노동자 김수분이었다. 신철영, 〈그때 그 자리: 영등포산업선교회: 70~80년대 노동자들의 보금자리〉, 《기억과 전망》 5, 민주화운동기념사업회, 2003, 186쪽; 2022년 이신숙, 김양심 구술.

46 장숙경, 《산업선교, 그리고 70년대 노동운동》, 선인, 2013, 386쪽 참고.

사)였다. 그는 신협 직원으로 일하며 '한국모방 퇴직금 받기 투쟁위원회'(위원장 박용온, 총무 유명순) 조직에 앞장섰고, 서기를 맡아 참여했다. 한국모방을 그만둔 후 퇴직금 정산이 되지 않아 자신과 같이 퇴직금을 받지 못한 노동자 7명과 함께 회사에 퇴직금 지급 요구와 노동청장에게 진정서를 전했다. 1972년 4월에 시작한 투쟁은 정부, 사회, 종교, 노동, 언론기관과 영등포 산선의 협조로 퇴직금을 모두 받아낸 후 마무리되었다.[47]

영등포 산선에서 추진한 생산자협동조합, 신협, 주택조합 등 협동운동의 초기 멤버였던 김갑준은 한국모방 노동조합의 부녀부장을 맡았다. 그는 예산여고를 졸업한 '고졸' 노동자이자 타고난 리더십으로 여성노동자들을 위한 기숙사, 목욕탕 등에 대한 의견을 적극적으로 개진하는 등 노동조합 활동에 참여하였다. 대일화학에서 근무하던 송효순은 신협을 이용하기 위해 영등포 산선을 방문했지만, 산선을 통해 노동법을 접하게 되면서 어용 노동조합의 민주화를 위해 노동운동의 전면에 나섰다. 그는 대일화학의 노조 민주화를 위해 대의원으로 활동하던 중 사측의 탄압을 받아 지방(경기도 오산)공장으로 부당하게 전직 당하고, 해고되었다. 이후 그는 복직과 노동권 투쟁을 이어갔고, 2020년 12월 대법원으로부터 승소 판결을 받았다.[48] 필자가 송효순과 함께 만난 박덕순 또한 마찬가지였다.

또 다른 구술자인 박점순은 1973년에 남영나이론에 입사하여 산선 활동을 시작한 후 민주노조 투쟁에 참여했다. 남영나이론에는 이미 여성노동자 300여 명이 영등포 산선 모임에 참여하고 있었고, 1977년 5월에는 여성

47 다음 자료를 참고하면 구체적인 전개 과정을 파악할 수 있다. 원풍모방 해고노동자 복직투쟁위원회 엮음,《민주노조 10년》, 풀빛, 1988, 43~48쪽.

48 송효순의 노동운동은 직접 집필한《서울로 가는 길》에 자세히 기록되어 있다. 송효순,《서울로 가는 길》, 형성사, 1988.

노동자 800명이 임금 인상과 임금 정상화를 요구하며 총파업을 단행했다. 사측은 부장, 차장 및 남성 사원을 동원하여 여성노동자들을 폭행하고 사표 제출을 강요했고, 심지어 6월 16일에는 사원 30여 명이 산선 회관에 난입하여 실무자에게 폭력을 가했다.[49] 이후 11명의 여성노동자가 구류처분을 받았는데, 박점순은 이 명단에 포함되어 있었다. 이외에 해태제과의 김미순을 비롯하여 신협 조합원, 여성 조합원이자 여성노동자는 부당한 노동 실태를 바로 잡기 위하여 투쟁했다.

(2) 조직 운영의 차별성 – 공장별 회계보조원의 자원활동

이처럼 영등포산업개발 신협은 여성노동자가 중심이 되어 운영되었기 때문에 이들의 근무환경과 생활 패턴을 고려한 운영 방식을 고안하였다. 그중 독특한 방식은 각 공장에 '회계보조원'을 두어 노동자들의 저축 편의성을 높인 것이다. 많은 노동자들은 일하는 곳과 신협 간의 거리, 3교대 근무 등으로 신협을 방문하여 수시로 저축하는 데 무리가 있었다. 이러한 노동자들의 여건을 고려하여 신협에서는 저축을 모아서 가져올 수 있는 조합원을 공장 규모에 따라 1~2명을 위촉하여 배치하였다.

이 역할을 맡은 조합원을 '회계보조원'이라고 칭했다. 이들은 주로 영등포 산선의 그룹 활동에 적극적으로 참여하거나, 노동조합의 파이오니어 pioneer 모임, 노동자 성서 모임 등에 참여하는 여성노동자였다. 산선 리더 모임에 참여하는 조합원은 동료들에게 신뢰를 받고 있을 뿐 아니라, 다수의

49 사측에서는 영등포산업선교회에 "너희들은 공산당이다. 정보부에서 왜 죽이지 않고 내보냈는지 모르겠다"는 등의 협박전화를 하고, 남자사원들을 동원하여 "미친개는 몽둥이가 약이다", "도산은 물러가라" 등의 플랜카드와 피켓을 들고 총무과 직원이 회사의 마이크로 구호를 외치며 농성중인 여성 근로자를 폭력으로 몰아냈다. (〈남영나이론 노사분규 개략〉(1977.5.20.), 《영등포산업선교회 자료집》(Ⅰ), 2020, 337~341쪽).

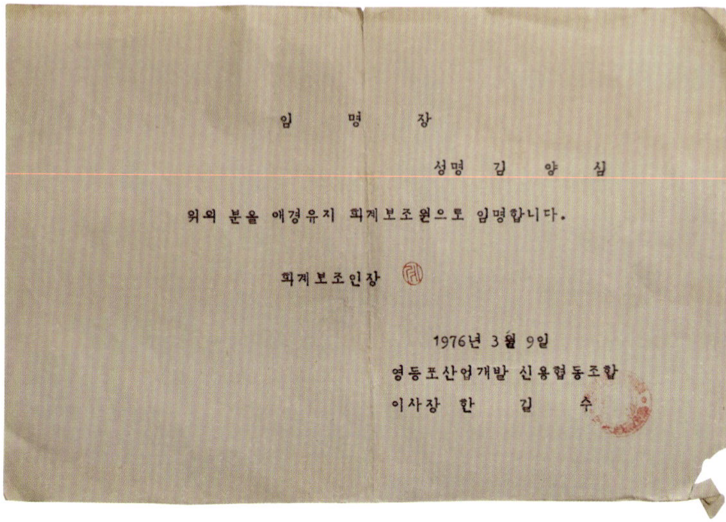

임 명 장

성명 김 양 심

위의 분을 애경유지 회계보조원으로 임명합니다.

회계보조인장

1976년 3월 9일

영등포산업개발 신용협동조합

이사장 한 길 수

〈그림 5〉 영등포산업개발 신협 회계보조원 임명장 (출처: 김양심 제공)

모임에 참석하기 위해 산선을 자주 방문하고 있었기 때문이다.

회계보조원을 맡은 조합원은 각자의 작업장에서 동료들의 저축금인 동전을 모아 주기적으로 신협 사무실을 방문했다. 1969년부터 1972년까지 한국모방에서 근무하며 신협 회계보조원 역할을 맡았던 박영혜는 성경공부를 위해 산선을 드나들게 되었고, 신협을 홍보하는 역할을 자처했다. 당시 영등포산업선교회 전도사(강행님)가 한국모방 노동자에게 산업선교와 신협을 알리는 역할을 맡고 있었는데, 산선이 위치한 영등포동 7가 70번지에서 한국모방이 있었던 신대방동까지 거리가 가깝지 않았다. 산선과 한국모방을 이어주는 중간역할을 할 사람이 필요하던 차에 박영혜가 그 역할을 맡게 되었다.

제가 중간역할을 했어요. 한국모방에 있는 동료들에게 신용협동조합을 소개하고, 조합원으로 가입시키기도 하고요. 얼마나 신나는 일이에요. 나 하나는

10원 밖에 없지만, 다 모으면은 한 사람 도울 수 있다는 협동운동, 여기에 매력을 느꼈던 것 같아요. 보조원인 나는 조합원들의 저축 내용을 전표에 날짜, 이름, 저축액을 적어 돈과 전표 합계를 맞추어 사무실에 강행님 전도사에게 전달했어요. 주로 동전이었고 저축액도 10원, 20원, 30원 등 소액이 많았지요. (박영혜)

1970년대 초부터 1976년까지 애경유지 노동자로 그리고 신협 여신위원과 회계보조원을 맡은 김양심은 당시 자원활동을 구체적으로 기억하였다. 또한 회계보조원 임명장과 산업선교회·신협 활동에 참여한 사진을 보관하고 있었다.

저축을 하고 싶어도 직장[애경유지]에서 영등포까지 갈 수가 없어서, 직장 내에서 저에게 저축을 하는 거예요. 제가 여신위원회, 엑소더스 모임[노동자 성서연구모임] 참석으로 일주일에 (산선에) 거의 두세번은 갔던 것 같아요. 회계보조원으로는 일주일에 한 번씩 모아서 갖고 갔는데, 엽전[동전]이어서 무거웠어요. 당시에는 10원, 20원, 30원...50원도 흔하지 않아요. 100원이면 엄청 큰 거고요. 제가 다 적어서 박영혜 씨한테 전해주면, 박영혜[50]씨가 다시 통장에 옮겨 적는 거죠. (김양심)

노동자들은 "저축할 돈도 없었"지만 10원, 20원을 회계보조원에게 전달하여 저축을 이어갈 수 있었다. 당시 노동자들은 버스비를 아껴 저축하

50 한국모방에서 신협의 회계보조원 역할을 한 박영혜는 조지송 목사에게 신협 실무자를 제안 받았다. 그는 한국모방을 퇴사하고, 1972년부터 1976년 2월까지 신협 실무자로 근무하였다.

기 위해 "(직장이 위치한) 문래동에서 영등포까지 걸어올 정도"(송효순)로 저축할 여윳돈이 부족했다. 이런 상황에서 "조합원들은 매일 10원, 20원, 30원 주머니에 푼돈이 있을 때마다 수시로 저금을 하며, 누가 더 많은 횟수로 저금을 하는가"[51]를 기록하여 우수 조합원을 선정하곤 했다. 1972년부터 실무 업무를 맡은 박영혜는 조합원들이 저축한 동전을 모아보니 무려 20kg에 달했다며 탁자 위에 산처럼 쌓인 동전이 아직까지 기억난다고 언급하였다.

(3) 여신위원회 활동

영등포산업개발 신협은 이사회, 임원회, 여신위원회 그리고 회계보조원을 중심으로 운영되었다.[52] 1972년 기준, 7명으로 구성된 이사회와 각 회사별 회계보조원 모임은 월 1회 진행되었다. 반면, 3~5명으로 구성된 여신위원회는 매주 1회 소집되었다. 매주 월요일 또는 수요일 저녁 6시부터 10시

51 박영혜, 〈신협운동과 영등포산업선교회〉, 《영등포산업선교회 40년사》, 영등포산업선교회, 1998, 462쪽.

52 전체 조합원들의 모임인 월례회도 매월 1회씩 개최되었고, 총회는 매년 1월에 진행되었다. 신협 이사회 구성은 관련 자료의 부재(압수)로 공동구매조합과 같이 명단을 파악할 수 없었다. 필자가 만난 면담자들은 활동 연도는 정확히 구분하지 못했지만, 세 명의 이사장을 기억하고 있었다. 초대 이사장은 이한상(남성)이다. 그는 서울의 제일은행(부)지점장을 맡고 있었기에 은행 시스템과 회계를 잘 파악하고 있어, 영등포 산선 또는 조지송 목사의 부탁 또는 관계로 이사장을 맡은 것으로 보인다. 두 번째 이사장은 한길수(남성)로 애경유지 노동자였다. 그는 신협 활동에 성실히 참여하였고, 이후 구로지역에서 신협운동을 추진하였다. 세 번째 이사장은 원풍모방 노동자 김수분(여성)으로 1970년대 중반부터 역할을 맡은 것으로 추정된다.

까지 대부심사가 진행되었다.[53] 즉 가장 활발하게 조합원 활동을 한 이들은 여신위원들이었다.

여신위원을 맡았던 김양심에 따르면 여신위원은 영등포 산선 모임과 노동조합에 적극적으로 참여한 노동자로 구성되었던 것으로 보인다. 이들은 대출 서류를 검토하는 역할을 맡았기 때문에 조합원의 경제적 상황과 기본적인 성향을 파악하는 등 조합원에 대하여 정보가 많은 이들로 구성되었다. 여신위원회에서 검토한 대출서류는 매주 약 20개 이상으로, 월 100여 명이 대출 신청을 하였다.[54] 1972년 상반기 산업선교회 보고서에 따르면 1972년 4월 기준, 대출을 받고 있는 조합원은 131명이며 총액은 약 274만 9,798원이었다. 여신위원의 구술과 영등포 산선 보고서의 내용을 참고로 하면, 대출 신청자는 월 평균 약 100명 이상으로 추산된다.

대출 신청에서 가장 중요한 기준은 액수가 아닌 저축의 꾸준함이었다. 대출신청서에 필수적으로 기록해야하는 항목은 약 20개였고, 이 중 주요한 심사 기준은 소액이어도 얼마나 성실하게 저축을 했는가였다.

> 악의적으로 저축을 했는지 봐요. 만약 보통 10원, 20원 저축을 하다가 대출신청서를 작성하기 직전에 100원을 입금했다면, 이 액수는 깎고 없는 거로 해요. 신용대출은 (저축액) 범위에서 하는게 아니예요. 그래서 갑자기 많은 액수를

53 "5시 반에 퇴근하고, 회사 차를 타고 영등포 역 앞에 내려요. 그럼 역에서 시범아파트(산업선교회, 신협이 위치한)까지 걸어가는거예요. 그러면 6시에 간신히 도착해요. 여신위원회 하고, 집에 10시 넘어서 들어왔어요. 심사할 때 저녁밥도 안 먹고, 끝나고 집에 와서 저녁 먹고 자는거죠. 그냥 봉사하고 오는 거였어요." (김양심).

54 김양심은 1973년, 1976년까지 여신위원으로 활동했다. 그가 여신위원회 활동을 할 때 구성원은 세 명이었고, 마지막 대출서류 사인을 위해 한길수 이사장이 늘 자리에 함께 했다고 언급하였다. 1973~1976년 경 여신위원은 다음과 같다. 김양심(애경유지, 女, 약 3년), 박정희(한국모방, 女, 약 6년), 김광식(방림방적, 男).

저축한 건 계획적이고, 악의적으로 한 것으로 처리했어요. 上-中-下로 구분을 했는데, 한 달에 몇 번 저축했는가를 중심으로 체크했어요. 여신위원들이 각자 맡은 대출신청서를 검토하고 액수를 결정한 후, 타당한가 전체가 같이 봐요. 여신위원이 다 사인하고, 마지막에 이사장이 사인을 했죠.(김양심)

일주일에 한 번 열리는 여신위원회에서 처리해야 할 대출신청서는 20개 가량이었다. 한 달에 80명에서 100명 가량이 신협에 대출을 신청한 것이다. 꾸준한 저축을 보고 대출신청액을 그대로 통과하기도 했고, 꾸준하지 않았다면 대출 액수가 조정되었다. 그렇다고해서 대출이 거부되거나 안 되는 일은 거의 없었고, 설령 대출 액수가 기대한 것보다 작아도 대부분 받아들였다고 한다. 사채를 빌린 조합원일 경우 우선대출을 시행한 예외 규정도 존재했다.

(4) 지속적인 협동조합 교육

서로의 어려운 상황을 인지하는 것으로 신용이 자동적으로 형성되는 것은 아니었다. 신협에서는 협동조합 교육을 지속적으로 진행하여, 조합원의 의무를 강조했다. 초기에는 협동교육연구원 및 신협연합회 등을 통해 교육 지원을 받은 후, 신협의 성장에 따라 내부 교육을 진행했다. 영등포산선의 월례보고서를 통해 신협 교육이 매달 진행되었음을 확인할 수 있으며, 수치가 확인되는 1970년 4월의 기록에 따르면 6회의 교육에 72명이 참여했다.

원풍모방에서 근무한 이필남은 신협 교육을 통해 공동체운동의 의미를 알게 되었음을 회고했다. 그는 영등포산업개발 신협 가입 시 며칠 간 교육을 받은 점이 인상적이었으며, "교육을 통해 공동체 운동의 신념에 대해 알게 되었다"고 언급했다. 무엇보다 "가난한 사람들이 신용으로 서로에게 도움을 주고 받으며 살아간다는 사실"을 알게 된 점을 교육의 핵심으로 꼽았다.[55] 이때 공동체의 의미는 경제적 상황이 유사한 자, 서로 잘 알아 가는 과정을 경험하는 자들이 모여 서로에게 도움을 주고받는 공간이자 원리로 보인다.

신협을 중심으로 소비, 주택 등 생활운동을 확산하고자 한 1970년대 중반, 신협은 조합원을 정리하고 재정비하는 과감함을 보였다. 1975년 7월에는 꾸준히 저축하지 않는 조합원에게 탈퇴를 요청하고, 조합원 명단에서 제명했다. 이후 9월에 신용조합 전체 조합원 자질 향상을 위한 재교육을 실시하고, 매년 2회의 의무 재교육을 시행했다. 더불어 교육을 받은 조합원에게만 대부 특혜를 주기로 결정하였다.[56] 단편적으로 남아 있는 기록이지만, 신협이 교육을 강조하고, 이를 통해 협동운동을 확산하려한 의지를 파악할 수 있다.[57]

2) 협동운동의 확산

영등포 산선은 신협을 중심으로 "우리들의 은행, 우리들의 백화점"을 만들고자했다. 이를 통해 "가난한 사람들이 부자들의 이익을 위해서 살아야

55 황선금, 앞의 책, 2016, 46~47쪽.

56 〈9월 영등포산업선교 활동보고서〉 (1975.10.1.).

57 신협이 생산, 발행한 자료와 소장하고 있었던 문서는 압수당하여 확인이 어렵지만, 영등포 산선에서 받은 우편물 기록을 통해 어떠한 자료를 통해 협동조합을 파악하였는지 확인할 수 있다. 1971년 3월 10일, 서독 프리드리히 헤버트 재단 한국주재사무소에서 《노동조합의 협동조합사업》을 30부 기증한 기록이 남아 있다(《영등포산업선교회 자료집》(IV), 2020, 50쪽).

하는 결과를 바꾸고"자 했다.[58] 조지송 목사는 "노동자들이 생산자로서 노동조합이라는 조직의 힘을 가지고 정당한 분배를 요구하는 것처럼 소비자도 부당한 지출을 강요당하지 않겠다는 결단이 필요하다. 이것이 바로 협동조합운동이다"[59] 라고하며 노동자의 중첩된 사회적 정체성을 강화할 것을 강조했다. 가장 먼저 시도했던 것은 재생타이어 공장이었다. 이 공장은 노동자협동조합으로 전개하기 위해 16명이 출자하며 준비했으나, 국내 타이어 회사의 반대 등으로 추진되지 못했다.[60]

그 다음으로 시도한 것은 주택조합이었다. 신협 조합원을 중심으로 1971년과 1973년에 걸쳐 두 차례 무주택 노동자를 위한 주택조합 설립이 추진되었다.[61] 1973년에는 64명이 참여하였고, 그 다음해에는 100명으로 인원이 증가하였다.

주택조합은 1974년 3월에 독산동 대지 1,400평을 3,400만 원에 구입했다. 토지 구입 비용의 대부분인 3,360만 원은 신협 대출을 통해 마련하였다. 나머지 금액은 미국 교회 및 E.E.C(Emerging Economy Corporation) 경제 단체

58 영등포 산선에서는 1976년 12월부터 이전까지는 각 조합 활동을 구분하여 명기하던 것을 '협동운동'이라는 용어로 묶어서 표현하기 시작하였다. 조지송은 협동운동을 "경제력이 약한 다수의 사람들이 단결하여 자금을 만들어 내고, 그 자금을 회원들의 이익을 위해 사용하는 것"이라고 설명하였다. 〈12월 영등포 산업선교회 활동보고서〉, 《영등포산업선교회 자료집》(Ⅰ), 2020, 300쪽; 조지송, "협동조합 왜? 어떻게?", 연도미상, 영등포산업선교회.

59 조지송, 《협동조합 왜? 어떻게?》, 영등포산업선교회, 연도미상.

60 이후 재활의료기구 공장도 추진했지만 문서자료로 확인이 어려운 것으로 보인다.

61 1971년에 추진한 주택조합 준비와 관련된 자료는 〈도신산업선교연합회-영산선 제390호〉에서 준비위원명단을 확인할 수 있다. 위원은 김호연, 조화순, 고재식, 안광수, 정향수, 송고OO, 조지송, 윤홍식, 강행님, 최성봉, 황율성, 김경락, 김O성 등이다. 1971년 2월 20일에 강정렬 국장을 초빙하여 "적은 돈으로 아름다운 주택을 가질 수 있다"는 강연을 진행하였다.

등을 통하여 건축비를 융자 하기로 하였으나 원활하게 진행되지 못했다.[62] 결국 조합원 각자 자체적인 자금으로 주택을 건축하기로 하고, 대지를 개인에게 분할하는 것으로 12월에 공식 해산하였다.[63] 이후 1976년에 9세대가 건축을 완료하여 입주하였다.[64]

앞서 언급한 것처럼 신협은 1975년 10월부터 전 조합원 재교육을 실시했는데, 이는 소비자협동조합을 추진하기 위함이었다. 영등포 산선은 1976년 사업계획으로 소비조합을 신규 사업으로 추가하고,[65] 1976년 4월에 근로자 공동구매조합을 창립하였다. 공동구매조합의 조합원 자격 조건을 신협 정조합원으로 제한하고, 회관 설치 장소도 신협 내에 둔 것으로 볼 때 이는 신협운동의 확장으로 볼 수 있다.[66] 산선은 두 차례로 나누어 공동구매조합에 관한 교육을 진행했다. 1차 교육은 내부 교육으로 1976년 3월부터 한 달 동안(3월 17일~4월 17일) 57회에 걸쳐 진행되었다. 산선 실무자인 조지송·인명진 목사, 신영희 등은 영등포 산선의 그룹 활동에 참여하고

62 E.E.C는 개발도상국의 사회 사업에 투자, 지원하는 주식회사로 미국인 기독교인들이 설립하였다. 미국 단체와는 50가구 분의 4,500만 원을 장기저리를 논의하고 이행 약속을 받았다. 하지만 한국신용조합연합회가 재정 보증을 하지 못하게 되어 융자를 포기하게 되었다. 〈1973년도 영등포 도시 산업선교위원회 보고서〉; 〈1974년 5월 영등포산업선교 활동보고서〉 (1974.5.31). 2010년 조지송 구술.

63 1975년 4월에 이르러 38명에게 50평 또는 25평씩 대지를 분양한 후 한국주택은행 융자를 통해 자유롭게 주택을 건립하도록 하였다. 〈영등포산업선교 활동보고서(1975년 4월)〉; 〈1975년 12월 영등포산업선교 활동보고〉 (1976.1.5.).

64 《영등포산업선교회 자료집》(Ⅰ), 2020, 275쪽.

65 《영등포산업선교회 자료집》(Ⅰ), 2020, 280~281쪽.

66 제11조(양도)를 살펴보면 타인에게 권리를 양도할 경우 조합의 승인과 3개월 내 영등포산업개발 신협 정조합원 자격 취득을 해야 하며, 기간 내 신협 정조합원 자격을 취득하지 못하면 자동탈퇴한 것으로 간주됨을 명기하였다. 〈영등포산업개발신용협동조합 공동구매조합 정관 안〉, 1976, 1~2쪽(민주화운동기념사업회 등록정보 00201838).

있던 노동자들에게 공동구매조합에 대한 이념과 역사, 그리고 실질적인 운영 방식을 알려주었다. 한 달간 공동구매조합 교육에 참여자는 노동자는 456명이었다.

2차 교육은 외부 강사를 초청하여 진행되었다. 강좌는 4월 19일, 20일 이틀에 걸쳐 진행되었고, 오전과 오후에 각각 1번씩 진행하여 총 4번의 강연이 이뤄졌다. 외부 강사는 아세아 신용협동조합 사무국장을 맡고 있었던 강정렬과 한국 협동연구원 부원장 박성호였다. 이 교육은 1차 교육을 받은 노동자들에게 공동구매조합에 대한 확신을 갖도록 하기 위한 목적으로 진행되었고, 참여자는 250명이었다. 2차 교육이 마무리된 후 4월 24일에 공동구매조합 조직을 위한 준비위원회가 구성되면서 본격적으로 창립을 준비하기 시작했다. 준비위원은 인명진 목사를 제외하면 경성방직, 원풍모방, 해태제과 등에서 근무하는 노동자로 구성되었고,[67] 창립총회에서 구성된 운영위원회 또한 마찬가지였다.[68]

공동구매조합은 134명의 조합원이 모여 4월 29일에 창립총회를 개최하였다. 조합원 1인당 가입금 500원, 출자금 1만 원으로 생활필수품을 공동구매하여, 이용고 배당을 하는 구조였다. 이때 조합원은 신협을 통해 20개월 상환 조건으로 출자금을 대출할 수 있었다. 영등포산업개발 신협이 중심이 되어 공동구매조합을 설립한 이유는 노동자 또한 소비자이기 때문에

67 공동구매조합 준비위원은 다음과 같다. 조순주(경성방직), 정유선(원풍모방), 김용숙(해태제과), 이정순(화창섬유), 이북실(원풍모방), 김수분(원풍모방), 남기애(남영나이론), 인명진(산업선교). 〈1976년도 영등포산업선교 근로자공동구매조합 보고서〉,《영등포산업선교회 자료집》(I), 2020, 306쪽.

68 1977년 보고서에 따르면 일부 임원이 변동되었다. 〈1976년도 영등포산업선교 근로자공동구매조합 보고서〉,《영등포산업선교회 자료집》(I), 2020, 306~307쪽; 〈1976년도 영등포산업선교 근로자공동구매조합 보고서〉,《영등포산업선교회 자료집》(I), 2020, 349쪽.

소비자로서의 노동자를 보호하기 위함이었다.[69] 영등포 산선에서는 공동구매조합을 "가난한 소비자(근로자)들이 소비 생활에서 중간상인에게 지불하는 손실을 방지하기 위해 필요한 상품을 공동으로 구입함으로 싸고, 좋은 상품을 구입할 수 있게 함"이라고 정의하였다.[70]

공동구매조합에서는 의류, 식생활품, 전기, 부엌용품, 화장품 등 150여 품목을 구비하였고, 실질적으로 필요한 물품을 질 좋은 상품으로, 저렴한 가격으로 판매하였다. 7개월 후 조합원은 230명으로 증가했고, 공동구매를 통해 약 100만 원의 이익금이 발생했다.[71] 이를 1년에 두 차례, 이용고 배당을 진행하였다.[72] 약 2년간 무인판매로 운영했지만 도난, 횡령과 같은 일이 일어나지 않았다. 이외에 월 300원을 모아 노동자들을 위한 의료조합을 운영하여, 긴급히 수술비가 필요한 노동자들에게 의료보험의 역할을 하였다.

69 공식 명칭은 "영등포산업개발신용협동조합공동구매조합"이며, 정관 제3조에 따르면 노동자이면서 동시에 소비자인 이들의 권리 향상이 목적이었다. "1) 영세근로자들의 협동운동에 대하여 교육한다. 2) 공동구매활동을 통해 소비자를 보호한다. 3 공동구매활동을 통해 근로자들의 경제적, 시간적 이익을 도모한다. 4) 근로자들의 올바른 소비생활 정신을 고취한다." 〈영등포산업개발신용협동조합 공동구매조합 정관 안〉 1976, 1~2쪽(민주화운동기념사업회 등록정보 00201838).

70 〈(1976년) 9월 영등포 산업선교회 활동보고서〉,《영등포산업선교회 자료집》(Ⅰ), 2020, 295쪽.

71 《영등포산업선교회 자료집》(Ⅰ), 2020, 296~298, 308쪽.

72 1977년 5월 10일에는 133만 6,990원을 300명 조합원에게 배당(1976년 11월~1977년 4월)했으며, 1977년 11월 8일에는 10만원의 이익금을 280명의 조합원에게 배당했다.

4. 맺음말

이와 같이 영등포산업개발 신협은 10여 년간 활발한 활동을 이어갔다. 하지만 1978년 6월 자진해산을 결정하였다. 영등포산업개발 신협은 1972년 〈신용협동조합법〉이 제정된 직후인 1973년 1월, 서울에서 가장 먼저 법인 인가를 받은 곳이었다.[73] 이곳은 "신용협동조합연합회가 추천한 공신력 있는 조합"으로 신협법에 따라 1차로 인가를 받았다. 법인 인가 후 신협의 조합원은 급증했고, 자산도 2배 이상 증가하였다. 일각에서는 이러한 급속한 성장에 대한 우려를 표하기도 했다.[74] 하지만 당국의 탄압과 재무부의 부당한 감사에 의해 스스로 해산을 결정했다.[75]

당국의 감시가 시작된 1972년 이후, 점점 영등포 산선의 탄압이 가속화

73 〈信用組合 1次로 3백14개 認可〉《매일경제》 1973년 1월 5일, "재무부는 5일 지난해 8월 17일 제정·공포된 신용협동조합법에 따라 1차로 2백48개의 신용협동조합과 66개의 마을금고 등 도합 314개 조합을 신용조합으로 인가했다. (중략) 이번에 인가를 받은 신용협동조합과 마을금고는 신용협동조합연합회와 마을금고연합회가 추천한 공신력 있는 조합들이다. 인가된 조합의 지역별 분포를 보면 서울시가 영등포산업개발 등 18개, 부산직할시가 동대신동 등 19개, 경기도가 부평2동 등 27개, 강원도 9개, 충북 31개, 충남 30개, 전북 41개, 전남 24개, 경북 18개, 경남 16개, 제주도 16개 등이다. (후략)."

74 〈영등포산업선교 활동보고서(1973년 1월~11월)〉 (1973.12.18.).

75 영등포 산선은 1972년 11월부터 불시 수색 등을 받기 시작했다. 1972년 11월 28일과 29일에 형사 네 명이 산업선교회에 강제로 들어와 이유를 밝히지 않은 채 수색하였고, 노동운동과 연관하여 지속적인 형사들의 감시를 받았다. 이후 1974년 1월부터 영등포 산선에 대한 탄압이 노골적으로 진행되었다. 산선의 인명진, 김경락 목사가 구속되어 산업선교가 타격 받았고, 노동자 그룹활동도 축소될 수밖에 없었다. 이로 인해 영등포 산선의 1974년 재정은 적자(약 52만원)가 발생했고, 신협에서 이 중 일부를 월 1.5% 이자로 대출해준 기록이 남아 있다. 1976년부터는 노동운동을 지원하는 산선을 공산주의자의 활동으로 왜곡하는 글들이 발행되기 시작했다. 〈1972년 12월 영등포산업선교 활동보고서〉, 〈1975년 1월 산업선교 활동보고서〉, 1975.2.1.; 〈6월 영등포 산업선교회 활동보고서〉, 《영등포산업선교회 자료집》(I), 2020, 292쪽.

되었다. 1978년 5월, 인명진 목사가 영등포지청으로부터 긴급조차 위반과 〈신용협동조합법〉 위반으로 구속됨과 동시에 영등포 산선 회관은 전면 수색되고, 산선과 신협의 문서 자료와 장부 전체가 압수 되었다.[76]

> 이 사업[신협]은 앞으로 상당한 시련을 예상해야 할 것 같습니다. 중앙정보부가 조합원 명단을 요구한다는 말을 신용조합연합회와 재무부 직원으로부터 선해들은 우리는 이것이 정당한 감사가 아님을 알고 재무부 감사 요청을 거부했습니다. 이 일로 인해서 업무 정지를 하라는 지시를 받았고 급기야는 구속사태로까지 발전했습니다. 정당한 신협 발전을 위한 감사라면 과거에도 받아왔고 또 앞으로도 받겠지만 외세에 의한 감사에 응할 수는 없습니다. 신협운동의 원칙 중에는 "정치로부터 독립해야한다"는 원칙이 있습니다.[77]

신협 실무자 또한 한 달간 검찰청에서 조사를 받았다. 실무자 이신숙은 주말 제외하고 20일 내내 검찰청으로 출퇴근하며 신협 문서에 대한 질문을 받았다고 한다. 그들이 중점에 둔 것은 산선 실무자(목회자)가 "혹시 돈을 빼돌리지 않았을까"였다고 추정한다. 노동운동을 지원하는 "조직의 티끌을 잡아야하는데, 돈을 털면 다 나오지 않을까" 기대했던 것이다.

한 달 간의 조사에도 불구하고 산선 목회자의 신협 재정과 관련된 문제는 발견되지 않았다. 대신 목회자들이 갑근세를 납부하지 않았다는 이유로 135만 원의 세금을 추징했다. 이후 영등포산업개발 신협은 재무부로부터 조합원 명부를 제출하라는 지시가 내려왔다. 산선에서는 이를 노동자 조합원

76 〈1978.3-4월 영등포산업선교 활동보고서〉(1978.5.6.), 《영등포산업선교회 자료집》(Ⅰ), 2020, 364쪽.

77 인용 시, '같읍니다'를 '같습니다' 등으로 현대어 표기법으로 수정하였다.

이 전면 노출되어 탄압 받을 우려가 있다고 판단하였고, 조합원 명단 제출 거부를 둘러싸고 신협연합회와 갈등을 빚었다. 신협과 조지송 목사는 노동자 조합원을 보호하기 위하여 조합원 명단 제출을 거부했고, 재무부는 이를 감사 거부로 보고 신협 인가를 취소했다. 영등포 산선은 인가 취소에 불복하였지만, 결국 자진 해산 형식으로 신협의 인가를 스스로 내려놓았다.

해산이 끝이 아니었다. 조합원들에게 인가 여부는 큰 문제가 아니었다. 노동자 조합원 명단이 외부로 유출되어 탄압을 막는 것이 우선이었고, 결국 "우리 돈"이었기 때문이다. 스스로 해산한지 사흘 후, 신협의 이름이 아닌 다른 금융조직이 결성되었다. 신협은 해산되었지만 노동자들에게는 인가 여부가 중요한 것이 아니었다. 그들은 협동조합을 다시 학습하기 시작했고, 지역 사회와 소외된 이들에게 무엇이 필요한지 조사하여 자신들이 모은 자금을 활용하여 소비자생활협동조합, 의료조합 등을 설립했다.

노동자로 구성된 신협이 안정적으로 성장할 수 있었던 주된 이유는 공동유대와 상호연대를 통한 신뢰였다. 노동자 모임을 통해 형성된 공동유대와 산업선교회라는 조직에 대한 믿음, 그리고 협동조합 원칙을 강조한 교육이 성장의 요소였다. 여성노동자들은 서로에 대한 신뢰trust를 바탕으로 금융기관을 이용하기 어려웠던 시절에 자신들에게 부여되지 않았던 신용을 함께 만들었다. 또한 신협의 주인으로, 협동조합 운영에 자원활동으로 참여하여 신용조직의 확산을 주도했다.

본 연구는 1차 사료가 부족한 상태였지만 면담과 구술 자료를 통해 영등포산업개발 신협의 전개 과정을 대략적으로 밝혀냈다는데 의의가 있다. 특히 당시 은행을 이용하기 어려운 시절에 여성노동자들이 성공적으로 조직하여 운영한 금융기관이라는 점과 노동자들의 회계보조원, 여신위원 등의 참여는 그동안 문서 자료에서 드러나거나 강조되지 않았던 부분이다. 또한 노동자들의 생활을 개선하기 위한 협동운동에 여성노동자들의 저축이 초동자금이 되어 활용되었다는 점도 주목할만하다.

이를 통해 1960~1970년대 영등포지역 노동운동에 참여한 여성들을 운동과 투쟁의 주체라는 관점인 "박정희 정권의 노동정책에 저항한 여성노동자"에서 "개발 독재 시대 1970년대를 온몸으로 살아낸 사람"으로 확장할 수 있는 시작점을 마련하였다.[78] 이는 여성노동자를 한국의 노동조건과 기본권 향상에 기여한 존재로 볼 때, 노동운동의 측면뿐 아니라 금융·주택·소비 등 생활 전반을 협동하여 개선하려한 생활사이사 운동사라는 다층적인 부분을 검토했다는 의미를 갖는다.

후속연구를 통해 이 연구에서 부족한 지점을 보완하고자 한다. 첫째, 생산자조합, 주택조합, 구매조합 등 협동운동의 시도에 관한 구체적인 내용을 파악할 것이다. 둘째, 신용협동조합 해산 과정과 관련한 문서와 경험을 보강하고자 한다. 셋째, 공장새마을운동과 마을금고의 등장이 신협에 미친 영향을 살펴보고자 한다. 이를 통해 본문에서 충분히 검토하지 못한 신협과 여성노동자의 다양한 시도와 경험을 보완할 것이다.

78 2023년 서울역사중점연구 중간연구발표회(2023년 8월 18일) 장숙경 토론문 1쪽.

제 4 장

해방 이후~1970년대 서울지역 미용사 인구의 확대와 노동적 특징

후지타 타다요시 (일본 中央大學 정책문화종합연구소 객원연구원)

1. 머리말

본 연구는 해방 이후부터 1970년대까지를 중심으로 서울의 미용사 노동의 확대 과정과 노동적 성격을 밝히고자 한다. 미용사 노동의 확대 과정은 도시를 중심으로 이루어졌으며 여성의 생활문화, 노동, 교육 등 여러 영역에 걸쳐 전개되었다. 나아가 1980년대에 들어서도 미용사 인구 중 여성 미용사가 80~90%를 차지하고 있을 정도로 미용사는 여성의 노동이었다.[1] 미용사는 전문직이면서 다양한 계층과 연령층의 여성들이 접근 가능한 직종으로 판매직과 함께 서비스직의 주류였다. 지역적으로는 서울의 미용사면허등록자 수가 가장 많았으며 1970년대 말에 전국의 25~30%를 넘어갈 정도로 규모가 컸다.

국가가 추진한 경제개발정책은 수많은 연소 여성들을 노동집약적인 제조업으로 동원하는 한편 그들을 단순 노동력으로만 인식하여 직업훈련제도조차 제대로 정비하지 않았다. 전문직인 미용사나 수출산업의 일역을 담당하는 생산직 노동자나 여성 인력의 양성은 국가의 관심 대상에서 빠져 있었다.[2] 결국 미용사를 비롯한 여성 전문직 양성은 민간 주도로 추진될 수밖에 없었다. 특히 다양한 고객을 품은 소비문화의 중심인 서울지역에서는 미용학교, 즉 고등기술학교, 기술학교, 사설강습소가 밀집해 있었으며 학교의 경영자들 대부분이 여성이었다. 이점은 남성 위주였던 국가 주도의 기술인력 양성 정책과 대조적이었다.

1 〈80年代 여성 유망職種 어떤것이 있나〉, 《매일경제신문》 1985년 8월 29일; 〈여성 資格証시대…"領域이 따로 없다"〉, 《조선일보》 1986년 2월 14일.

2 김춘수, 〈1960~70년대 국가의 여성 배제 전략-기술교육훈련을 중심으로〉, 《역사연구》 12, 2003, 71~72쪽.

여러 분야에서 미용사 노동에 대해 다룬 기존의 연구를 보면 헤어스타일의 변화, 미용기술의 발전, 미용사면허제도의 변천 등 미용학에서 문화사와 제도사로 접근한 연구와 여성학, 사회학, 역사학에서 사회사나 노동사로 분석한 연구로 구분할 수 있다.[3] 미용사 노동은 미용문화, 미용업, 미용학교와 상호작용하면서 확대해 왔으며 이를 이해하기 위해서는 종합적인 검토가 필요하다.[4] 본 연구는 기존의 연구 성과를 바탕으로 서울지역에서 미용사 인구가 어떻게 확대해 왔는지, 그리고 그 노동적 특징이 무엇이었는지 밝히기 위해 복합적인 관점에서 이에 접근하고자 한다.

3 김수정, 《한국미용100년》, 동서교류, 2005; 최은정 외, 〈1940~1950年代 헤어스타일의 변천과 재현에 관한 연구-정화미용고등기술학교 졸업앨범에 수록된 작품제작 중심으로〉, 《정화예술대학 창학 60주년 기념 논총》, 정화예술대학, 2011; 문정은 외, 〈1960~1970년대 국내 헤어스타일 변천 분석 및 작품재연에 관한 연구〉, 앞의 책, 2011; 한국우리머리연구소 외, 《미용문화사》, 도서출판 경춘사, 2016; 김희숙·유송옥, 〈한국 현대여성 헤어스타일 변천과 특징에 관한 연구 (1950~2001년)〉, 《인체예술학회지》 2-2, 2001; 羅允英, 〈한국 여성의 헤어스타일 변천에 관한 연구 -1900년대부터 1990년대를 중심으로-〉 호남대학교 정보산업대학원 석사학위논문, 2001; 李漢雄, 〈韓國 美容師免許制度改善方案에 대한 小考〉, 《대한피부미용교육학술지》 1-1, 2003; 이한웅·이유미, 〈미용사 면허제도 한·일 비교〉, 《대한피부미용학회지》 8-1, 대한피부미용학회, 2010; 김유진, 《이용사 및 미용사의 제도 개선을 위한 입법적 논의》, 국회 법제실, 2007; 김미강, 〈미용사자격 및 면허제도의 문제점에 관한 고찰〉, 《안동과학대학교 논문집》 28, 2006; 김미선, 〈근대적인 '직업여성'의 여성정체성과 직업의식의 형성과정에 관한 연구 - 1세대 미용사 임형선의 구술생애사를 중심으로〉, 《여성과 역사》 10, 2009, 141~186쪽; 김은정, 〈1930-40년대 서비스직 여성의 노동경험을 통한 '직업여성'의 근대적 주체성 형성과 갈등에 관한 연구〉, 《한국사회학》 46-1, 2012.

4 김미선, 《명동 아가씨》, 마음산책, 2012; 김미선, 〈1950~1960년대 여성의 소비문화와 명동(明洞)의 장소성에 관한 연구-양장점과 미장원을 중심으로-〉, 《서울학연구》 46, 2012; 김미송·장미숙, 〈대한민국 미용명장의 생애사 연구-L명장의 사례를 중심으로〉, 《한국미용학회지》 27-2, 2021; 최우영, 〈1960~1980년대 서울 미용사의 일상과 직업정체성의 형성-미용사 한정숙의 구술생애사를 중심으로-〉, 《서울과 역사》 115, 2023.

자료로는 미용업과 미용사 인구를 파악하기 위해 《보건사회통계연보》와 《서울교육통계연보》를 참조한다. 아울러 미용사 양성과정을 파악하기 위해 미용학교 설립인가 신청, 학칙 변경 신청, 학교연혁지 등 미용학교 관계 자료를 살펴본다.[5] 미용사와 미용학원 관계자의 구술과 자서전은 미용사 노동과 미용학교의 실태을 드러내는 자료로 신문, 잡지 등 문서 자료와 함께 활용할 것이다.[6]

본 연구는 미용학교의 명칭을 편의상 고등기술학교와 사설강습소로 구분하여 사용한다. 전자는 문교부와 보건사회부의 지정으로 졸업생에게 미용사면허증을 발급하는 학교였고 후자는 주로 미용사면허시험을 준비하거나 현직 미용사에게 수준 높은 기술을 가르치는 학원과 유사한 것이었다.[7] 미용학교라는 표현은 이 두 개를 통칭할 때만 사용한다.

5 정화예술대학, 《정화미용60년: 학교법인 정화예술대학 60년사(1951~2011)》, 2011.

6 《한국 근현대 미용문화의 대중화와 미용교육확립에 앞장선 예림미용고등기술학교장》 사료계열 COH002_06, 국사편찬위원회 2007년도 수집 구술자료, 2007; 《여성 소비영역 전문직 여성 구술》 사료계열 COH001_25, 국사편찬위원회 2008년도 수집 구술자료, 2008; 《1950-1960년대 서울 명동(明洞)에서의 여성소비문화의 형성과 발전에 관한 연구》 사료계열 COH009_17, 국사편찬위원회 2012년도 수집 구술자료, 2012; 임형선, 이종수, 양충사(구술), 김미선(면담 편집), 《모던걸, 치장[治裝]하다》 구술사료선집 6, 국사편찬위원회, 2008; 김옥진, 《나의 미용 나의 인생》, 도서출판 법한, 1995; 임형선·이종수·양충사(구술), 김미선(면담 편집), 《(구술사료선집 6)모던걸, 치장하다》, 국사편찬위원회, 2008; 김옥진, 《나의 미용 나의 인생》, 1995.

7 강습소 또는 사설강습소라는 명칭은 1957년에 서울시교육위원회에 의해 제정된 〈강습소 규칙〉과 1961년에 문교부에 의해 제정된 〈사설강습소에 관한 법률〉에 나왔으며 그 전시기에도 사설강습소라는 표현이 존재했다. 본 연구는 이에 준하여 고등기술학교와 기술학교 이외의 미용학교를 사설강습소로 표현한다.

2. 미용업과 미용사 노동의 확대와 제도적 배경

20세기에 들어서 제조업, 교통업, 체신, 서비스업 등 근대식 직종과 함께 미용사도 새로운 직업으로 등장했다. 1933년 3월 15일에 오엽주는 서울 종로 화신백화점에 화신미용부를 개업하여 한국인에 의한 미용실의 첫발을 내디뎠다.[8] 그런데 도시에 등장한 파마와 단발을 비롯한 새로운 미용문화는 전통사회에서 이질적인 것으로 인식되었을뿐더러 그 고객층도 부유층, 기생, 일본인, 직업여성 등 특정 계층에 한정되어 있었다.[9] 나아가 1940년 전시체제에서 내려진 사치품금지령에 의해 미용을 비롯한 소비문화는 중단 상태였다.[10]

미용문화는 해방 초기에 다시 활기를 띠게 되는데 파마과 아이론같은 새로운 헤어스타일들이 많은 관심을 받게 되었다. 휴전 이후에도 서양문화의 영향으로 강한 컬의 펌과 염색이 유행했다. 이 시기에도 새로운 헤어스타일 문화에 대한 비판적인 인식도 여전히 남아 있었으나 이전 시대의 일반적이었던 까미 머리나 묶은 머리에서 벗어나 퍼머넌트 웨이브, 헤어 세트, 아이론 웨이브를 이용한 스타일 등 새로운 헤어스타일이 도시에서 확대되어 갔다.[11]

1960년대에는 영국인 비달사순에 의해 전개된 헤어컷 문화와 아울러 성형, 화장품 등 미용문화가 대중화되면서 미용실과 파마 머리가 농촌 여성

8 김수정, 앞의 책, 2005, 106~111쪽.

9 공다해, 〈파마를 통해 본 혼례 전통과 규범의 변화 -한 농촌마을 여성 노인들의 '파마' 기억을 중심으로-〉, 《남도민속연구》 39, 2019, 69~70쪽.

10 김수정, 앞의 책, 2005, 142~151쪽.

11 최은정 외, 앞의 글, 2011; 공다해, 앞의 글, 2019.

들에게까지 보급되었다.[12] 1970년대에 이르러서는 미국과 유럽 등지에서 돌아온 유학파 미용사들이 한국에서 헤어컷 붐을 선도하였다.[13] 이후 헤어컷과 퍼머는 다른 시술들과 구별되었고, '커트의 집'이나 '단발에 집' 같이 특정 기술을 내세운 간판을 건 미용실이 서울 곳곳에 생겼다. 경제성장과 소비문화의 확대에 따라 미용문화가 일상화되고 여성의 취업 기회 확대가 이루어지면서 미용사 노동도 대중화되었다. 그 결과 미용사는 1980년대에 '전통적인 여성의 직업'으로 인식될 정도로 일반적인 직업이 되었다.[14]

1) 미용업소의 확대

해방 이후 새로운 미용문화가 확대됨에 따라 미용실과 미용사 인구도 증가하기 시작했으며 1947년 시점에 미용실의 규모는 해방 전의 10배로 늘어났다. 휴전 이후 1957년 시점에 서울 시내에 729개소였던 미용실의 수는 1960년에 거의 두 배에 가까운 1,402개소까지 증가했고 그후 급속도로 팽창해 갔다.[15]

〈표 1〉이 보여주듯 전국의 미용실 중 25%가 서울에 집중되어 있었다. 서울 시내 상황을 보면 영등포, 동대문, 성동, 일대를 비롯한 여성노동자 인구가 많은 지역에 대다수의 미용실이 영업하고 있었고 1980년대 이후에 강남 일대에도 증가하기 시작했다. 새로 개업한 미용실은 대부분 5평 정도

12 朴東銀, 〈巡廻美容師 李玉吉〉, 《신동아》 30, 1967, 335~337쪽.

13 김수정, 앞의 책, 2005, 260~264쪽.

14 〈女性기능직 領域이 넓어진다〉, 《每日經濟新聞》 1985년 5월 16일; 〈80年代 여성 유망職種 어떤것이 있나〉, 《每日經濟新聞》, 1985년 8월 29일; 〈여성 資格証시대…"領域이 따로 없다"〉, 《조선일보》 1986년 2월 14일.

15 〈자라가는 우리 여성 數字로 본 躍進實態(22) 美容師數는 約千名! 月收入은 平均五千圓가량〉, 《여성신문》 1947년 6월 29일; 서울특별시, 《서울統計年報》, 1961, 185쪽.

〈표 1〉 1965~1985년 서울시 지역별 미용업소 규모의 추이 (단위: 개소)

지역/연도	1965년	1975년	1980년	1985년
전국	10,910	16,330	23,069	42,081
서울시 합계	2,704	5,428	7,507	12,100
종로구	263	380	363	414
중구	260	417	440	547
동대문구	342	547	781	1,243
성동구	309	455	626	910
성북구	318	514	517	672
남대문구	310			
마포구	209	348	487	606
용산구	294	273	297	440
영등포구	399	618	391	688
서대문구		666	439	555
도봉구		480	567	926
관악구		579	442	675
강남구		151	312	737
강서구			398	859
은평구			364	476
강동구			309	974
구로구			462	910
동작구			312	468

출처: 보건사회부, 《보건사회통계연보》 (각 연도); 서울특별시, 《서울통계연보》 (각 연도).

의 소규모였으며 개인이 적은 비용으로 개업 및 운영할 수 있다는 미용업의 특징을 드러내고 있다. 미용실의 양적 확대에 따라 미용실의 이용이 대중화되었고 미용사에 대한 수요의 증가도 이와 직결되었을 것이다. 해방 직후에도 미용실의 이용객들은 일제강점기와 마찬가지로 일부 계층의 여성에 한정되어 있었으나 6·25전쟁과 수복기를 거치며, 1960년대에 파마 문화의 발전과 함께 미용실은 대중 여성들에게도 일상적인 공간으로 자리 잡기 시작했다.[16] 1960년대 후반에 농촌까지 순회 미용사가 드나들었던 상황에 비추어 봐도 미용사에게 머리를 맡기는 것은 여성들의 중요한 생활문화가 되었음을 가늠해 볼 수 있다.[17]

1970년대 중반 발간된 신문과 잡지에 미용실의 개업을 주부의 '부업'으로 소개하는 기사가 실리기도 했다.[18] 이 담론들은 미용실 개업은 다른 업종보다 소액의 초기비용으로 가능하기에 주부도 충분히 미용실을 운영할 수 있다는 점을 주장했다. 가정 경제를 이끌어가야 했던 여성에게 안정된 수익을 기대할 수 있는 미용실 개업은 더 바랄 나위가 없는 기회였다. 그 당시 미용실 개업은 담론에서 부업으로 소개되었으나 사실상 여성에게는 주업이나 다름없었다.

그런데 현역 미용사에게조차 개업은 쉬운 선택이 아니었으며 1970년대 후반에 개업한 미용사는 전체의 27%에 불과했다.[19] 미용실의 개업은 작은 자본으로 가능하다고 소개되어 있으나 당연히 최소한의 자금 마련이 필요했고 임금 문제 때문에 가족 경영으로 출발하거나 어렵게 빚을 내기도 하였다. 이러한 모험에도 불구하고 가정 생계를 위해 미용실의 개업을 선택했던 것은 그 정도로 미용업의 사업적인 가능성이 컸다는 것일 수도 있다. 특

16 김수정, 앞의 책, 2005, 260~264쪽.

17 朴東銀, 앞의 글, 1967.

18 〈소자본開店 가이드 (29) 美粧院〉, 《매일경제》 1973년 1월 9일; 〈主婦가 할 수 있는 小資本開業成功秘法〉, 《女苑》 7-6, 1977, 332~350쪽; 〈主婦 經營記(2) 美容室 洪誠希씨〉, 《매일경제》 1976년 4월 19일; 〈美容室 資格證따야 開業-목좋으면 月收40萬원〉, 《京鄉新聞》 1981년 7월 16일.

19 〈女性의알뜰企業 미용실 朴菜純씨〉, 《조선일보》 1974년 2월 23일.

히 서울을 비롯한 도시부에서는 높은 인구 밀도와 미용 문화가 대중화되면서 미용실의 고객층도 다양해졌기 때문에 미용실 경영은 주부들에게도 도전해 볼 만한 것이 되었다.

2) 미용사 인구의 증가

해방 초기에 1,000명이 넘는 미용사가 도시를 중심으로 활동하고 있었으며 그 절반 이상인 569명이 서울에 있었다.[20] 그 후 미용사 인구는 선생 수복기에 급증하여 서울의 미용사 등록자는 전체 20~30% 수준을 차지했다.[21] 1955~1981년 미용사면허 등록자의 추이를 살펴보면 〈표 2〉와 같다.

〈표 2〉 미용사면허 등록자 상황 (단위: 명)

연도	전국			서울		
	총계	지정 양성소 졸업	시험 합격	총계	지정 양성소 졸업	시험 합격
1955	3,772	771	3,001	457	0	457
1960	16,487	8,745	7,742	5,003	3,521	1,482
1966	36,935	18,067	18,868	8,999	4,481	4,518
1970	47,720	25,401	22,319	13,187	7,348	5,839
1975	59,537	29,090	30,447	18,163	10,986	7,177
1981	87,909			30,871		

출처: 보건사회부, 《보건사회통계연보》 (각 연도)
비고: 연도에 따라 원본 자료의 오류가 있거나 조사 방법이 변경된 관계로 일부 내용 중 불분명한 부분이 있다. 공백 부분은 자료에 해당 내용이 존재하지 않다. 1965년도와 1980년도 통계에 지역별 미용사면허등록 상황에 대한 기재가 없는 관계로 1966년도와 1981년도 통계를 넣었다.
지정 양성소는 문교부와 보건사회부가 지정한 고등기술학교를 뜻한다.

20 〈자라가는 우리 여성 數字로 본 躍進實態(22) 美容師數는 約千名! 月收入은 平均五千圓가량〉, 《여성신문》 1947년 6월 29일.

21 保健社會部, 《保健社會統計年報》, 1960, 157쪽.

1955년 미용사면허 등록자는 전국 3,772명, 서울시 등록자는 457명이었으나, 1960년에는 전국 등록자가 1만 6,487명, 서울시 등록자가 5,003명을 차지했다. 이후 1970년에는 전국 4만 7,720명, 서울시 1만 3,187명, 1981년에는 각각 8만 7,909명, 3만 871명으로 계속 급증했다. 면허시험제도 시행 초기에는 양성소가 설치된 지역이 제한적이어서 대부분 시험을 통한 면허취득이 많았으나, 경제부흥이 진행되던 1950년대 후반경에는 양성소 출신 면허취득자가 시험을 통한 면허취득자 수를 넘어섰다.

특히 도시 지역에서는 시험으로 면허를 취득한 사람보다 지정 양성소 졸업으로 면허를 취득한 사람이 많았고, 서울, 경북, 경남, 전남 지역에서는 전체의 절반 이상이 고등기술학교를 비롯한 지정 양성소를 통해 면허를 취득했던 것으로 나타났다. 서울을 비롯한 도시에서는 그만큼 지정 양성소인 고등기술학교의 역할이 컸던 것으로 가늠해 볼 수 있다. 미용실 근무 경력이나 사설강습소를 거쳐 시험에 응시하는 것이 일반적이었던 지방 사회와 달리 고등기술학교가 설치된 주요 도시의 특징이라고 할 수 있다. 그러던 중 서울에서도 1960년대 중반부터 1980년대까지 사설강습소가 미용사 양성에 결정적인 역할을 하게 되었고, 미용사면허 취득자 중 사설강습소에 안 다니고 미용실에서 보조로 오래 일한 후에 미용사가 된 여성들도 적지 않았다.[22]

미용사 인구의 증가는 여성의 직업 진출 양상에의 중요한 변화를 드러내고 있다. 1963년에 여성 취업자는 약 267만 4,000명이었고 이중 농업 종사자가 183만 명을 차지했다. 그 후에 수출주도형 산업정책에 의해 제조업

22 김수정, 앞의 책, 2005, 257쪽; 김수정은 1970년대에도 미용사가 되는 경로로 미용실 보조원이 자격을 취득하는 게 주류였다고 설명하고 있다. 1973년에 실시된 마포구의 미용실에 대한 조사 결과에 따르면 대상자 208명 중 76명이 면허증 미소지자였다(梁光熙, 〈美容師의 家族計劃에 關한 知識·態度·實踐 및 코뮤니케이션에 대한 硏究〉, 《公衆保健雜誌》 10-2, 1973, 219쪽). 이점은 등록자 규모의 추이와 다소 어긋난 것처럼 보인다. 추후 연구를 통해 이점을 검증해 본다.

을 중심으로 비농업 부문에 종사하는 여성이 급증하여 18만 6,000여 명이었던 2차 산업 종사자는 1980년까지 117만 8,000명으로 늘어났다. 한편 산업구조 전환과 경제발전에 따라 사무직, 판매직, 서비스직에서 여성 취업이 확대되어 갔다.

취업자의 연령 구성을 보면 제조업과 사무직에서 미혼자가 각각 71.8%, 89.9%였던 것에 비해 판매직과 서비스직은 기혼 여성의 비중이 높았다. 그 전에도 판매직에서 미혼여성이 10%대였던 한편 서비스직에서는 1970년에서 1980년까지 미혼자가 58.7%에서 37.3%로 감소하고 미망인을 포함한 기혼자가 31.5%에서 57.9%로 증가했다.[23] 기혼자 비중의 증가는 서비스직에만 현저하게 나타난 현상이었다. 이점은 미용업과 미용사 인구 확대와도 연관된 것으로 해석할 수 있는데, 기혼여성을 포함한 여러 연령층의 여성이 미용사로 (재)취업한 시기와 일치하기 때문이다.

3) 미용사 자격제도와 미용사 등록자 규모의 추이

해방 초기에는 미용학교를 졸업하지 않고 미용실에 근무하면서 미용사가 되는 사람들도 적지 않았다. 그러나 학원을 나오지 않고 무허가로 근무하거나 기술적으로 미숙한 미용사들이 증가함에 따라 미용실 운영에 장애가 발생할 수도 있다는 우려가 제기되었다. 서울시는 이 문제에 대처하기 위해 사회국 위생과가 담당하여 자격제도를 마련하고 1948년 9월 21일에 최초로 미용사자격시험을 실시했다. 도입 초기의 응시자는 120~150명이었으며 미용실 경영자나 종업원인 기혼 여성이 많았다.[24]

23 탁희준, 〈한국여성과 인력활용〉, 《여성연구》 4-3, 1986, 77~80쪽.

24 〈美容師에도 試驗制實施〉, 《平和日報》 1948년 8월 12일; 〈市의 美容師試驗에 家庭婦人이太半 職場에反映된 生活難〉, 《自由新聞》 1949년 11월 1일; 〈美容師試驗進行〉, 《부인신문》 1950년 5월 17일; 〈家庭婦人進出이 現著 美容師資格試驗實施〉, 《聯合新聞》 1950년 5월 18일.

시험 내용은 미용에 대한 실기기술과 해부, 생리, 위생 및 전염성 질병의 대응, 소독법, 서울시 미용업에 관한 법령, 구술시험, 신체검사로 구성되어 있었다.[25] 1950년 4월 시점에서 시험 과목으로 약제 정리와 관계 법령이 추가되었다.[26] 응시 자격은 만18세 이상의 여성으로 미용업 종사 경력 2년 이상이거나 미용학원 졸업자, 미용실 운영자 중 자격증이 없는 자로 지정되어 있었다.[27]

1951년에 고등기술학교가 제도화되었고 이후 1961년 12월 5일에 공포된 〈이용사 및 미용사법〉(법률 제798호)이 미용사자격에 대한 법적 근거가 되었다. 이 법에 따르면 미용사가 될 수 있는 자격은 세 가지로 규정되며 그중 두 가지가 실질적으로 운영되었다.[28] 시험을 거치지 않고 미용사자격을 받을 수 있는 경로로 고등기술학교 졸업자와 외국의 미용사면허 소지자가 추가되었다. 전자는 보건사회부 장관이 지정한 고등기술학교에서 1년 이상 소정의 과정을 이수한 자, 외국에서 미용사면허를 취득한 자로서 보건사회부 장관에서 인정받은 자이고 후자는 미용사 자격시험에 합격한 자였다.[29] 자격시험은 1962년 5월 19일에 공포된 〈이용사 및 미용사법 시행 규칙〉(보건사회부령 제81호)에 따라 재규정되었다. 학과 시험은 '위생법규', '소독법', '공중위생학', '생리해부(피부과학을 포함)', '물리 및 화학(화장품 화학, 이용 또는 미

25 《官報》 46, 大韓民國政府公報處, 1949년 3월 26일.

26 〈美容師資格試驗〉, 《聯合新聞》 1950년 4월 16일; 《官報》 329, 大韓民國政府公報處, 1950년 4월 17일.

27 《官報》 46, 大韓民國政府公報處, 1949년 3월 26일.

28 동법 제3조에 〈保健社會部長官이 指定하는 養成機關에서 2年以上 所定의 課程을 修了한 者〉도 미용사 자격으로 규정되어 있으나 이 조항에 있는 '양성기관'은 설립되지 않은 채 1976년에 법 개정으로 삭제되었다(이한웅·이유미, 앞의 글, 2010, 280쪽; 李漢雄, 앞의 글, 2003, 46쪽). 《官報》 7538, 총무처, 1976년 12월 31일, 90~91쪽.

29 《官報》 3017, 공보부, 1961년 12월 5일; 이한웅·이유미, 앞의 글, 2010, 275~277쪽.

용에 관한 부분에 한함)', '이용 또는 미용이론'으로 규정되고 실기시험은 '이용 또는 미용의 기초적 기술', '소독약의 취급', '이용 또는 미용을 할 때의 위생상의 조치'로 규정되었다.[30] 실제로 1960년에 실시된 시험의 실기과목은 '아이롱', '세트', '화장'으로 구성되었고 구술시험도 실시되었다.[31] 1962년 이후 실기시험에 '소독약의 취급'과 '위생상의 처지'가 추가되었다.[32] 응시자격 또한 계속 개정되어 갔다.[33] 1960년까지 만18세 이상만 응시 가능했던 규정이 개정되며 미용학원 6개월 수료 후 6개월 이상 미용실에서 근무한 여성 또는 미용학원에 다니지 않고 국민학교 졸업 이상인 자로 미용실에서 3년 이상 근무하고 미용실을 운영하고 인정을 받은 여성에게 시험 응시 자격이 주어졌다. 1965년 이후 여성에 한정되어 있었던 응시자격은 폐지되며 성별의 제한이 없어졌다. 1976년에 상술한 응시자격이 모두 폐지되고 만 13세 이상의 남녀로 개정되었다.

미용사로 취업하는 조건은 미용기술의 습득과 면허증의 취득이었다. 따라서 대부분의 미용사 지망자는 면허증을 받기 위해서 미용학교에 다니고 기술을 배울 수밖에 없었다. 이러한 사정으로 미용학교는 미용사 양성에 있어

30 《官報》 호외, 공보부, 1962년 5월 29일, 1~5쪽.

31 〈제13회 이발사 및 미용사 자격시험 실시에 관한 건〉, 《공고(제298호~제326호)》, 서울특별시 내무국 시민과, 1960년 8월 8일.

32 〈제15회 이용사 및 미용사 자격시험 실시〉, 《공고(제684호~제803호)》, 서울특별시 내무국 시민과, 1962년 9월 20일.

33 〈제13회 이발사 및 미용사 자격시험 실시에 관한 건〉, 《공고(제298호~제326호)》, 서울특별시 내무국 시민과, 1960년 8월 8일; 〈제14회 이발사 및 미용사 자격시험 실시〉, 《공고(제400호~제443호)》, 서울특별시 내무국 시민과, 1961년 9월 18일; 〈제19회(65년도) 이용사 및 미용사 자격시험 실시〉, 《공고(제107호~제177호)》, 서울특별시 내무국 시민과, 1965년 9월 18일; 〈1976년도 이용사 및 미용사 자격시험 실시〉, 《공고(제48호~제70호)》, 서울특별시 내무국 시민과, 1976년 3월 16일.

서 핵심이었을뿐더러 미용업과 미용사 인구가 확대되는 조건이기도 했다. 이 점은 같은 여성의 전문직으로 면허제도가 없고 인재양성의 중심이 작업장이었던 양재기술자의 경우와 크게 달랐다. 양재기술은 기술학교에 다니지 않더라도 취업한 양장점에서 배워 습득할 수 있었다.[34] 따라서 양장기술자 지망자는 현장 투입을 위한 자격 준비를 따로 할 필요가 없었고 양장점 경영자로서는 그들에게 기술을 가르치는 것이 가게를 위해 필요했기 때문에 이러한 훈련 방식이 유지되었다. 즉, 미용사의 경우 양성기관인 미용학교와 전문성을 보장하는 면허제도가 취업 과정에 밀접히 연결되어 있었다는 것이다.

3. 미용사의 배경과 노동적 특징

1) 미용사의 배경

해방 전후 시기의 미용사는 비교적 높은 학력 수준을 가진 여성들이었다. 화신미용부 근무를 거쳐 예림미용학원을 설립한 임형선은 창신공립보통학교를 졸업했고 정화미용학교를 창립한 권정희 역시 경성여자상업학교와 일본 후지미고등여학교를 졸업한 후 데르미미용과학연구소 미용기술전공과를 수료했다.[35] 허바허바미용실, 라라미용실, YMCA미용실을 개업한 김옥진도 일본 와카바고등여학교와 제국여자전문학교를 졸업하여 해방 이후에 서울 소정미용학원에서 미용기술을 습득했다.[36] 해방 초기 미용학원의

34 김미선, 〈한국전쟁 이후 '여성의 경제(Female Economy)'의 형성: 양장점 운영을 중심으로〉《한국여성학》 38-1, 2022, 162~164쪽.

35 김미선, 앞의 글, 2009, 149쪽; 정화예술대학, 앞의 책, 2011, 36~39쪽.

36 김옥진, 앞의 책, 1995, 24~39쪽.

입소 자격에도 국민학교나 중학교 졸업 이상이었고 미용사자격시험 응시와 고등기술학교 입학에도 이와 동등한 학력 수준이 필요했다.[37]

1950년대에서 1960년대까지 여성 취업자는 대부분 농업에 종사하고 있었으나 도시부에서 경제활동에 참여하는 여성이 이전 시기에 비해 증가하면서 소비재 경공업 생산직·판매직·서비스직 등 농업 부문 이외에서 여성노동자가 증가했다.[38] 미용업 역시 도시 저소득층·미망인·직장인·중학교 졸업생 등 여러 계층의 여성들이 들어오기 시작했다.[39] 1960년대에 들어서 경제개발, 도시 소비문화의 확대 등 사회경제가 변화됨에 따라 더욱 많은 여성이 도시에서 경제활동에 참여하게 되었으며 미용업에 접근할 수 있게 되었다.

1970년대 전후에 미용사로 취업한 어느 여성은 사실은 고등학교 진학을 바랐으나 집안 형편으로 인해 중학교 졸업 후에 고등기술학교로 진학하여 기술자의 길을 택했다.

> 기술을 배우겠다고 마음 먹고 이 일을 시작한지 2년만에 나는 어엿한 사회인으로서 나의 가정을 이끌어갈 수 있었고 대학을 졸업하고 직장생활을 하는 큰 오빠에 못지않는 경제적인 능력도 갖출 수 있게 되었다. 고등학교 다닌 3년으로 계산해두 무척 큰 수확이었다고 행복해했다.[40]

37 예컨대 소장미용학원의 응모자격을 보면 기초 예과가 국민학교 졸업이고 본과는 중학교 졸업이었다(〈美容學生募集〉, 《조선일보》 1948년 9월 30일).

38 강이수, 《한국 근현대 여성노동: 변화와 정체성》, 문화과학사, 2011, 298쪽.

39 임형선·이종수·양충사(구술), 김미선(면담 편집), 앞의 책, 2008, 139쪽.

40 李東旭 편, 《직장여성의 手帖》 (여성동아 7월호 별책부록), 동아일보사, 1975, 163쪽; 이 이유 때문인지 확실하지 않으나 미용업계에는 퇴직금이 없다(〈職業女性의 明闇(2) 美容師〉, 《동아일보》 1969년 4월 17일).

이후, 그녀는 고등기술학교를 마치고 학교의 추천으로 취업한 미용실에서 3년 동안 근무한 후 자연스럽게 독립했으며, 기술을 배우고 경제적으로 자립한 자신을 자랑스럽게 생각하고 있었다. 1967년 시점에 서울의 미용사는 20대의 미혼 여성이 큰 비중을 차지했고 다음으로 후기 중등학교인 고등기술학교나 고등학교 졸업자가 많았다.[41] 그중에는 경제적인 사정으로 상급학교로 진학하지 못한 여성이 적지 않았으나 어린 시절부터 미용업에 대한 동경심을 가지고 미용사가 되기를 꿈꾸었던 젊은 여성들도 분명 존재했다.[42]

경제적 자립을 중요하게 여기고 있었던 것은 기혼 여성도 마찬가지였다. 1960년대 후반에 《여성동아》가 결혼한 여성에게 재취업 직종으로 가정부, 화장품 판매원, 보험회사 외무원, 호텔 청소부, 교정원, 인형 제작공과 함께 미용사를 소개했다.[43] 이 기사는 기혼 여성은 미혼 여성에 비해 직업을 구하기가 어려워지며 재취업하기 위해서는 단순 노동직에 들어가거나 기술을 습득해야 좋은 조건으로 직업을 구할 수 있다는 점을 지적했다. 재취업의 기회와 직종이 크게 한정된 기혼 여성들에게 미용사는 결혼한 후에도 전문직으로 나아갈 수 있는 직업이자 평생직장으로 '살림의 밑천'을 확보할 수 있는 유망한 직종이었다.[44]

소비 풍조가 고조되어 간 1970년대 초반 이후 미용실을 찾아오는 여성

41 〈美容師들의 實態〉, 《동아일보》 1967년 12월 21일.

42 李德姬, 〈어느 한국여성의 하루⑪ 머리 만지는 미술사-美容師 崔仙永양〉, 《여성동아》 102, 1976, 291쪽.

43 金炯秀, 〈主婦의 再就業〉, 《여성동아》 10, 1968, 414~418쪽.

44 김미선, 앞의 책, 2012, 128~132, 150~151쪽; 〈美容師들의 實態〉, 《동아일보》 1967년 12월 21일.

들이 계속 늘어나면서 미용사 노동에 대한 수요는 심각한 노동력 부족을 초래할 정도로 높아지고 있었다.[45] 이러한 상황에서 주부를 미용사로 활용하는 분위기가 고조돼 갔던 것으로 보인다. 실제 사설강습소에서 수강생 전체 중 3분의 1 이상이 자녀를 가진 주부였다는 보고가 있을 정도로 미용사가 되고자 하는 주부가 많아졌다.

2) 미용사 노동의 환경과 노동의 특징

기술직이 그렇듯 미용사 역시 기술을 갖추고 독립하기까지 수년 동안 몇 단계의 숙련 기간을 거쳐야 하는 직업이다.[46] 미용사는 1년의 견습 기간 동안 청소, 잔심부름 등의 잡무를 하게 된다. 해방 초기부터 1950년대까지 기간에는 임금이 거의 없었으나 1970년대 말에는 정식 미용사의 15~20%를 받고 있었고 임금 대신에 숙식을 제공해 준 미용실도 있었다. 견습의 다음 단계로 보조 기간 1년을 겪게 된다. 보조 미용사는 고객의 머리 말려 주기, 퍼머넌트 말아주기, 어린 고객의 헤어컷 등 기술적인 작업을 시작하고 급여도 약간 올라간다. 경력이 3년 정도 쌓이면 준미용사가 된다. 이들은 아이롱, 마사지, 화장 등 본격적인 미용 시술을 맡게 되며 팁을 얻을 수 있고 이때까지 숙식도 제공되었다. 이 과정을 거친 후에 전반적인 미용 시술을 담당하는 정식 미용사가 될 수 있으며 여기까지 4년 이상이 소요된다. 서울의 유명 미용실과 변두리의 소규모 미용실에서는 이 과정에 다소 차이가 있었다. 변두리 미용실은 보조 기간부터 준미용사와 비슷한 시술이 시

45 그 원인을 미용 산업이 발달한 만큼 미용사의 노동 조건은 개선되지 않았기 때문이라고 추측하는 의견도 있었다(李玹姬, 〈女性職業入⑦ 미용사-자격증 따기 쉽고 소자본 개업〉, 《여성동아》 141, 1979, 338~342쪽).

46 李玹姬, 앞의 글, 1979, 340~342쪽.

작되고 준미용사 단계에서 독립 미용사가 된다. 유명 미용실은 정식 미용사를 커트, 마사지 등 전문 분야별로 배치하여 우대하기도 했다.

그러면 이러한 과정을 겪은 미용사의 노동 상황은 어떠한 것이었을까. 1964년 2월 4일 《동아일보》 기사는 명동 루비미용실 미용사의 노동 환경을 다음과 같이 소개했다.

> 출근 8시 30분에 퇴근은 저녁 7시. 다른 변두리 미장원에서는 거의 퇴근 시간 없이 손님들이 찾아오는 대로 일하게 되는데 明洞에 있는 이곳에서는 그럴 필요 없이 출퇴근 시간을 엄수하고 있다. 아침에 찾아오는 손님들은 대부분이 공무원 생활을 하는 여사무원들, 낮에는 가정주부들과 여학생, 저녁엔 〈빠〉 등에 나가서 일하고 있는 여성과 방금 연애에 빠져 있는 여성들이 많이 들른다.[47]

우선 미용사 노동의 특징은 하루에 10시간을 넘는 육체 노동적 측면과 다양한 고객층을 상대해야 하는 정신 노동적인 측면을 동시에 가지고 있음을 들 수 있다. 상술한 조사에서도 미용사 300명 중 26%가 휴식 2시간을 포함하여 하루에 11~12시간을 근무하고 있다는 실태를 밝히고 있다.[48] 여성노동자가 많은 동대문 주변에 어느 미용실은 퇴근한 후에 방문하는 손님들이 있는 관계로 통근 직전까지 문을 열어야 하기도 했다. 이러한 환경으로 인하여 많은 미용사가 일종의 직업병처럼 만성적인 각부 신경통과 위통에 시달리고 있었다.[49] 게다가 파마액을 비롯한 시술 약품으로

47 〈職業女性의 哀歡(6) 미용사〉, 《동아일보》 1964년 2월 5일.

48 〈美容師들의 實態〉, 《동아일보》 1967년 12월 21일.

49 최우영, 앞의 글, 208~211쪽.

인해 일상생활에 평생 지장이 있을 정도로 손가락이 손상되는 등 미용사는 건강문제에 시달렸다.[50] 이와 더불어 조사된 미용실 중 64%가 종업원을 위한 탈의실을 마련하지 않았고 43%의 미용사가 미용실 내에서 숙식까지 하는 상태였다. 이처럼 일부 미용실을 제외하고 대체로 노동 환경은 좋은 편이 아니었다. 상술한 것처럼 미용사는 1970년대에 주부에게 유망한 '부업'으로 소개되었으나 미용실을 비롯한 자영업 개업은 가사·육아와 병행해야 하는 여성으로서는 큰 부담을 안고 가야 하는 것이었다.[51]

대규모 미용실의 정식 미용사 역시 하루에 20명이 넘는 손님을 받았기 때문에 거의 휴식 시간 없이 하루 종일 서 있는 것이 일상이었다. YMCA 미용사 최선영도 오후 8시를 넘어도 퇴근하지 못하고 "아아, 오늘은 하루 종일 한번 앉아보지도 못했다. 다리가 옥신거리고 입속이 다 마르는 것 같다. 배도 고프다"고 속으로 외칠 정도로 큰 신체적인 피로를 느끼고 있었다.[52] 미용사 최선영은 1970년 기능올림픽 서울예선 1등과 1971년 미용사중앙회 주최 IBS 헤어쇼에서 3등에 입상한 일류 미용사였다. 고객층이 많은 미용실일수록 미용사의 건강문제는 더욱 심각했을 수도 있다는 점을 가늠해 볼 수 있다.

이러한 열악한 노동 환경 때문인지 1960년대에서 1970년대 초반에 미용사의 이직률은 높았다. 1973년에 마포구 소재의 미용실을 대상으로 실시된 조사에 따르면 미용사의 종사 경력은 평균 6년이었고 조사 대상자 208명 중 97명이 7년에서 10년 이상의 경력자이었다. 한편 미용사는 높은 이

50 대구여성가족재단, 《(대구여성 생애 구술사 05) 대구 패션 미용 여성》, 2018, 212쪽.

51 김미선, 〈한국전쟁 이후 '여성의 경제(Female Economy)'의 형성: 양장점 운영을 중심으로〉, 《한국여성학》 38-1, 2022, 161~162쪽.

52 李德姬, 앞의 글, 1976, 293쪽.

직률을 보여주기도 했다. 1년에서 3년 이내에 업소를 떠난 비율이 82.2%를 기록했다는 사실에 비추어 볼 때 미용사는 같은 업소에 머물지 않고 1~3년마다 작업장을 옮겨가는 유동적인 직종이었다.[53] 앞에서 설명하듯이 미용기술은 그 성격상 기술을 습득하기 위해서 많은 시간이 필요했다. 이러한 사정 때문에 미용사가 되기 전에 포기한 여성도 많았다.[54] 취업한 후에도 2년에서 3년에 걸친 긴 연습 기간, 열악한 직업 환경, 저임금 등 여러 관문을 통과한 여성만 독립된 미용사가 될 수 있었다는 점도 높은 이직률의 요인이었을 수 있다. 사실 1970년대 이전에는 미용사 중 미혼자가 많았으며 결혼 퇴직을 바라는 미용사도 적지 않았다.[55]

미용사의 수입은 미용실마다 편차가 있었으며 1960년대에는 일당 300~1,500원 정도로 월평균 5,000원이었고 이는 부수입인 '팁'을 포함한 것이었다.[56] 위의 조사 결과에 따르면 조사 대상자 300명 중 20%가 봉급의 두세 배가 되는 '팁'을 받고 있을 정도로 부수입의 비중이 높았다. 서울 중심가나 호텔의 미용실들은 전신 마사지, 매니큐어 등 모든 서비스를 포함하여 한 번에 4,000~5,000원을 받았고 부유층의 주부, 접대부, 배우 등 고액의 '팁'을 주는 고객층을 확보하고 있었던 관계로 미용사의 수입도 높았다. 그러나 '팁'을 받지 못하는 미용사가 34%에 달했던 것도 사실이며 변두리의 미용실은 부수입을 기대할 수 없었기 때문에 봉급을 높게 쳐줬음에도 유명 미용실의 보수보다 낮을 수밖에 없었다. 많은 손님이 찾아오는 유명 미

53 梁光熙, 앞의 글, 1973, 218쪽.

54 김수정, 앞의 책, 2005, 188·255~258쪽.

55 〈美容師들의 實態〉, 《동아일보》 1967년 12월 21일.

56 〈美容師들의 實態〉, 《동아일보》 1967년 12월 21일; 《京鄕新聞》 1968년 8월 19일; 이승혜, 〈美容産業의 現況〉, 《世代》 43, 1967, 147쪽.

용실에서는 정식 미용사도 다수 근무했고 그들을 놓치지 않기 위해 대우도 좋았다.

1970년 시점에 미용사의 월평균 임금은 1만 890원이었다. 이것은 평균 1만 8,427원이었던 사무직이나 3만 7,200원이었던 교사에 비하면 낮은 수준이었으나 대부분 1만 원 이하였던 제조업보다 다소 높은 수준이었다.[57]

1970년대 중반에는 이전 시기에 비해 대우가 나아졌으며 미용실들은 노동 시간을 준수하고 봉급도 보조 미용사에게 5,000원, 3~4년 정도 경험을 가진 미용사에게 2만 원 이상, 기술에 따라 10만 원 이상을 제공하기도 했다.[58] 미용실 개업시 예상되는 매상은 하루 20~30명의 고객을 받고 월 25일 영업할 경우 50~75만 원 정도가 될 거라고 소개하는 기사가 있다.[59] 이 금액에서 임대료, 재료비, 종업원 급여 등 필요 경비를 제외한 수익은 미용실마다 차이가 있었겠으나 위의 기사에도 드러나듯이 수익성 자체에 대한 기대는 높았을 것으로 보인다. 단, 미용사 노동에 퇴직금이라는 개념은 존재하지 않았다.

유명 미용실에서는 수입뿐만이 아니라 본인의 기술을 발전시키는 기회도 많았으므로 중심가에 있는 미용실에 취업을 희망하는 미용사가 많았다. 1960년대 후반에 예림미용고등기술학교 교사였던 전숙재 역시 미용기술 연마의 중요성을 인식하며 미용사를 꿈꾸는 졸업생들에게 이를 강조했다.

57 勞動廳-婦女少年擔當官室,《勤勞女性 現況》(勤勞女性資料 1), 1972, 49~51쪽.

58 〈이런 職業 〈27〉 美容師〉,《동아일보》 1976년 11월 23일.

59 〈主婦가 할 수 있는 小資本開業成功秘法〉,《女苑》 7-6, 1977, 346쪽; 李玹姬, 앞의 글, 340쪽.

그래서 저는 되도록이면 큰 데다가 취업시킬려고. 나아가 어리기 때문에, 5년 쯤 고생해도 되잖아요. 예, 변두리로 가면은 한 3년만 고생해도 미용사가 되겠지만, 내 생각에는 얘네가 나이가 어리기 때문에 큰물에서 놀아야 된다고 생각을 해서 큰 미용실에다가 취업을 시켜주고 그랬어요. 그러면은 그들이 몇 년만 지나면은 나보다 뭐 열배는 미용기술이 있잖아요. …(중략)… 그러면 어떤 졸업생은 선생님 정말 와서 선생님 요새는 이거 이렇게 해요 날 가르쳐주더라구.[60]

실제로 30명이 넘은 미용사를 고용한 미용실들은 소속 미용사에 대한 교육에도 힘 쓰고 있었다. 예컨대 종로 YMCA미용실은 월 2회 조례를 가져 새로운 기술, 해외 패션계의 동향을 살피고, 이에 대해 원장인 김진옥의 견해와 소속 미용사들의 질문과 견해, 새로 생각한 헤어스타일 등 정보와 의견을 교환하는 시간을 가졌다.[61] 손님을 하루 평균 150명 이상을 받았던 YMCA미용실처럼 대규모 미용실의 미용사들은 학생, 주부, 직장인 등 다양한 고객을 받을 때 그들의 요구에 대응할 수 있도록 늘 유행에 민감해야 하고 기술과 감각을 탐구해야 했다. 다르게 말하자면 미용사는 고객을 직접 대면한다는 점에서 기술직일 뿐 아니라 서비스직의 성격이 강한 노동이었고 고객을 만족시키기 위해 고객의 "기분"에 크게 신경을 써야만 했다.[62] 그만큼 서울 중심지역의 미용실에 근무하는 미용사들은 '서비스의 질'이라는 차원에서 자신의 직업에 대해 긍지를 느낄 지점이 많았던 것처럼 보인다.

60 전숙재(구술), 김미선(면담), 《여성 소비영역 전문직 여성 구술(국사편찬위원회 사료번호: OH_08_010_전숙재_11)》, 2008, 39쪽.

61 李德姬, 앞의 글, 1976, 290~291쪽.

62 최우영, 앞의 글, 2023, 216~217쪽.

그런데 노동 시간과 휴일, 소규모 미용실의 임금이나 작업 환경 등 미용사의 노동 조건을 개선하기 위해 미용사들은 왜 아무런 행동도 하지 않았던 것일까. 그 당시의 언론에는 미용사에 의한 노동운동은 나타나지 않았으나 미용사가 노동 문제를 제기하거나 노조를 결성하는 움직임은 있었던 모양이다. 1950년대 중반에 《조선일보》의 '독자의 소리'란에 어느 미용사가 휴일, 직업 환경, 노동 시간, 임금 등 대우 개선을 요구하는 목소리를 냈다. 그것은 서울미용사연합회에서 정해진 공휴일이 주 1회임에도 실제로는 월 2회만이며 추후 월 1회가 된다는 문제, 하루 12시간을 넘는 노동 시간, 적은 임금 등 고된 노동 상황을 호소한 내용이었다.[63]

1962년에 미용사노동조합 결성에 관한 보도가 나오고 장시간 노동에 대한 문제 제기가 있었으나 그 후에 두드러진 움직임은 보이지 않는다.[64] 1960년대 중반에도 미용사 노조의 설립에 향한 동태가 있었으나 당사자들이 해고를 당하고 계획은 실패했으리라 추측된다.[65] 미용사협회는 미용업 경영자들의 조직이며 소속 미용사들에 대해 미용실과 괴리한 조직의 설립을 금지하고 있었던 것도 미용사 노조의 결성을 가로막는 요인 중 하나이었을 것이다.

1968년 가을에 서울 명동에서 미용사조합이 결성되었음에도 고용주의 '만류'로 사실상 미용사의 노조 활동은 실질적으로 불가능했다. 이를 보도한 기사는 이 노조 결성이 불발로 끝난 이유를 미용사의 노조에 대한 이해 부족과 고용주와 미용사 사이에 작동한 인간적인 정 때문이라고 설명

63 〈待遇를 改善하라〉, 《조선일보》 1955년 10월 29일.

64 〈美容師勞組 결성?〉, 《京鄕新聞》 1962년 3월 15일.

65 〈美容師들의 實態〉, 《동아일보》 1967년 12월 21일.

했다.[66] 이처럼 미용업계에서 미용실 경영자의 존재가 절대적이었다는 것은 명확하다. 정식 미용사처럼 높은 기술을 가지지 않거나 견습 및 보조 미용사 기간을 마치지 않는 한 경영자와 대등한 입장에 서지 못했고 그 당시에 이러한 고용 관계가 미용업계에서 일반적이었던 것일 수도 있다.

3) 미용 문화와 미용업 발전을 위한 미용사의 역할

미용실의 외부에도 미용사 노동의 세계는 펼쳐져 있다. 유명 미용사들은 미용에 관한 지식을 《女苑》·《主婦生活》·《女性界》 등 여성지에 기고하여 미용 문화의 보급과 발전에 주력했다.[67] 그 최전선에 서 있었던 주체가 서울 소재의 미용실을 경영하거나 근무하는 미용사들이었으며 동화백화점 미용실의 오엽주, 그 제자로 예림미용고등기술학교와 뉴-서울미용실을 운영했던 임형선, 정화미용고등기술학교를 운영했던 권정희, 종로 신신백화점미용실, YMCA미용실, 낙원동 스완미용실을 비롯한 유명 미용실의 미용사들이 미용 정보와 새로운 미용 문화의 발신자로 활약했다. 예컨대 임형선은 1950년대에 《女苑》 지상에서 여성 독자들의 질문에 답하는 〈美容室〉이라는 기획을 담당하여 일반 여성들에게 미용에 관한 기초 지식을 전달했다.[68] 그 내용은 고데, 웨이브, 세트 등 머리의 관리 방법과 헤어스타일, 화장품의 지식과 화장법, 미용체조, 피부 관리 등 다양한 주제를 다루었다.

66 〈職業女性의 明闇(2) 美容師〉, 《동아일보》 1969년 4월 17일.

67 吳葉舟, 〈콜드파-마란 무엇인가〉, 《女性界》 5-1, 1956; 吳葉舟, 〈봄의 美容과 헤어 스타일〉, 《女性界》 6-2, 254~256쪽; 林亨善, 〈최신유행 머리 스타일〉, 《女苑》 1-2, 1955, 142~143쪽; 權貞姬, 〈한 여름의 머리 〈스타일〉〉, 《女苑》 3-9, 1957, 280~281쪽; 權貞姬, 〈집에서 할 수 있는 콜드·파-마〉, 《女苑》 4-4, 1958, 219~220쪽.

68 林亨善, 〈美容室〉, 《女苑》 3-9, 1957, 310~311쪽; 林亨善, 〈美容室〉, 《女苑》 3-10, 1957, 288~290쪽; 林亨善, 〈美容室〉, 《女苑》 3-11, 1957, 289~290쪽.

아울러 임형선은 동양라디오에서 미용에 관한 상담 프로그램을 담당하거나 TV에 출연하는 등 광범위로 미용문화를 보급하는 데 이바지했다.[69] 이러한 기사들은 가정주부, 직업여성, 학생, 신부 등 여성 전반을 대상으로 집필되었으며 미용사의 노동 범위가 신체적인 것뿐만이 아니라 지적 노동까지 걸쳐 있었다는 사실을 보여 준다.[70] 아울러 이 여성 잡지들은 이 유명 미용사들에 의해 운영된 고등기술학교나 미용학원의 광고도 게재하여 미용업계의 인재확보를 위해 효과적으로 홍보하는 매체가 되기도 했다.

무엇보다 중요했던 것은 이러한 제일선의 미용사들이 여성의 롤 모델이 되었다는 점이다.[71] 즉, 그들은 미용 정보를 발신하면서 미용사가 단순한 임노동을 넘어서 문화 창조의 주체라는 인식을 대중에게 전달했다. 1970년대에 들어서 미국에서 미용을 습득하고 미용사로 활약한 그레이스 리 같은 세계적인 미용사의 등장도 미용사의 직업 전문성을 인정하는 분위기가 더욱 고조된 계기였던 것으로 보인다.

미용사가 개성과 창조성을 추구하는 문화적인 직업으로 위상이 높아진 또 다른 배경으로 1960년대에 시작한 헤어쇼와 기술경기대회의 역할도 컸으며 그 무대 역시 서울의 유명 미용실과 일류 호텔이었다.[72] 1970년대에 인터나셔날 헤어쇼의 한국 대표로 선발된 세븐미용실의 김경애는 1962년 10월 21

69 임형선·이종수·양충사(구술), 김미선(면담 편집), 앞의 책, 2008, 143~144쪽.

70 吳葉舟, 〈職業女性의 化粧과 衣裳〉, 《女苑》 2-9, 1956, 48~49쪽; 林亨善, 〈개성을 살리는 職業女性의 化粧〉, 《女性界》 4-1, 1954, 62~64쪽; 權貞姬, 〈中年婦人의 氣品있는 여름化粧〉, 《女性界》 4-8, 1958, 184~185쪽; 韓興順, 〈校門을 나서는 女學生들의 헤어스타일과 화장〉, 《女苑》 4-4, 1958, 221~222; 申興純, 〈쥬니어를 위한 헤어·스타일〉, 《女苑》 7-4, 1961, 350~353쪽; 張金玉, 〈新婦化粧은 이렇게〉, 《女苑》 2-1, 1956, 178~179쪽 등.

71 김미선, 앞의 책, 2012, 173~177쪽.

72 김수정, 앞의 책, 2012, 234~236, 265~269쪽.

일에 미용실 내에서 여배우 남미리, 미스코리아 서범주 등 당시 인기를 끌었던 여성들을 모델로 초청하여 헤어쇼를 개최했다.[73] 1963년 2월 10일에 이연희도 반도호텔에서 미용연구발표회를 통해 영화와 모델쇼를 헤어스타일로 엮은 내용을 보여주었다.[74] 미용사 이연희는 1970년에 조선호텔 미용실을 개업하면서 같은 해 4월에 염색 머리, 웨이브 머리, 나이롱 가발 등을 활용한 헤어쇼를 주최하여 의상과 호화로운 헤어스타일을 만드는 방법을 소개했다.[75]

상술한 그레이스 리도 1970년대 미용 문화의 발전에 앞장섰던 인물이며 많은 미용사들이 그 미용 스타일을 따라할 정도의 영향력을 가지고 있었다.[76] 그레이스 리는 1972년 3월 31일에 도큐 호텔 내에서 도큐 그레이스 리 미용실을 경영하면서 1970년대에 헤어쇼, 잡지, 미용 강좌를 통해 커팅과 브러시나 컬로 손질을 활용한 스타일을 소개하여 한국 사회에서 커트 붐을 선도했다.[77] 1960년대 이후 국내외에 열린 기능올림픽 대회도 미용사를

73 〈헤어·스타일·쇼〉, 《조선일보》 1962년 10월 21일; 〈헤어스타일〉, 《조선일보》 1962년 10월 24일; 〈千여美容師 技藝겨뤄 〈인터내쇼날 헤어쇼〉 성황〉, 《동아일보》 1971년 5월 4일.

74 〈이연희美容發表會〉, 《조선일보》 1963년 2월 9일.

75 〈이연희 헤어·쇼〉, 《京鄕新聞》 1970년 4월 20일; 이 이외에도 헤어디자이너 이윤희가 1965년 4월 2일에 워커힐 호텔에서 헤어쇼를 개최하듯 이 시기에 서울 곳곳에서 일류 미용사에 의한 헤어쇼가 기획되었다(〈이윤희여사—4월2일 헤어·쇼〉, 《京鄕新聞》 1965년 3월 31일).

76 김수정, 앞의 책, 2005, 260~265쪽; 그레이스 李, 〈學校 갓나온女性들차림:머리〉, 《동아일보》 1973년 1월 30일; 〈올 겨울의 헤어스타일〉, 《동아일보》 1975년 11월 7일; 〈응접실〉, 《조선일보》 1977년 4월 3일.

77 〈긴시간 머리손질은 時代에 뒤떨어져—도오큐호텔서 그레이스李 헤어쇼〉, 《조선일보》 1972년 4월 6일; 〈그레이스李 헤어쇼 가져〉, 《京鄕新聞》 1977년 4월 4일. 그레이스 리 또한 서울 신촌에서 3년 이상의 미용 실무 경험자를 대상으로 미용강좌를 열기도 했고 잡지에 헤어컷, 롤, 브러쉬와 드라이어를 활용한 미용 기술을 사진과 글을 통해 해설하여 자신의 미용 기술을 널리 알렸다(〈문화단신〉, 《동아일보》 1979년 1월 22일; 그레이스 李, 〈여름 머리 컷팅〉, 《여성동아》 56, 1972, 314~317쪽; 그레이스 리, 〈집에서 할 수 있는 머리 손질 요령〉, 《女苑》 7-6, 1977, 316~319쪽).

높은 전문성을 가진 직종임을 사회에 알려주었다. 1968년 7월에 스위스에서 개최된 국제기능올림픽대회 대표였던 김국희는 명동의 조회미용실에 근무하는 미용사였다.[78] 1970년에 최초로 국제이·미용연맹ICI에 파견된 미용사 조회미용실의 오정순, 무아미용실의 이승춘, 신신미용실의 김은희는 모두 서울의 미용사였다.[79] 적어도 1970년대 초반까지는 미용에 관한 정보 교환, 기술 발전 등 미용사의 자질 향상의 기회가 가장 많았던 지역이 서울이었으며 그만큼 서울의 미용사들은 국내 기능올림픽에서 입상하거나 국제대회 대표로 선발되기 유리한 환경에 있었던 것처럼 보인다.

이상 살펴본 바 서울지역에는 개업한 미용실이 많았던 만큼 다양한 규모의 미용실이 혼재되어 있었고 이에 따라 미용사들의 노동 환경과 대우 등 노동 조건에 큰 차이가 존재했다. 미용업에 대한 인식도 문화인과 같은 유명 미용사와 생계를 위한 임금 노동자적인 미용사가 혼잡스럽게 존재했다.

서울에 모여 있었던 일류 미용사와 미용실에 의해 발신된 미용 문화는 한국 미용계의 발전을 이끌어갔다. 그들의 활동은 최첨단 문화와 미용의 기준이 되면서 미용사의 위상을 창조적인 직종으로 앞세우는 데 크게 이바지했다. 이러한 상황 속에서 일류 미용사가 아닌 보통의 미용사들 역시 여성에게 기쁨을 줄 수 있다는 점에서 직업적 보람을 느끼기도 했다.[80] 그럼에도 불구하고 접객업에 속하는 미용사를 업신여기는 사회적 분위기는 쉽

78 〈技能올림픽派遣 미용사候補선발〉, 《동아일보》 1968년 3월 12일; 〈美容 金菊姬선수에게 들어본 국제기능올림픽〉, 《京鄕新聞》 1968년 7월 29일; 1966년에 시작한 국내의 기능올림픽대회는 국제대회 후보를 선발하는 목적도 기자고 있었으며 1967년 대회에서 미용이 종목으로 추가되었다(〈美·理容종목을 追加:技能올림픽地方大會〉, 《동아일보》 1967년 3월 2일).

79 〈여성저널〉, 《京鄕新聞》 1970년 1월 26일.

80 〈特輯/어떤 職業 女性들의 生活 그 哀歡의 조그만 告白記〉, 《主婦生活》 30, 1968, 302쪽.

게 사라지지 않고 있었다.[81]

대중화된 미용문화와 '미'의 창조자로까지 고조된 미용사의 위상은 모순적인 결과도 가져왔다. 무엇보다 미용문화의 대중화는 미용업 확대에 따른 여성의 경제참여 기회를 넓혔다. 그러나 이러한 미용문화의 대중화 과정에서 미스코리아 대회를 비롯한 '여성미'에 관한 경진대회에 미용사가 모델 선별이나 헤어메이크 담당으로 참여하여 여성 신체의 상품화를 추진하는 일역이 되기도 했다.[82] 즉, 미용문화의 대중화로 경제활동에 참여하는 여성의 기회가 확대되었던 한편 여성을 아름다움의 가치가 소비 논리로 설명되는 풍토의 토대가 되고 말았다.

4. 해방 이후~1970년대 미용학교의 확대와 실제 운영

1) 해방 이후~1970년대 미용학교의 등장과 확대

위에서 살펴봤다시피 해방 이후 미용업이 확대되면서 1960~1970년대에는 미용사면허 등록자가 연간 2,000명 이상으로 늘어났다.[83] 미용학교도 이와 연관되어 있었으며 같은 시기에 도시를 중심으로 규모가 확대돼 갔다. 해방 초기부터 경성여자직업학원, 소정미용학원, 창신미용학원, 현대미용학

81 〈女性기능직 領域이 넓어진다〉, 《每日經濟新聞》 1985년 5월 16일; 〈80年代 여성 유망職種 어떤것이 있나〉, 《每日經濟新聞》 1985년 8월 29일; 〈여성 資格証시대…"領域이 따로 없다"〉, 《조선일보》 1986년 2월 14일.

82 전은정, 〈미스코리아 대회를 폭파하라! 안티 미스코리아 페스티벌〉, 《20세기 여성 사건사》, 여성신문사, 2001, 299~304쪽.

83 보건사회부, 《보건사회통계연보》, 각 연도.

원이 서울에서 잇따라 개교했다.[84] 1950년대 전쟁 수복기에도 신설 미용학원들이 계속 등장하여 졸업자에게 미용사면허증을 부여하는 고등기술학교와 면허시험의 준비과정인 사설강습소가 인가·무인가 상태로 혼재했다.[85] 이후 1980년대까지 서울에서 30개 이상의 미용학교가 운영되고 있었다.[86]

2) 고등기술학교 및 사설학원의 내실

고등기술학교는 중등학교로 인정적인 재정 기반과 교육에 필요한 시설·설비를 갖춘 법인만이 개교할 수 있었다. 즉, 고등기술학교는 사설강습소가 아니라 정규 교육기관이며 학교설치 기준에 준하여 입학과 졸업 요건, 출석과 성적, 교육과정과 교재, 자격 요건에 맞는 교직원과 학교시설의 확보, 생활 태도 규정 등 학교생활과 학교 운영을 철저히 관리했다. 그래야만

84 〈女子技術者養成 京城女子職業學院新設〉, 《京鄕新聞》 1947년 1월 16일; 〈美容學生募集〉, 《京鄕新聞》 1948년 9월 29일; 〈全國美容師會서 美容講習會開催〉, 《京鄕新聞》 1948년 10월 31일; 〈昌信美容學院生徒募集〉, 《漢城日報》 1950년 3월 24일.

85 〈23個學園을 廢鎖 서울市警서 認可없는 學校에〉, 《조선일보》 1955년 1월 14일; 〈서울市處事에 物議 서울市 無許可學園 閉鎖에도 情實?〉, 《조선일보》 1955년 1월 24일; 〈九私設學 院廢鎖 서울市 警察에 依賴〉, 《조선일보》 1956년 7월 12일; 〈無認可學院 廢鎖〉, 《조선일보》 1956년 11월 3일; 〈우편저금자금채권소멸(수도미용학원)〉, 체신부 체신금융국 보험과, 1959 (국가기록원 관리번호: BA0108622). 1956년에 발간된 《서울學校案內》에는 현대미술고등학원, 정화여자고등기술학교, 서울미용고등기술학교가 소개되어 있다.

86 서울시교육위원회, 《서울교육통계연보》, 각 연도. 1970년대 통계연보에는 학교 수에 대한 기재가 없어지고 학생 규모만 정리된 관계로 미용학원이 몇 개교 존재했는지 파악하기 어렵다. 무허가 학원이나 문서가 없는 학원까지 포함되면 1960년대에서 1970년대까지 서울 시내에 더 많은 미용학원이 존재했으리라 추측된다. 1976년에서 1979년 2월까지 서울시는 강남 지역에 한정하여 사설강습소의 설치를 제한하고 있었다. 1979년 이후 서울 시내에 미용학원 취학생이 늘어난 요인 중에 하나일지 모른다(〈私設강습소 認可억제 江南엔 解除〉, 《京鄕新聞》 1979년 2월 17일). 국가기록원 자료 출처는 이 논문의 〈부록〉에 정리되어 있다.

여학생에게 졸업 자격으로 미용사면허증을 수여할 수 있기 때문이었다.[87] 1960년대까지 서울 시내에는 중앙미용고등기술학교, 무궁화고등기술학교, 반도고등기술학교, 서울미용고등기술학교, 수도여자고등기술학교, 예림미용고등기술학교, 이화여자고등기술학교, 정화미용고등기술학교가 존재했음을 확인할 수 있다.[88]

고등기술학교의 설립 시기는 1950년대에 집중되어 있으며 소재지는 중구, 종로구, 영등포구, 용산구 등 교통편이 좋은 곳에 집중되어 있었다. 1960년대에 인가를 받은 학교 중 기술학교로 개교한 후 1960년대에 고등기술학교로 변경된 경우가 적지 않았다. 즉, 미용과를 설치한 고등기술학교들은 비교적 이른 시기에 개교한 미용학교였다고 할 수 있다. 이와 더불어 1960년대 초반에는 서울의 고등기술학교들이 학급을 대폭 증설하면서 규모의 측면에서도 사설강습소와 달리 대규모화되었다.[89] 고등기술학교에는 연간 100~1,000명이 재학했으며 사설강습소에 비해 규모가 컸다. 단, 입학 지원자는 대개 정원 미달이었고 졸업자는 입학생 수와 100여 명 정도 차이가 있었고 중도 퇴학자도 많았다. 1980년대 중반부터 고등기술학교는 운영 규모를 축소했으나 연간 600명 정도를 수용했다.

서울에 미용계 고등기술학교가 많았던 배경 역시 미용실의 확대와 깊은 관련이 있다. 1960년대에서 1980년까지 전국 미용실 중 30% 전후가 서울에 모여 있었다. 그만큼 미용사에 대한 수요가 컸기 때문이라고 할 수 있

87 정화예술대학, 앞의 책, 2011, 57~67쪽; 아울러 문교부는 1971년 8월 24일 문교부령 제286호로 고등기술학교 교육과정을 제정했다. 이전까지 실업계 고등학교의 교육과정을 원용했던 체제에서 벗어나 고등기술학교는 전문학교의 성격을 더욱 뚜렷하게 드러내게 되었다.

88 〈부표 1〉 참고.

89 教育新聞社, 《大韓教育年鑑 4294版 (1961年版)》, 1961, 144~145쪽.

다.[90] 그러면 고등기술학교의 설립은 어떠한 인식 속에서 출발했던 것일까. 일례로 예림미용고등학교의 설립 경위를 들여다보자. 설립자 임형선은 일제 강점기 화신백화점에서 개업한 한국 최초의 미용실에서 근무하며 미용 기술을 배운 경험이 있는데, 미용학원을 설립하게 된 배경을 다음과 같이 이야기하고 있다.

> 기술자 된 내가 할 일은 뭔가. 조금 생각을(웃음). 부모 잃은 사람도 있고 남편 잃은 사람도 있고 여러 가지 불행한 사람 미용원에 오니까 많이 만나게 되더라구요. 그래서 내가 학식이 많은 것도 아니고 오로지 두 손만 놀리면 넉넉히 살 수 있으니까, 여성에게 있어서 지금 뭐 학교가 하나 둘 있기는 하지만 기술에 자신이 있으니까, 기술을 전수하는 데 내가 자신이 있다. 학식 있는 사람은 또 공부한 사람들 선생으로 모셔 오면 될 거고. 그래서 건방지게 그때 학교할라고 생각을 한 거예요. 부산에서 부산고등기술학교 부설미용원에 간 [게] 동기였을 거예요. 그거에서 학교를 봤으니까. 문은 닫았지만.
>
> '나도 사회에서 유지가 되고 싶다' 가난에서 벗어난 데는 거 보담 그렇게 가난한 사람들 천시하는 이러한 사회에서 가난한 사람들을 도울 수 있는 이 직업의 하나다고 내가 생각을 했어. 미용이 내가 학식은 부족할는지 몰라도 기술만은 조선 몇 도에서 알려져 있는 인물이 돼 있으니까 가난한 사람들을 기술을 가르쳐서 여성들에게 기술자로, 그거를 전수하는 거가 나한테 사회에 공헌하는 일이 되지 않나하는 생각으로 아주 굳었어.[91]

90 보건사회부, 《보건사회통계연보》, 각 연도.

91 임형선·이종수·양충사(구술), 김미선(면담 편집), 앞의 책, 2008, 136쪽.

임형선은 1950년대 사회경제적으로 여성의 취업이 어려웠던 시기에 여성들에게 미용기술을 가르치고 가난에서 탈출시키는 것을 자신에게 주어진 역할이라고 생각하여 미용학교를 창설했다.

그런데 미용업이 크게 확대된 1960년대 이후 민간이 미용계 고등기술학교 설립을 주도해야 되었던 또 다른 이유는 국가가 주도한 정규적인 기술교육에서 여성이 배제되어 있었기 때문이었다. 국가가 추진한 인력개발 정책은 중화학공업화를 달성하기 위해 공업계 고등학교에서 남성 기술인력을 양성하는 것이 목적이었다. 1960년대 한국의 경제개발은 연소 여성을 저임금 단순 제조업으로 끌어왔던 한편 여성의 기술직을 미용, 편물 등 종래 여성이 담당했던 직종이나 사무직에 한정하는 결과를 초래했다. 미용계 고등기술학교가 많아진 배경에는 여성의 경제적 자립을 중요하게 여기는 설립자의 의지가 작동했던 한편 미용사를 여성이 접할 수 있는 '여성의 영역'에 속하는 직업으로 인식한다는 점에서 구조적 제약이 존재했다.[92] 실제 1972년 5월 시점에 공공직업훈련소나 사업내 훈련소에서 인정된 직종이 70~80여 개가 있었으나 여성에 접할 수 있었던 직종은 10여 개에 불가했다.[93]

이러한 시대적 맥락 속에서 고등기술학교는 2년에 걸친 교육과정을 통해 여성을 미용사로 양성했다. 그 교육 내용은 다음과 같다.

〈표 3〉 1956년 당시 예림미용고등기술학교 교과 편성

일반 교과목	전문교과목
국어(2), 과학(2), 사회생활(3), 수학(2), 체육(1), 영어(2), 음악(1)	미용학(5) 미용실기(15)

비고: 괄호 안의 숫자는 주당 수업시간
출처: 《예림미용고등기술학교설립인가신청의건》, 문교부 보통교육국 교육행정과, 1954 (국가기록원 관리번호: BA0230632).

92 김춘수, 앞의 글, 2003, 87쪽.

93 勞動廳-婦女少年擔當官室, 앞의 책, 1972, 64쪽.

〈표 3〉이 보여주듯이 주로 전문수업으로 구성된 교육과정에서 실습 시간이 큰 비중을 차지했다. 그 후 1962년 5월 19일에 공포된 〈이용사 및 미용사법 시행규칙〉(보건사회부령 제81호)에 따라 전문교과목과 연간 수업시간이 위생법규 40시간 이상, 생리해부학 100시간 이상, 소독법 40시간 이상, 전염병학(세균학 포함) 100시간 이상, 공중위생학 120시간 이상, 피부과학 80시간 이상, 물리 및 과학(향장품, 화학, 이용 또는 미용에 관한 부분에 한함) 120시간 이상, 이용 또는 미용 이론 및 실습으로 규정되었다.[94]

전체 수업시간 중 3분의 1 정도가 일반교과로 구성되어 이른바 학교의 기능도 확보하려고 노력했고, 상급학교 진학을 포기한 여학생들도 고등기술학교에서 일반 학교에 가까운 교육을 받을 수 있었다. 상술한 예림고등기술학교장 임형선 또한 미용사는 교양을 갖춰야 한다고 인식하여 정충량, 고황경 등 미용실의 고객이었던 문화인을 강사로 초청했다. 학생에게 독서를 권장하여 학교 도서관을 마련했기도 했다.[95] 이러한 인식은 직업훈련뿐만 아니라 일반 교육을 겸한 고등기술학교의 목적과도 부합했다.

이와 더불어 고등기술학교는 학생 자치활동, 학예회, 체육대회, 유적지 답사 등 일반 중등학교와 같은 학생활동과 행사도 운영했다. 일반교양 과목과 기술교육, 학교 행사, 학사 관리 등 고등기술학교의 학교 경험은 기술만 배우는 직업훈련소가 아닌 그야말로 일반 중등학교 같은 학교생활이었다.[96] 고등학교 취학률이 15% 전후였던 1960년대 중반까지만 해도 고등기술학교는 여성에게 틀림없이 상급학교였다고 할 수 있다.

94 공보부, 《官報》 호외, 1962년 5월 29일, 1~5쪽.

95 공보부, 《官報》 호외, 1962년 5월 29일, 138~140쪽.

96 정화예술대학, 앞의 책, 2011, 118~121쪽.

사실 고등기술학교의 입학 문턱은 그 당시 여성의 취학 상황에 비추어 볼 때 높은 편이었다. 일례로 중앙고등기술학교의 학칙은 입학 자격을 '기술학교 3년을 수료한 자', '중학교 3학년을 졸업한 자', '고등학교입학자격검정고시에 합격한 자', '외국에서 9년간의 학교교육의 과정을 수료한 자'로 지정했다.[97] 1970년대 후반 고등학교 취학률이 거의 전교생에 육박하는 시기까지만 해도 고등기술학교에 진학하여 기술과 교양을 익혀 미용사가 되는 것은 특별한 일이었다고 할 수 있다.[98]

게다가 입학금과 학비는 사설강습소에 비해 약 5배 정도였다.[99] 예림미용고등기술학교 교원이었던 전숙재는 1960년대 말에서 1970년대의 수강생의 경제 상황에 대해 다음과 같이 증언하고 있다.

> 그런데 (학생들은-필자) 미용실을 내보내면은 학교로 돌아와서 정식으로 졸업을 안마치는 애들도 있는 거예요 또 …(중략)… 그러면 인제 학교는 등록금을 몇 달치를 못 받는 아니예요? 그러니까 그거를 또 경영하는 분으로는 또 그렇잖아요. 그러니까는 막 그거를 별로 달가와 안하셨어. 근데 나는 그게 마음아파가지고. 막 저기 몰래 미용실에 연결해가지고 나중에 내고 졸업장 면허장 찾아가는 애들도 있고. 또 못 찾아가는 애들도 있고 그랬어요.[100]

97 〈고려미용고등기술학교 설립인가 신청의 건〉, 문교부 과학교육국 실업교육과, 1955 (국가기록원 관리번호: BA0230764).

98 다만 일부 고등기술학교에서는 지망자의 생활 환경, 가정 형편 등 개인 사정을 이해한 교원이 학력 요건 미달자를 입학시키기도 했다(전숙재(구술), 김미선(면담), 앞의 책, 2008, 33쪽).

99 김수정, 앞의 책, 2005, 197쪽.

100 전숙재(구술), 김미선(면담), 앞의 책, 2008, 37쪽.

이처럼 학생 사정을 헤아리고 수강료 납부를 유예해 준 학교도 존재했다.

고등기술학교는 미망인, 고아 등 경제적 취약층에게 직업훈련의 기회를 제공하기도 했다. 예컨대 고려미용고등기술학교의 재학생 현황을 보면 1957년에 지원 대상자는 전체 재학생 중 3분의 1을 차지했을 정도 많았다.[101] 이때 학생 구성을 더 살펴보면 재학생 360명 중 전몰미망인 32명, 전몰고아 27명, 상이군경 가족 26명, 일반미망인 19명, 일반고아 13명, 총 117명이었으며 전쟁으로 생계에 어려움을 겪은 사람이 많았음을 확인할 수 있다.

3) 사설강습소의 확대와 내실

1960년대 중반 이후 사설강습소의 증가에 따라 미용사 양성을 둘러싼 상황은 달라지기 시작한다. 1950년대에는 규모의 측면에서 고등기술학교가 미용사 양성의 중심이었으나 1960년대에 들어서 소규모의 사설강습소가 증가하면서 수많은 여성에게 미용교육의 기회를 제공했다. 1980년까지 서울 시내에 적어도 30개를 넘는 사설강습소가 운영되어 있었다.[102]

고등기술학교가 입학자를 선별하는 한편 1960년대 중반 이후 늘어난 사설학원은 입소 시험이 없고 입학 자격을 국민학교 졸업 이상으로 규정 등 일반적인 여성의 최종 학력을 반영하여 수강 자격을 설정했다. 사설학원은 대체로 소규모의 개인 경영으로 60명에서 200명 정도의 수강생을 수용하였다.

101 〈不遇女人 울리는 學院 美容師免許料 無慮五萬圜?〉,《京鄕新聞》1955년 3월 18일; 〈고려미용고등기술학교 설립인가 신청의 건〉, 문교부 과학교육국 실업교육과, 1955 (국가기록원 관리번호: BA0230764).

102 〈부표 2〉 참고.

운영 과정은 6개월 또는 1년을 이수하는 본과반과 3개월 또는 6개월으로 수료할 수 있는 속성반이 일반적이었고 야간반을 설치한 학원이 많았다. 이 과정의 목적은 취업이나 자격시험을 준비하기 위해 미용업의 기초를 습득하는 것이었다. 그 이외에도 미용사를 위한 연구반을 편성하는 미용학원도 있었다. 연구반은 미용사의 지식과 기술을 연마하는 과정이었다. 일반적인 사설학원의 규모는 교실 1~2개만 갖춘 경우가 많았으며 시간대로 나누어서 반을 편성하였다.

수업시간은 하루에 2시간에서 6시간까지로 설정되었으며 속성반처럼 단기간에 수료하는 과정은 하루의 수업시간이 길었다. 수강생은 본인의 생활 상황을 고려하여 과정을 결정했던 한편 미용학원이 수강생의 사정에 따라 운영 시간을 변경하기도 했다. 서대문구 창천동에 소재했던 진선미 미용학원은 하루 4시간씩 6개월을 수강하는 과정을 재편하고 1973년 3월에 야간부의 수업시간을 변경했다. 진선미 미용학원은 이 변경 사유를 다음과 같이 설명했다.

> 본 학원 야간반에 있어서는 각종 직장 근무자와 가정주부들의 여가를 최대한 선용할 수 있는 기회를 달라는 요청에 의하여 종래 야간반 1일 4시간 수업을 2시간으로 단축 시킴과 동시에 수료 기간 6개월을 1년으로 변경 실시하여 1일 4시간 이라는 장시간을 갖지못하여 배움의 길을 얻지못하든 수강생에게 2시간이라는 짧은 시간으로 기술을 습득할수 있는 기회를 줄수 있겠금함이 소칙 변경의 사유이오니(후략)[103]

103 〈진선미미용학원 소칙변경 사전승인〉, 서울특별시교육청 사회교육체육국 사회교육과, 1973 (국가기록원 관리번호: BA0490712).

위 내용에 드러나듯 1970년대 초반에 미용학원을 찾아오는 수강생은 다른 직업에서 미용업으로 옮기고자 하는 직장인, 직업을 갖고자 하는 주부 등으로 다양했다. 나아가 이 사유서에 기재된 '각종 직장 근무자'에는 미용업 종사자도 포함되어 있었을 것이며 이 변경에는 이들이 미용실에 근무하면서 자격시험을 준비할 수 있게 시간적 제한을 제거하려는 목적도 있었던 것처럼 보인다. 입학금과 수강료는 고등기술학교에 비해 저렴했고 입학의 문턱은 낮았다고 할 수 있다. 우선미용기술학원처럼 전쟁미망인에게 입학금을 우대하는 사설강습소도 존재했다.[104]

다만, 사설강습소는 교실을 임대에 의존했기 때문에 계약 기간이 종료되면 학교 위치를 옮겨야만 했다. 사설강습소의 운영 주체는 재단법인이나 학교법인이 아니라 개인이었으며 강습소의 유지 경영은 쉬운 일이 아니었다. 실제로 재정을 확보하지 못하거나 규정을 위법하여 폐교된 사례도 있었다.[105] 직업여성, 재학생 등이 수강할 수 있도록 야간반을 설치한 학원이 많았던 것도 수강생 확보라는 학원의 의도와 미용사가 되어 경제적 안정을 확보하려는 여성들의 의도가 일치했기 때문이라고 할 수 있다.

나아가 교양 과목을 포함한 교육과정을 운영한 고등기술학교와 달리 사설강습소인 관계로 수강 내용은 거의 전문과목으로 한정되어 있었다. 해방 초기 사설강습소의 교육 수업 내용은 생화生花, 위생, 영어, 양발洋髮, 미암술美顔術, 미조술美爪術, 퍼머넌트로 구성되어 있고 설치 학과로 양발과, 미안과, 미조과가 있었다.[106] 1950~1960년대 교과목 구성은 위생학, 물리학, 미용학,

104 〈"개강"인사말씀〉, 《조선일보》 1970년 12월 30일.

105 〈사설강습소(유ㅇㅇ미용학원) 폐쇄〉, 서울특별시 교육위원회 학무국 사회체육과, 1965 (국가기록원 관리번호: BA0233368).

106 〈昌信美容學院生徒募集〉, 《商工日報》 1950년 4월 15일; 〈昌信美容學院生徒募集〉, 《漢城日報》 1950년 4월 13일.

전염병학, 피부학, 생리학, 아이롱 실습으로 되어 있었다.[107] 시기마다 유행이나 미용사자격 요건의 변화에 따라 차이가 있었으나 어느 시기나 거의 전문 교과만으로 편성된 과정이었다.

주산, 부기, 타이피스트, 어학 등 여성 수강자가 많은 사설강습소 중 미용계 사설강습소의 수강생은 정규학교에 재학하지 않은 여성이 많았다.[108] 이들에게 사설강습소의 위상은 정규 실업계 학교와 유사한 것으로 상급학교로 진학하지 않고 기술자의 길을 택하거나 새로 미용실을 개업하려는 여성들의 '학교'였으며 이들의 삶을 긍정적인 방향으로 끌어 줄 것으로 기대되는 공간이었다.[109]

이와 더불어 1970년대에 해외 유학이나 해외에서 미용업 경험자 중 미용실뿐만이 아니라 사설강습소를 설립한 여성도 나타났다. 1974년에 10월에 설립인가를 받은 국제미용학원은 이러한 흐름 속에서 등장한 사설강습소이었다. 설립자 메리진 박은 미국의 미용학교 '비유티 아카대미 와싱톤'을 졸업하고 현지의 미용원 '루이스 비유티 싸롱' 근무를 거쳐서 '죠이 비유티 앤드 워그 싸롱'을 개업한 인물이었고 초청된 강사도 높은 미용기술을 가진 재미교포였다.[110]

107 《현대미용학원 학칙》, 서울특별시교육청 교육정책국 평생교육체육과, 1965 (국가기록원 관리번호: BA0829896).

108 서울시교육위원회, 《서울교육통계연보》, 1969 · 1975 · 1979 · 1985.

109 〈이런職業 〈27〉 美容師〉, 《동아일보》 1976년 11월 23일; 〈새언니맞아 새삶얻은 〈무작정上京〉, 《조선일보》 1976년 5월 26일; 〈女性을 위한 就業 가이드〉, 《每日經濟新聞》 1977년 2월 21일.

110 〈사설 강습소(죠이국제 미용학원) 설립 예비 인가 신청〉, 서울특별시교육청 교육정책국 평생교육체육과, 1974 (국가기록원 관리번호: BA0830176); 〈사설 강습소(죠이국제 미용학원) 설립인가 지연통보〉, 서울특별시교육청 교육정책국 평생교육체육과, 1974 (국가기록원 관리번호: BA0830144).

이 학원은 외환의 획득이라는 국가의 의도에 부응하고자 하는 의도도 있었으나 무엇보다 미용기술의 발전이라는 명확한 목적을 가지고 개원한 것이었다. 따라서 강습 내용은 '손가락으로 마는 법', '로털로 셋트 하는 법', '퍼머넌트', '머리 짜르는 법', '염색', '식과 온수정 입힘', '머리 유향', '기름 치료', '얼굴맛싸지', '머리 조절', '몸체 맛싸지', '메뉴큐링과 팔맛싸지', '교과서'로 편성되었으며 강습 기간은 1년 900시간이었다.[111]

이처럼 사실강습소는 고등기술학교와 함께 해방 이후에 서울 곳곳에 새설되면서 미용사 인구의 확대에 크게 이바지해 왔다. 1970년대에 들어서 새로운 미용기술을 가르치는 학원까지 등장하면서 미용기술의 보급 및 발전과 이를 통한 미용사의 전문성 강화에도 미용학교의 역할이 컸던 것으로 보인다. 미용학교의 경영자는 대부분 여성이었고 1969년에 서울에 16개교 있었던 미용학교 경영자는 모두 여성이었다.[112] 여성들에게 미용학교는 기술 습득의 장이면서 경영자로 사회에 참여하는 장이기도 했다는 것이다.

그런데 고등기술학교와 사설강습소는 미용사의 기초까지만 가르치는 곳이며 실제로 미용사가 되기 위해서는 현장에서 훨씬 많은 것을 몇 년에 걸쳐 배워야 했다. 예림미용고등기술학교의 임형선이 여성의 교양을 강조했던 것도 이러한 이유 때문이었다.[113] 미용실의 규모나 위치에 따라 정도의 차이는 있었겠으나 미용사는 기술은 물론이고 서비스업 종사자로 접객 태

111 《사설 강습소(죠이국제 미용학원) 설립 예비 인가 신청》, 서울특별시교육청 교육정책국 평생교육체육과, 1974 (국가기록원 관리번호: BA0830176); 《사설 강습소(죠이국제 미용학원) 설립인가 지연통보》, 서울특별시교육청 교육정책국 평생교육체육과, 1974 (국가기록원 관리번호: BA0830144).

112 서울시교육위원회, 《서울교육통계연보》, 1969; 〈서울市內 學院 449개중 女性經營體가 125개所〉, 《동아일보》 1970년 3월 13일.

113 임형선·이종수·양충사(구술), 김미선(면담 편집), 앞의 책, 2008, 138~140쪽.

도, 교양 등 사람을 대하는 자세를 의식해야만 했다.[114] 미용사가 되는 과정은 미용학교를 졸업한 이후가 더욱 길었다고 해도 과언이 아니다.[115]

고등기술학교와 사설강습소 이외에도 사설강습소 이외에도 전쟁미망인을 대상으로 설치된 서울직업보도소, YWCA의 직업훈련 강좌, 〈부표 1〉에 소개한 정명미용기술학원, 단속된 '불우여성들'을 수용한 재건국민학교 등 '사회복지 사업'의 일환으로 운용된 미용학교도 존재했다.[116]

4) 미용학원을 둘러싼 이슈들

한편 미용학원의 운영과 미용실의 경영에는 '여성의 경제적인 자립'이나 '미의 창조자 양성'이라는 이상적인 측면만 있었던 것은 아니었다. 미용학원의 설립은 원칙적으로 당국의 허가를 받아야만 가능했다. 학원은 안전한 재정, 실습에 필요한 시설, 신분이 보장된 교원 등 학원 운영에 필요한 조건을 갖출 경우에만 개교할 수 있었다는 것이다. 그러나 실제로는 무허가 학원이 해방 초기부터 계속 나타나고 있었다. 인가를 받은 학원일지라

114 김옥진, 앞의 책, 1995, 81~82쪽.

115 다만 소규모 업소 중 시설과 비품을 충분히 마련하지 못하고 미용사 초보자들에게 충분히 연습시킬 수도 없는 미용실도 존재했다(최은정 외, 앞의 글, 2011, 168쪽).

116 勞動廳-婦女少年擔當官室 편, 앞의 책, 64~69쪽; 이임하, 《여성, 전쟁을 넘어 일어서다》, 서해문집, 2004, 58~64쪽; 〈600名에 自立길 不遇女性職業敎育〉, 《京鄕新聞》 1962년 10월 5일; 〈淪落女性에 知性의 善導〉, 《京鄕新聞》 1962년 10월 30일; 김아람, 〈뒤늦게 알려진 '여자 삼청교육대' 감금된 보호(保護)와 보도(輔導), 성매매 여성 수용시설〉, 《일다》 2022년 6월 25일; 〈社會냉대不滿…41명이幹部에 폭행 收容위안부 集團脫出〉, 《동아일보》 1973년 12월 20일; 〈복지施設 現場의 明暗 ⑦ 少年少女 직업보도 施設〉, 《동아일보》 1974년 6월 11일; 〈市立少年院·소녀職業輔導所 民間人에 運營權 넘겨〉, 《동아일보》 1977년 4월 2일); 다만 그 규모, 교육 내용, 수강생 등 자세한 운영 실태를 보여주는 자료를 발굴하지 못했던 관계로 이 연구에서 다루지 못했다. 이러한 미용학교도 추후 연구 과제로 검토할 필요가 있다.

도 경영 상태나 시설 문제 때문에 기술 학원으로 만족스럽게 기능하지 못하는 경우도 드물지 않았다.

상술한 이엽미용학원과 광명미용학원은 시 당국에 의한 단속으로 1950년대에 폐쇄되었고 고려미용학원도 단속 대상이었다.[117] 이들은 교육적인 요건을 충분히 마련하지 못하거나 필요 이상의 등록금이나 추가 비용을 학생들에게 요구하는 등 경영자가 이득을 얻기 위해서만 운영된 학원이었다. 예컨대 고려미용학원은 졸업장 빌급의 조건으로 학생들에게 기부금이나 미용사면허증 착수금을 강요하기도 했다.[118] 1960년대에도 동대문구 국제미용학원[119], 영등포구 경기미용기술학원, 종로구 용신미용학원 또한 폐쇄 처분으로 문을 닫았다. 이처럼 해방 초기부터 1970년대에 들어서까지 서울시 당국은 단속을 계속하면서 이러한 학원에게 개선 명령을 내리거나 이에 따르지 않은 학원에게는 폐쇄 조치를 단행했다.[120] 미용학원뿐만이 아

117 〈無許可학園 시서 繼續團束中〉,《조선일보》 1952년 3월 30일; 〈23個學園을 廢鎖 서울市警서 認可없는 學校에〉,《조선일보》 1955년 1월 14일; 〈不認可22個學院 市警서 廢鎖指示〉,《京鄕新聞》 1955년 1월 14일; 〈苦學生울리는學院〉,《京鄕新聞》 1955년 1월 14일; 〈서울市 處事에 物議 서울市 無許可學園閉鎖에도 情實?〉,《조선일보》 1955년 1월 24일. 이 학원 중 이엽미용학원은 그 후에 인가를 받았다(〈표5〉 참고).

118 〈不遇女人울리는學院 美容師免許料無慮五萬圜?〉,《京鄕新聞》 1955년 3월 18일.

119 이 국제미용학원은 〈부표 2〉에 기재된 1974년에 개교한 국제미용학원과 다른 학교다.

120 〈九私設學院廢鎖 서울市警察에 依賴〉,《조선일보》 1956년 7월 12일; 〈無認可學院 廢鎖〉,《조선일보》 1956년 11월 3일; 〈私設講習所 등 整備 착수〉,《조선일보》 1961년 7월 6일; 〈學院20個所를廢鎖〉,《京鄕新聞》 1961년 7월 6일; 〈私設講習所를整備〉,《조선일보》 1961년 7월 28일; 〈美容·理髮·助産·看護 등 私設講習所를 整備〉,《동아일보》 1961년 7월 28일; 〈私設講習所를 整備團束 新規設立一切不許키로〉,《京鄕新聞》 1961년 7월 28일; 〈美容·理髮·助産·看護 등 私設講習所를 整備〉,《동아일보》 1961년 7월 29일; 〈私設學院범람 無認可 수두룩〉,《동아일보》 1968년 8월 29일; 〈독자의 廣場 돈 벌이터된 學院〉,《京鄕新聞》 1970년 6월 29일.

니라 1977년에 미용실의 개업이 허가제에서 신고제로 전환된 이후 무허가 미용실, 무면허 미용사, 미용사 면허의 위조, 기준미달 미용실 등 불법 경영이 더욱 심각한 문제로 드러나기 시작했다. 이에 대응하기 위해 서울시도 1978년에 미용사면허의 등록 상황에 대한 대규모 조사를 실시하여 위법 영업과 미자격 미용사에 대한 적발과 단속을 강화했다.[121] 이러한 문제는 단속만으로 끝나지 않았고 결국 서울시는 이 문제로 학원의 신규 설립을 제한하게 되었다.[122]

5. 맺음말

미용사와 미용업은 여성에 의한 여성을 위한 노동, 즉 여성 문화와 경제의 장이었다. 미용사는 노동자로 수익을 벌고 전문가로서의 긍지를 얻을 수 있는 직종이면서 그 취업 기회는 여러 계층에게 열려 있었다. 해방 초기부터 미용문화와 미용업은 서울을 중심으로 확대돼 왔다. 전체 미용실 중 25%에 달한 미용실이 서울에 모여 있었으며 높은 노동 수요는 수많은 미용학교가 등장하는 계기가 되었다. 면허증 취득이 미용사가 되는 유일한 제도적 통로였으나 국가의 기술인력정책에서 주변화된 미용사 양성은 고등기술학교, 사설강습소 등 민간 주도로 추진할 수밖에 없었다. 결국, 제도의 사각지대에 있던 여성의 경제활동 기회를 확대하기 위해서 여성들은 자진하여 미용실 운영과 함께 일터에서의 인재양성과 학교 설립까

121 〈'가짜교사증' 物議 여파 각종 資格證 免許證 모두 再調査〉, 《京鄕新聞》 1978년 8월 5일.

122 예컨대 강남 지역의 경우 1978년 11월까지 신규 학원의 설립은 제한되어 있었고 그 이후에야만 가능했다.

지 담당하였다.

미용사는 긴 시간에 걸친 견습 기간과 꾸준한 기술 단련이 요구되는 전문직이면서도 손님을 직접 상대해야 성립되는 서비스업이기도 했다. 당시 미용실은 손님의 상황에 맞춰 영업했던 관계로 노동시간도 길어질 수밖에 없었다. 특히 도시부에서는 고객층에 따라 아침부터 자정 직전까지 근무하며 쉬는 시간 없이 지내는 것이 일상이었다. 손님에게 신경을 쓰면서 몸을 계속 움직어야 하는 육체 노동적인 성격도 시간이 지날수록 건강에 큰 영향을 미칠 수 있었다. 따라서 가사와 육아를 동시 진행해야 하는 기혼 여성에게는 '부업' 이상의 수고와 노력이 요구되었다. 그럼에도 경제적인 안전성을 바라는 여성에게 미용사는 유망한 직종이며 많은 고객을 기대할 수 있는 서울에서는 직업에 대한 접근성도 높은 편이었다.

미용문화가 한국사회에 널리 확산되는 과정에서 서울의 중심가에 있는 미용실들이 핵심적인 역할을 담당하였다. 지방 미용사들은 새로운 유행 스타일을 찾아 서울의 유명 미용실에 고객으로 방문하고 이것을 눈으로 배워가기도 할 정도로 그 영향력은 강력했다.[123] 또한, 유명 미용사들은 미용사의 직업에서 기술의 능숙함 뿐 아니라 창조적인 측면을 강조하면서 그 노동적 위상을 문화 전문직에 가까운 직종으로 표상하듯 활동했다. 이들이 보여주는 미용사의 표상에서는 미용사의 육체노동 및 서비스 노동적 측면이 보이지 않았다. 그에 따라 그들이 보여주는 우아함 뒤에 미용사가 겪는 긴 노동 시간과 가정 경제를 위한 인내, 고객의 기분을 맞추기 위한 노력들은 말하기 구차한 것이 되었다.

또 한편으로는 '여성 미'를 추구하는 미용문화는 '쇼show'와 결합되었

123 대구여성가족재단 편, 앞의 책, 2018, 172~173쪽.

고 미용을 일면적으로만 강조하면서 여성의 신체를 상품화하는 아이러니한 결과에 이르렀다. 이 '미용'은 여성 스스로를 위해 외적 아름다움과 위생 의식에 기초를 두는 미용에서 소비적이고 맹목적인 문화로 변질한 것이었다.[124] 미용사는 늘 그러한 문화에 가담할 가능성을 내포하는 직업이기도 했다. 그 행위는 여성에게 행복함을 주는 것에서 미용 행위의 주체인 미용사와 그 서비스를 받는 고객 모두가 스스로 신체를 도외시할 수도 있기 때문이다.

이러한 부작용에도 "자기 스스로가 자기의 아름다움을 발견하여 개성미個性美를 발휘할줄 앎으로써 누구나 미인이 될 수 있는 것"이라는 미용 고유의 기능은 여성들의 꾸준한 지지를 받으며 '미'의 표현이 여성의 자기실현 방법 중 하나로 사회에 정착하는데 도움을 주었다.[125] 미용사는 자신의 손으로 고객이 즉각적으로 행복을 느낄 수 있게 하는 직업이었다. 아름다워지고 싶은 여성의 마음과 그것을 실현시켜줌으로써 보람을 느끼는 미용사는 미용실 방문이 여성의 일상이 되면서부터 사회적으로도 중요한 직종이 되었다고 할 수 있다.

124 김은경, 〈오엽주〉, 《한국 근대 여성 63인의 초상》, 한국학중앙연구원 출판부, 2015, 276~280쪽.

125 吳葉舟, 〈美人이 되는 秘訣〉, 《女性界》 6-2, 1957, 273쪽.

〈부표 1〉 국가기록원 소장 미용학교 관련 자료

문서명	생산기관	생산연도	관리번호
사설강습소설립인가 (유ㅇㅇ미용학원)	서울특별시 교육위원회 학무국 사회체육과	1963	BA0233133
사설강습소(혜화미용학원)설립인가	서울특별시 교육위원회 학무국 사회체육과	1964	BA0233148
사설강습소(서울미용학원)설립인가	서울특별시 교육위원회 학무국 사회체육과	1965	BA0233363
사설강습소(유ㅇㅇ미용학원)폐쇄	서울특별시 교육위원회 학무국 사회체육과	1965	BA0233368
사설강습소(미림미용학원) 소칙변경승인	서울특별시교육청 교육정책국 평생교육체육과	1966	BA0829216
사설강습소(진선미미용학원) 설립인가	서울특별시교육청 교육정책국 평생교육체육과	1966	BA0829206
사설강습소(새서울미용학원) 설립인가	서울특별시교육청 교육정책국 평생교육체육과	1967	BA0829285
사설강습소(현대미용학원) 설립인가	서울특별시교육청 교육정책국 평생교육체육과	1972	BA0829896
진선미미용학원소칙변경사전승인	서울특별시교육청 사회교육체육국 사회교육과	1973	BA0490712
현대미용학원소칙변경사전승인	서울특별시교육청 사회교육체육국 사회교육과	1973	BA0490712
사설강습소(영등포미용학원) 설립인가	서울특별시교육청 교육정책국 평생교육체육과	1972	BA0829884
사설강습소(강동미용학원) 설립계획승인	서울특별시교육청 사회교육체육국 사회교육과	1979	BA0490801
강동미용학원소칙변경승인보고	서울특별시교육청 사회교육체육국 사회교육과	1980	BA0490852
사설강습소(우선미용기술학원) 설립인가	서울특별시교육청 교육정책국 평생교육체육과	1970	BA0829529
사설강습소(신일미용기술학원) 설립인가	서울특별시교육청 교육정책국 평생교육체육과	1970	BA0829501
사설강습소(정명미용기술학원) 설립인가	서울특별시교육청 교육정책국 평생교육체육과	1972	BA0829885
정명미용기술학원폐소신고서	서울특별시교육청 사회교육체육국 사회교육과	1972	BA0490700
사설강습소(죠이국제미용학원) 설립예비인가신청	서울특별시교육청 교육정책국 평생교육체육과	1974	BA0830176

문서명	생산기관	생산연도	관리번호
사설강습소(죠이국제미용학원) 설립인가지연통보	서울특별시교육청 교육정책국 평생교육체육과	1974	BA0830144
서울미용고등기술학교 설립인가신청의건	문교부 과학교육국 실업교육과	1972	BA0231699
서울여자고등기술학교학칙 변경인가신청의건	문교부 과학교육국 실업교육과	1972	BA0231699
서울미용고등기술학교학칙 변경인가신청의건	문교부 과학교육국 실업교육과	1972	BA0231699
사설강습소(동서울미용학원) 소칙변경승인보고	서울특별시교육청 교육정책국 평생교육체육과	1980	BA0830848
사설강습소(명화미용기술학원) 소칙변경승인	서울특별시 교육위원회 학무국 사회체육과	1965	BA0233366
사설강습소(보국미용기술학원) 소칙변경승인	서울특별시 교육위원회 학무국 사회체육과	1964	BA0829215
신일미용기술학원위치 변경승인보고	서울특별시교육청 사회교육체육국 사회교육과	1978	BA0490767
사설강습소(태양미용기술학원) 소칙(위치)변경 승인 보고	서울특별시교육청 교육정책국 평생교육체육과	1981	BA0830937
정화미용고등기술학교 설립인가신청의건	문교부 과학교육국 실업교육과	1954	BA0230692
정화여자고등기술학교학과증설에 따르는학칙변경인가신청의건	문교부 과학교육국 실업교육과	1954	BA0230692
정화여자고등기술학교학급증설에 따르는학칙변경인가신청	서울특별시교육청 교육지원국 행정과	1963	BA0831422
재단법인수도기예학원및수도여자 고등기술학교설립인가취소	서울특별시 교육위원회 서무과	1963	BA0233361
이엽여자고등기술학교학급증설및 교명변경에따른학칙변경인가신청	서울특별시교육청 교육지원국 행정과	1963	BA0831431
고려미용고등기술학 교설립인가신청의건	문교부 과학교육국 실업교육과	1955	BA0230764
고려미용고등기술학교학칙 변경인가신청의건	문교부 과학교육국 실업교육과	1955	BA0926701
예림미용고등기술학교 설립인가신청의건	문교부 보통교육국 교육행정과	1954	BA0230632

출처: 국가기록원 홈페이지(https://www.archives.go.kr)

〈부표 2〉 고등기술학교 일람

학교명	인가일	위치	수강생	비고
정화미용고등 기술학교	1952.09.30.	중구 인현동 1가 141	1,040	
고려미용고등 기술학교 (중앙고등기술학교)	1955.03.07.	중구 인현동 2가 50번지(본교) 종로구 연지동273번지(분교)	90~ 560	1955.11.8 명칭 변경 1961년 현재수강생
수도여자고등 기술학교	1955.04.09.	종로구 익선동 115 종로구 원남동116 용산구 갈월동 8의48	320	1963.01.16. 설립허가 취소
예림여자고등 기술학교	1956.02.08.	중구 충무로 3가 59	400	
서울미용고등 기술학교	1955.02.25.	영등포구 영등포동 484 용산구 남영동 93번지 용산구 갈월동 87의2로		
무궁화고등 기술학교	1963.12.03.	서대문구 의주로 1가 65	280	
반도고등 기술학교	1965.01.08. (변경 인가일)	미상	600	
이엽여자고등 기술학교	1965.02.	중구 남대문로 5가 115	360	

비고: 〈부표 1〉 의 문서 내용을 바탕으로 작성하였다.

〈부표 3〉 1964~1980년 사설강습소 현황

강습소명	인가일	소재지	강당 규모(평)	정원
芸林美容学院	1964.06. 이전	중구 충무로3가 86-6	27	60
普国美容学院		중구 을지로4가 49-1	43	200
中央技術学院		중구 인현동2가 50	156	360
国際綜合技術学院		동대문구 전농동 618-2	44	120
貞和技術学院		중구 인현동1가 141	94	180
서울美容編物学院	1964.06. 이전	중구 신당동 257-7	20	120
美林美容学院		성동구 신당동 110-8 성동구 황학동730	20	60
銀河技術学院		동대문구 신설동 87	35	180
아세아美容学院		동대문구 청량리동 181	20	60
明和美容技術学院		성북구 돈암동 415-2 성북구 동소문동3가66번지	25	80
文化美容学院		마포구 아현동 224	20	60
씨스터美容技芸学院		종로구 신교동 12-2	20	60
永信美容学院		서대문구 충정로1가 102-1	25	60
京畿美容学院		영등포구 영등포동 618-3	25	60
서울技術学院		용산구 남영동 93 용산구 갈월동87	60	140
무궁화美容学院		중구 의주로1가 65	29	60
東洋美容学院		종로구 창신동 545	20	60
惠化美容学院	1964.05.22.	종로구 명륜동2가 8-1	22	160
有進美容学院	1963.05.04. (1965년 폐소)	용산구 용산동2가 산2-3	25	60
서울미용학원	1965.10.07.	중구 을지로 3가 230	60	
진선미 미용학원	1966.03.04.	서대문구 창천동 20-27	60	

강습소명	인가일	소재지	강당 규모(평)	정원
새서울미용학원	1967.07.19.	성동구 홍인동 122	60	
신일미용기술학원	1970.04.30.	성북구 미아동 938-7 성북구 하월곡동89-4 성북구 길음동535-20	200	
우선미용기술학원	1970.12.23.	용산구 갈월동 101-41	120	
영등포미용학원	1972.02.23.	영등포구 영등포동 3가 426-7	80	
정명미용기술학원	1972.02.26.	성동구 수서동 산 4번지	80	
현대미용학원	1972.06.30.	서대문구 옥천동 1번지	80	
국제미용학원	1974.10.23.	서대문구 충정로 1가 51-7 삼일 빌딩	80	
강동미용학원	1979.11.24.	강동구 천호동 409-37	60	
동서울미용학원	1980.02.06.	강동구 천호동 284-1 강동구 성내동64-14		
태양미용기술학원	1980.11.12.		60	

출처: 文敎部,《私說講習所統計要覽》, 文敎部, 1964, 105~124쪽; 〈부표 1〉

제 5 장

서울지역 저소득층 주거지역 여성들의 '이웃관계' 노동

-1980년대 가내노동을 중심으로-

장미현 (연세대학교 국학연구원 객원연구원)

1. 머리말

1975년 관악구 사당1동에 거주하는 주부 최영자는 가족들의 헌 옷을 조각조각 이어 방석, 베게, 이불을 만들었다. 당시 신문에서는 최영자가 부업으로 수입을 증대해 자가 주택을 마련했다는 점을 강조하며 시간을 아껴 부업으로 가계 소득을 올리는 것을 주부의 미덕으로 권유하고 있다.[1] 같은 시기 여성들이 취업할 수 있는 근로 직종을 늘리기 위해 공공직업훈련기관에 여성 훈련생을 증가시켜야 한다는 제안도 나오고 있었다.[2] 흥미롭게도 이 같은 제안을 할 때 여성의 노동은 부업과 근로로 다르게 호명된다. 1970년대 사회적 분위기는 여전히 여성들의 노동을 임시적인 것으로 인식하고, 미혼 여성에 제한하려 했지만, 여성들은 상용직 노동자로 노동을 지속하고자 했다.[3]

선행연구들이 지적했듯이 양육 의무를 여성이 전담하는 구조 속에서 취업모가 직장생활을 지속하기는 쉽지 않았다. 1980년대에는 기혼여성노동자들의 비율이 크게 증가하면서 전체 여성취업자 중 기혼여성의 구성비가

1 〈물가고를 이겨내는 새알뜰 주부상(2) 폐품이용 최영자 여사〉, 《매일경제》 1975년 11월 5일.

2 1970년대 여성의 사회 참여 확대를 위해 여성노동력을 개발해야 한다는 논의가 확산된 시기였다는 점과 여성직업훈련에 참여한 여성들의 인식과 경험에 대해서는 장미현, 〈산업화 시기 정부와 여성단체의 '여성직종' 구상과 여성들의 대응-YWCA의 '새로운 여성직업개발사업'을 중심으로-〉, 《아시아여성연구》 56-2, 2017 참조.

3 장미현, 앞의 글, 2017, 135~136쪽. 생산직 미혼 여성들의 결혼퇴직제 폐지 실천에 대해서는 유경순, 〈젠더관계에서 본 1970년대 민주노조의 유형별 특성〉, 《기억과전망》 36, 136~143쪽; 1970년대 결혼퇴직제 폐지 실천에 대해서는 신경아, 〈산업화 이후 일-가족 문제의 담론적 지형과 변화〉, 《한국여성학》 23-2, 2007, 20~21쪽; 장미현, 〈일할 권리를 청구합니다: 1980년대 전반기 고용차별 비판과 여성들의 실천〉, 《사학연구》 138, 2020, 353쪽.

1977년 8%에서 1987년 25%까지 증가해갔다.[4] 미혼여성노동자들의 진학률 증가와 기피로 인한 노동력 부족을 기혼여성노동자들이 저임금을 감수하며 종사하고 있었기 때문이다. 제조업 업종인 섬유, 식품, 고무, 기타제조업 분야에 대한 미혼 여성들의 기피가 두드러졌는데 이들을 대체한 여성들이 바로 기혼여성노동자들이었다. 1986년 한국여성개발원 조사에 따르면 근로기준법 적용 대상 기업인 16인 이상 사업체에 속한 기혼여성노동자는 20.3%에 불과하며 법적 보호의 대상 밖에 머무는 5인 미만 사업체 종사자가 69.9%에 달했다.[5]

서울은 급격한 인구 급증으로 인해 도시 곳곳에서 노점, 행상과 같은 영세 상업, 수선업, 식당과 같은 영세 서비스업 그리고 사업장 조사 규모에서 누락 되는 10인 미만의 영세 제조업주 및 무급가족종사자, 피고용인들과 같은 비공식부문 종사자 비율이 높았다. 이 69.9%에 속하는 기혼여성 취업자들 대다수가 서울 저소득층 주거지역에 거주하였고 1980년대 후반에도 월 소득 10만 원 미만의 심각한 저소득 상태였다. 이로 인해 정책 수립이 필요하다는 점이 제기되었다.[6]

4 세부 업종별로 보면, 1987년 담배 제조업의 경우, 기혼여성노동자의 비율이 전체 재직 여성노동자 중 97%, 가구 제조업은 66%, 식료품의 경우는 40%를 차지할 정도였다(조순경·여난영·이숙진, 〈여성노동과 성적통제〉, 《한국여성학》 5, 1989, 100쪽).

5 기혼여성들은 가족경영 형태의 영세 자영업종 무보수 상태로 일하거나 가사노동과 병행해 도시 비공식 부문의 여러 일을 겸하는 비공식부문 취업자가 많았다(노미혜, 〈여성의 취업실태조사-기혼여성을 중심으로-〉, 《여성연구》 14, 1987, 24쪽).

6 노미혜, 위의 글, 1987, 53쪽. 1989년 2/4분기 도시 근로자 가구의 월평균 소득은 76만 4,936원이고 도시 근로자 가구의 가구주(주수입자)의 근로소득은 55만 8,945원 수준이었다. 조사대상 가구의 남편의 수입은 37만 4,646원이었고 가내노동자의 수입(327명)의 경우는 10만 8,199원 (1989년 현재) 수준이었다(김영옥·노미혜·양승주·문유경, 《가내노동 실태에 관한 연구》, 한국여성개발원, 1989, 18~21쪽).

지금까지 기혼여성의 노동에 관한 연구는 도시 기혼여성의 경제활동 추세를 분석한 연구로 시작해 산업별·지역별 기혼여성의 노동조건과 실태에 관한 연구로 확장되었다.[7] 이러한 연구들을 통해 1980년대 기혼여성들의 경제활동 실태와 변화의 추이가 밝혀졌다. 그 결과, 기혼여성들은 비공식 분야 노동에 종사한다는 점과 비공식 분야의 저소득·불안정성으로 인해 기혼여성들의 노동조건이 가장 열악하다는 점이 지적되었다.[8] 같은 기혼노동자라도 남성노동자는 퇴근 후 휴식을 취하는 반면, 여성노동자는 가사와 양육을 더 부담하지만, 양육전담자라는 모성이데올로기로 인해 죄책감을 느낀다는 것, 즉 죄책감의 성별성도 지적되었다.[9] 그러나 동시에 여성노

7 이효재·조형, 〈여성 경제활동 및 취업에 관한 연구: 1960~70의 추이〉, 《한국문화연구원 논집》 27, 1975, 267~294쪽; 이효재, 〈한국 여성노동주기(Work Cycle)에 관한 연구〉, 《한국문화연구원 논집》 49, 1986, 143~170쪽; 조순경·여난영·이숙진, 〈여성노동과 성적통제〉, 《한국여성학》 5, 1989; 강이수, 〈산업화 이후 여성노동시장의 변화와 일-가족 관계〉, 《페미니즘 연구》 7-2, 2007.

8 조형, 〈한국의 도시 비공식부문 근로자에 관한 연구〉, 《한국문화연구원 논집》 41, 1982, 99~131쪽; 조형·조혜정, 〈한국의 도시여성과 직업〉(유네스코 한국위원회 연구세미나 보고서), 1982; 유장수, 〈한국의 가내노동자에 관한 연구-대구지역의 사례분석을 중심으로〉, 서울대학교 경제학과 석사학위논문, 1986; 조옥라, 〈도시빈민의 사회경제적 특징과 지역운동〉, 《현상과 인식》 12-1, 1988; 조은·조옥라, 《도시빈민의 삶과 공간: 사당동 재개발지역 현장 연구》, 서울대학교 출판부, 1992.

9 이미영, 〈기혼여성노동의 성격에 관한 연구-인천 송림6동 기혼여성의 노동주기를 중심으로-〉, 이화여자대학교 사회학과 석사학위논문, 1986; 김혜장, 〈중소기업 생산직 기혼여성노동자에 대한 사례 연구〉, 이화여자대학교 사회학과 석사학위논문, 1987; 홍승아, 〈여성노동의 사회적 존재형태 및 그 성격에 대한 연구〉, 이화여자대학교 여성학과 석사학위논문, 1987; 신경아, 〈저임금'여성노동자'와 노동시장 담론〉, 《여성학논집》 22-2, 2005. 저임금 수준은 아닌 대기업 재취업 기혼여성노동자들 또한 차별적·가부장적 문화, 불평등한 처우 등에 대한 불만으로 재직 기간이 길지 않았다는 점이 연구되었다(권영자, 〈기혼여성의 재취업 현황에 관한 연구: 대기업 공채여성을 중심으로〉, 이화여자대학교 사회교육학과 석사학위논문, 1986).

동자운동사에서 기혼여성노동자들이 미혼 여성노동자들처럼 노동조합 가입과 쟁의 참여율이 높아진 과정도 분석되었다.[10]

저소득층 기혼여성의 노동은 지역별로 진행된 저소득층 주거밀집지역 생활실태연구의 일환으로 분석되었다. 서울지역 관악구 사당동, 관악구 봉천동과 난곡, 구로구 가리봉동, 구로동, 노원구 상계동, 중계동 내 무허가 정착지 이주와 조성 과정, 저소득층 주거지역 주민들의 경제실태 등이 현장연구를 통해 진행되었다. 각 지역별 차이는 있지만 1980년대 이 같은 연구는 저소득층 주거지역의 생활조건과 이들의 노동실태 그리고 이러한 조건의 개선을 위한 정책수립과 사회운동이 필요하다는 문제의식 아래 진행되었다.[11]

이러한 연구들로 인해 기혼여성노동자들의 노동실태와 상용직 기혼여성노동자들의 고용차별 개선을 위한 다양한 실천 등이 조명되었다. 하지만 저

10 이영순·이미경·김상희·최한배·유송화·허훈순, 〈(토론회)민족민주운동과 여성운동〉, 《여성》 3, 1989, 14쪽; 정혜선·김경희·차인순·남윤주, 〈한국여성노동자의 차별적 저임금 실태와 극복방안〉, 《여성》 3, 1989, 77~78쪽; 강인순, 《한국여성노동자운동사》 2, 한울아카데미, 2001, 169~170, 174쪽.

11 임선형, 〈도시 빈민지역 아동의 교육문제에 관한 일연구- 서울 봉천동지역 아동을 중심으로-〉, 이화여자대학교 교육학과 석사학위논문, 1980; 허석렬, 〈都市無許可 定着地의 雇傭構造에 關한 一考察〉, 서울대학교 사회학과 석사학위논문, 1982; 정자환, 〈서울 사당 2동 지역의 도시화 과정〉, 《성심여대 논문집》 13, 1982; 정자환, 〈한국사회 연구에 있어서의 제3세계적 접근의 가능성-서울 사당2동 정착지를 중심으로-〉, 《성심여대 논문집》 16-1, 1984; 박계영, 〈무허가 정착지 주민의 경제행위에 관한 일고찰〉, 《인류학논집》 6, 1983; 김은실, 〈한국도시빈곤의 성격에 관한 연구〉, 《인류학논집》 7, 1984; 조은·조옥라, 《도시 무허가 정착지의 성격과 생활실태》, 서울대학교 인구 및 발전문제연구소, 1987; 도시빈민연구소, 《굴레를 깨고 일어서는 사람들: (빈민)지역운동 사례집》, 1991; 조은, 〈도시저소득층의 취업모 실태와 탁아수요: 서울시 구로동과 상계동 사례를 중심으로〉, 《동국사회연구》 1(동국대 사회조사연구소), 1992; 류미희, 〈한국 빈민·공단지역의 아동·청소년복지사업에 관한 연구: 지역사회 공부방을 중심으로〉, 단국대학교 행정대학원 석사학위논문, 1994.

소득층 주거지역 기혼여성들 대다수가 경험한 가내노동 실태에 대해서는 연구가 부족한 편이다. 기혼여성들 중에서도 가내노동에 종사하는 이들은 소규모 지역사회에서 일자리 정보를 구하며 노동의 장소와 생활의 장소가 일치한다는 점에서 가외 기혼여성노동자들과 차이가 있지만 이러한 차이에는 주목하지 않았다.

최영자의 사례에서 확인할 수 있듯이 산업화 이후 한국의 기혼여성들 중 대다수 또한 가정 안에서 가사 일과 노동을 수행하고 있었다. 오랜 기간 가내노동을 주부 부업과 같이 부차적으로 수행하는 노동이라는 사회적 인식으로 인해 가려져 있었을 뿐이다. 가내노동에 대한 정책적 관심은 1980년대 후반에야 이루어졌다. 한국여성개발원에서는 1987년 가내노동에 대한 분석보고서를 출간했는데 당시에는 1970년 일본에서 제정된 가내노동법의 정의를 주로 참고하였다. 이를 참고하여 1989년 한국여성개발원은 가내노동을 ①작업 장소가 자택 또는 자신이 임의로 선정하거나 위탁자가 지정하는 공장 외부의 장소 ②가족 보조자를 둘 수 있으나 상시로 타인을 고용할 수 없는 경우 ③위탁자로부터 원재료를 지급받아 물품을 제조·가공하는 경우로 규정하였다.[12] 이러한 규정 당시 한국여성개발원은 이미 많은 기혼여성들이 종사하고 있었던 가내 제조업 위탁생산만을 가내노동으로 규정했다. 그러나 기혼여성의 가내노동에 대한 정책적 관심을 확인할 수 있다는 점에서 주목할 필요가 있다.

가내노동의 주요 종사자가 기혼여성이라는 점과 더불어 작업 장소가 자택 또는 위탁자가 지정하는 장소라는 점이 가내노동에서 중요하다. 보고서에서도 주목하였듯이 가내노동에 종사하는 기혼여성들의 대다수가

12 김영옥·노미혜·양승주·문유경, 앞의 책, 1989, 4~8쪽.

빈곤 가구, 저소득가구 여성들이었다. 기혼여성들과 가내노동의 결합 지점에는 주거지, 즉 생활과 노동이 수행되는 장소, 저소득층 주거지역(마을)이 있었다.

이러한 문제의식 아래 본 글에서는 다음과 같은 점들을 살펴보려 한다. 첫째, 1980년대 서울 저소득층 주거지역 기혼여성들이 서울 시내 저소득층 주거지역에 이주하고 생활 터전을 만들어 나간 경험을 살펴본다. 둘째, 서울 저소득층 주거지역 기혼여성들이 어떤 지역적 조건과 산업구조 아래 가내노동에 종사하였는지를 살펴본다. 셋째, 서울 저소득층 주거지역 기혼여성들의 가내노동 종사 경험과 특징을 구체적으로 파악해보려 한다.

자료로는 첫째, 서울지역 저소득층 주거지역으로의 이주와 지역 조성 과정 관련해서는 서울시에서 발간한 보고서, 서울역사박물관 조사연구과에서 2000년대 들어 실시한 동별 보고서를 활용했다. 둘째, 이러한 보고서 내에 포함된 저소득층 주거지역 기혼여성들의 구술자료를 활용하였다. 셋째, 가내노동에 대한 한국여성개발원의 조사보고서와 1980년대 사회학과, 인류학과의 현지조사보고서 등을 활용하였다.

2. 서울지역 저소득층 주거지역의 형성과 기혼여성들의 역할

1) 저소득층 주거지역의 형성

서울의 인구와 면적은 팽창 일변도였다. 해방 전까지만 해도 50만을 넘지 못했던 서울은 해방과 더불어 거의 2배 이상인 126만으로 늘어났다. 1960년까지 200만 미만이었던 서울 인구는 1967년 400만 이상이 거주하는 장소가 되었다. 전후 산업화와 도시의 기반이 다져지지 않은 상태에서 월남민, 피난민, 이농민들이 홍제동, 양동, 도동(후암동), 창신동, 동숭동, 신설동, 용두동, 서부이촌동, 용산동, 냉천동, 천연동, 동부이촌동, 정동, 숭인동, 청계천변, 청량리 일대 등에 밀려들었다. 이들의 거주지는 무허가 밀집 주거지가 조성되었다.[13] 대부분이 판잣집이었고 1960년대 중반까지 정부도 이러한 무허가 밀집 주거지에 대해 묵인, 또는 방치했다. 도로개설이나 관공서 신축 등 예외적인 경우나 화재나 홍수와 같은 자연재해에 의해 이재민이 발생했을 때만 철거를 진행하였다.

1967~1977년 사이 인구는 750만으로 늘어난다. 이 시기부터 서울시는 공식 행정 절차를 통해 도심 내부에 형성된 대규모 저소득층 주거밀집지역을 강제로 철거하고 이들 지역에 살던 이들을 도심 외각으로 강제 이주시키기 시작했다.[14] 서울시가 청계천변, 이촌동, 정릉동, 양동, 신설동 등 도심 반경 5~10km 이내 무허가 정착지를 철거하고 철거민을 외곽으로 강제 이주시켰고 목동, 상계, 중계, 신정동, 신월동, 사당동, 봉천동, 마천 등의 유휴 국공유지로 이주시켰다.[15] 서울시가 의도한 바는 도심의 판자촌 철거였지만 서울의 판자촌 주민들은 서울 도심 외각으로 이주한 후 다시 판자촌을 조성했다.

1970년 이후에는 재원 부족으로 인해 더이상 유휴 국공유지 등에 정착지를 조성하기 어려웠다. 1972~1982년까지 서울시는 기존에 묵인한 무허

13 양동은 현재의 남대문로5가 일대로 현재의 회현동이다. 해방 직후부터 피난민들과 도시빈민들이 무허가 집을 짓기 시작해 판자촌이 형성되었다. 비교적 중심부에 위치한 판자촌 동네로 1950년대부터 빈번하게 무허가 판잣집 철거가 반복된 지역 중 하나였다. 1964년 양동 무허가 건물 철거 당시엔 서울시 집단이주 정책이 부재한 상태라 철거된 주민들이 다시 철거된 집터 인근에 다른 집을 짓고 거주하는 일이 비일비재했다. (서울시, 《저소득층 주거지 변천사 연구 무허가 정착지를 중심으로》, 2014, 28쪽).

14 정자환, 앞의 글, 1982, 117~118쪽.

15 서울시, 《저소득층 주거지 변천사 연구 무허가 정착지를 중심으로》, 2014, 109~110쪽.

〈그림 1〉 1970년대 철거 대상이 된 한양대 인근 청계천변(좌)과 중랑천변(우) 무허가 주택들[16]
출처: 서울역사박물관, 《서울시정사진기록총서 8 : 착실한 전진 1974-1978(2)》, 2017, 45·166쪽

가 판자촌이 형성된 지역을 대상으로 점유권은 인정하면서 판자촌의 개량을 통한 불량주택의 양성화를 추진했다.[17]

1973년 이전 서울시가 103차례에 걸쳐 강제 집단이주 시킨 정착지의 실태는 〈그림 2〉와 같다. 〈그림 2〉의 번호 ①~⑩까지는 1950~1973년 이전까지 3개 이상의 집단정착지가 작성된 동에 해당한다. 그만큼 서울지역의 대표적 저소득층 주거지역이라 할 수 있다. 〈그림 2〉는 1973년 작성된 자료라 대다수가 1960년대에 조성된 지역에 해당한다. 1960년대 서울시가 강제 이전시켜 '무허가' 정착지에 도착한 주민들 대다수는 20평 이하의 정착지를 제공받았다.[18]

16 1975년 10월 서울시(시장: 구자춘)는 시내 41개 하천 변의 1만 5,000동 무허가 건물을 철거하기로 계획하였다.

17 이 중 1970년대 농촌지역 토지구획정리사업을 통해 조성한 신정1·2단지, 신월1단지, 신월2단지 등 총 4곳은 이전 정착지들보다 계획적인 기반을 가지고 있었다. 안화연 외, 〈1970년대 서울외곽지역에 형성된 "신월6동 이주단지"의 도시·건축 특성연구〉, 《한국건축역사학회 학술발표대회 논문집》, 2016, 255~262쪽 참조.

18 〈그림 2〉에서 21평 이상을 제공받은 지역은 수색동, 상암동, 진관외동, 진관내동을 제외하고는 거의 없다.

〈그림 2〉 서울의 강제 이주지역 현황과 배당(1973년 이전)

출처: 서울시청, 《서울시 기존 무허가 정착지 현황》, 1973 〈지도 I〉 중 20평 이하 정착지 제공 지역 위주로 재작성

1980년대 개발 가능 택지가 부족해지자 판자촌에 대한 해체 압력이 다시 커졌다. 이 시기부터는 무허가 주택 가옥주들에게 새로 짓는 아파트의 입주자격을 부여하되 소요 비용은 건설업체가 부담하는 합동재개발사업이 도입, 추진되었다. 이러한 재개발 사업으로 구로, 면목, 사당, 상계, 답십리, 천호 등 수 많은 판자촌들이 해체되었다.[19]

19 이규인, 〈도시무허가정착지의 유형별 특성 및 개선방안에 관한 연구: 서울시 9개 지역 무허가정착지를 중심으로〉, 서울대학교 건축학과 석사학위논문, 1989, 10~20쪽; 서울시, 앞의 책, 2014, 18~20쪽.

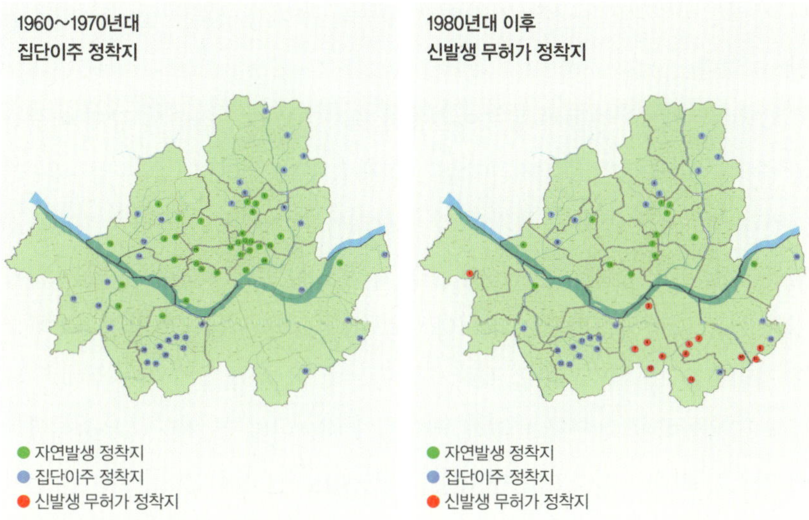

〈그림 3〉 1960년대 이후 저소득층 주거지

출처: 서울시, 앞의 책, 2014, 11~12쪽

1983년 목동 공영개발 사업이 본격화되자 세입자들의 주거 대책 마련이 핵심 쟁점으로 부상하였다. 이후 사당3동, 상계동 합동재개발사업에서도 세입자 대책 마련을 요구하는 철거민운동이 전개되었다. 각 저소득층 주거지역의 철거민운동 조직화 경험이 타 지역 주민조직 결성을 돕거나 지역 주민조직 간 연결, 나아가 일부 지역 간에는 합동연대투쟁으로도 이어졌다.[20]

〈그림 3〉을 보면 초기 저소득층 주거지역은 전쟁과 분단, 산업화를 거치며 서울 도심 지역에 자연발생적으로 조성되었지만 이후 서울 중심부 지역의 철거와 재개발을 추진하면서 주변부 지역에 집단이주 정착지를 조성했음을 확인할 수 있다. 1980년대 들어서는 특히 집단이주 정착지에서 쫓겨

20 조은·조옥라, 앞의 책, 1992.

난 사람들이 서울 동남부 지역으로 이주해 무허가 정착지를 조성했음을 알 수 있다.

사당동은 중구 양동과 동부이촌동의 판자촌을 철거하면서 강제 이주시킨 주민들이 조성한 주거지역이었다. 실제로 1965년 10월 중구 양동의 철거민과 영등포구 구로동 철거민 및 청량리와 이촌동의 철거민들 약 4,000명을 국립묘지 뒤 산 너머 10여 분쯤 우측으로 걸어 올라가야 있는 골짜기의 인근 지역에 트럭으로 실어다 이주시켰다. 당시 철거된 양동 6통과 7통 사람들은 별다른 저항을 보이지 않았는데 이 지역 철거 가구주에게 사당동 국유임야를 가구당 10평씩 배당했기 때문이다. 울창한 나무숲이었던 이 장소는 하루아침에 인구가 급증한 달동네로 변모해 갔다.[21] 1981년 당시 사당2동은 약 6,000세대가 속한 산동네였다. 사당2동 4개 번지를 연구한 정자환에 따르면, 사당2동에는 8~16평의 영세소규모 가옥들이 2,000여 동 밀집한 동네였다. 이 지역에 정착한 세대들은 서울의 다른 무허가 정착지에 정착하였다가 몇 번의 철거 끝에 사당동에 정착하거나 친척, 친구들의 소개로 함께 이주한 경우가 대다수였다.[22]

1960년대 한강변에는 다수의 주민들이 거주했는데 채소밭이자 하천부지여서 홍수와 수해 피해가 컸다. 수해 피해를 근거로 서울시는 1965년 동부이촌동 한강 뚝방 동네 주민들을 응암동과 봉천6동으로 강제 이주시켰다. 관악구 난곡은 1960년대 초까지 서울 남부 지역의 끝이었으며 논밭과 숲으로 둘러싸인 산이었고 골짜기가 깊어 공동묘지로 쓰인 곳이었다. 1967년에는 흑석동 중앙대 부지 조성 과정에서 발생한 철거민들과 구로박람회를 개최하면서 대방동 뚝방길 지역을 대거 철거하고 주민을 난곡으로 집

21 정자환, 앞의 글, 1982, 124쪽.

22 정자환, 앞의 글, 1982, 127~129쪽.

단 이주시켰다.[23] 1973년 난곡 기혼여성들이 산을 넘어 귀가하는 마을 주민들을 위해 가로등을 놓아달라고 요구하기 전까지 안전시설이 거의 없었다. 가정의 수도도 없어 물을 사서 먹어야 했는데 마을 꼭대기에 사는 가정은 물을 사서 물지게에 지고 올라와야 했다. 물지게를 지고 비탈진 골목길을 오르다보면 물이 흔들려 넘쳤고 겨울이면 흐른 물은 바로 얼어붙었다. 얼어붙은 비탈길에서 넘어지는 일이 종종 발생하자 난곡 기혼여성모임이었던 '국수모임' 여성들은 모래주머니를 쌓아 계단을 만들자고 의견을 모았다.[24] "새마을운동이 다른 거 할 게 아니라 산꼭대기에 층계를 만들어달라. 콘크리트로 만들 수 없으니 모래주머니로 계단을 만들게 모래주머니를 달라"고 요구했다. 모래주머니를 받은 난곡 기혼여성들은 남편들을 시켜 모래주머니로 계단을 만들었다.[25]

봉천동은 1968년 여의도 개발로 인한 여의도 철거민들, 동부이촌동 수해 재해민들이 이주해 조성된 동네였다. 1970년에는 서부이촌동 무허가 건물 철거시 판잣집 소유주를 제외한 무허가 판잣집에 전세, 월세 살던

23 한재랑·박기홍, 〈서울 관악 주민의 힘, 공동체와 연대로 피어나다〉, 《마을공동체 운동의 원형을 찾아서》, 한울, 2017, 164~165쪽.

24 1973년 7월부터 6주간 난곡에서 신학생 훈련을 시키기 위해 난곡 공소로 와 미사를 드린 김혜경은 신학생 훈련이 끝난 뒤에도 난곡 공소에 와 미사를 드리며 주민을 만났다. 당시 창신동을 떠나 새롭게 활동할 지역을 찾던 김혜경은 평일에도 난목에 와서 또래의 가내노동을 하는 젊은 엄마들과 교류했다. 이 모임을 정례화 한 것이 일명 '국수모임'이었다. '국수모임'에 대해 김혜경은 "내가 배고파서 시작한거야. 큰애 끌고 기저귀 가방에 라면을 넣고 다녔어. 어느 집이 밥 먹으면 꺼내놓고 얻어먹으려고. 그런데 점심을 안 먹는 거야. 그래서 만날 보리밥 한끼 먹고사는데 다른 방법이 없냐? 한 달에 한 번 국수라도 먹자. 얼굴 보고 국수 먹자. 우리는 100원씩 내서 국수계를 하자 한 거야"라고 해서 난곡 가장 꼭대기에 사는 기혼여성 15명이 100원씩 내서 한 달에 한 번 막국수를 먹는 국수모임이 시작되었다(한재랑·박기홍, 앞의 글, 2017, 167쪽).

25 한재랑·박기홍, 앞의 글, 2017, 168쪽.

이들이 봉천동 산 1-1번지 일대로 이주해왔다. 이주해오자마자 이들은 다시 무허가 천막집을 지었다. 봉천동은 서울 도심 개발에 따라 강북지역 곳곳의 저소득층 주거지역 철거민들이 강제로 집단 이주하게 된 대표적 정착지 가운데 하나였다. 서울시가 관악산 101번지 일대 능선을 따라 고지대의 철거민들을 이주시킬 때, 이주민들에게 주어진 정착지는 사유지 8평과 주택건립보조금 1만원에 불과했다. 다른 생활기반 시설은 전혀 없는 상태에서 이들은 봉천동에 터를 잡고 살아가야 했다.[26]

공단이 설립되기 전인 1961년 구로동은 청계천변을 비롯한 서울 도심 내 철거민들의 수용을 위한 철거민 정착지로 조성되었다.[27] 1961년 5·16 군사정변 발생 직후 서울시는 청계천 변의 무허가 주택 철거를 위한 대대적 도시정비를 실시하였다. 강제 집단 이주 대상인 철거민, 무주택자, 화재민 대상으로 난민주택, 구호주택, 간이주택, 공영주택 등을 구로동에 조성했다. 4평 넓이였던 간이주택과 공영주택은 철거민과 무주택영세민들에게 15년 장기 월부로 분양하였다.[28] 구로동의 저소득층 주거지역 조성은 인근 가리봉동 토착민들의 삶도 바꿨는데 공단과 정착지 조성과정에서 농민들은 농터를 잃었다.[29] 동시에 청계천 등 도심의 철거민, 홍인동 화재민들과 무주택자들 중 일부는 공영주택 분양 소식을 듣고 찾아와 새로운 터전을

26 임선형, 앞의 글, 1980, 24~26쪽.

27 조옥라, 〈제4장 80년대 도시빈민의 사회경제적 특징과 지역운동〉, 《불량주택 재개발론》, 나남, 1998 참조.

28 서울역사박물관 조사연구과, 《가리봉동》, 2013, 38~39쪽.

29 "시골에서 농사짓던 사람들이 무슨 항의를 해요 (중략) 항의할 줄 모르고 5·16 나고 군용지라고 뺏어가는데" (진실·화해를 위한 과거사 정리위원회, 〈구로 분배농지 소송사기 조작의혹사건 진실규명결정서〉, 2008(서울역사박물관 조사연구과, 《가리봉동》, 2013, 39~40쪽 재인용)). 이 과정에 대한 대략의 경위는 서울역사박물관 조사연구과, 앞의 글, 2013, 40~43쪽 참조.

마련하기도 했다. 1964년 구로공단이 들어선 이후에는 이농민들과 도시빈민들이 일자리를 얻기 위해 몰려들었다. 이렇게 몰려든 사람들은 구로동, 대림동, 가리봉동 등 공단과 멀지 않은 곳에 판잣집을 짓고 거주하기 시작하였다. 중소기업들에게 판잣집 주민들은 저임노동력 제공자들이었다. 1980년대 후반 구로공단의 사업체 수가 축소되는 조정기 전까지 구로동의 무허가 주택 또한 증가 일변도였다.[30]

서울의 동북 끝사락인 노원구과 도봉구는 대표직인 서울 저소득층 주민들의 거주지였다. 상계동은 이 시기까지 도시빈민들의 가옥 형태인 판잣집이 대다수였던 마을이었다. 상계동과 중계동은 도심 판자촌 정비 시 발생한 철거민들을 이주시키면서 주거 정착지로 형성된 곳이다.[31] 1960년대까지 상계동은 경기도 양주군에 속했는데 벽돌 공장과 배 밭이 많은 허허벌판이었다. 1980년대 판자촌이 조성된 동네 주변에는 소규모 요꼬공장과 라벨공장들이 많았다. 상계동의 기혼여성들 대부분은 라벨공장에 근무했다.[32] 지금의 노원구 공릉동에 해당하는 하계동 양돈마을은 1980년대 후반까지 판자와 블록, 천막과 슬레이트로 대강 지어진 집들 사이로 한 사람이 겨우 지나다닐 만한 골목길을 따라 양옆으로 즐비하게 늘어선 무허가 주택지였다. 1980년대 초까지도 이 지역은 큰 축사들이 있었고 주로 소, 돼지를 키우던 곳이었다. 1984년부터 서울시가 가축 기르는 것을 금지하자 축사업자들은 경기도로 이동했고 대신 가난한 사람들이 이주해 축사를 개조해 살기 시작했다. 양돈 단지였을 때에는 150여 세대에 불과했던 주민 수가

30 서울시, 앞의 책, 2014, 56~57쪽.

31 서울시, 앞의 책, 2014, 52쪽.

32 우순영, 〈가난한 주민과 함께 일군 지역공동체〉, 《마을공동체 운동의 원형을 찾아서》, 한울, 2017, 269쪽.

1980년대 후반에는 800여 세대, 주민 2,000명에 달할 정도로 급증했다.[33]

중계동의 여러 마을들은 불암산 자락 서측에 1967년 이주정착지가 조성되면서 주거지로 변모한 지역이다. 1967년 시작된 청계고가도로 건설로 많은 철거민들이 생기자 이들을 이주시킬 정착지가 필요한 상황에서 수유, 창동, 망우지구 이외의 훨씬 외곽의 국공유지를 찾는 과정 중 불암산 자락 구릉지에 산림청 소유의 임야지구가 정착지로 추가되었다. 이 지역에는 청계고가 도로 건설로 철거된 청계천 철거민들을 시작으로 영등포, 용산, 안암동 판자촌에 살던 이들, 그리고 도시정화사업의 일환으로 서울시 도심에서 강제 철거된 가구가 집단 이주하였다.[34] 1963년에서야 서울에 편입되는데 그 후에도 한참 동안 농촌형 취락이었다. 1967~1968년 당시 용산, 이문동, 석관동 등 이전 동네에서 집단적으로 트럭에 실려 강제이주 되었는데 트럭에 실려 온 철거민들은 이주해 온 출신 지역별로 짝을 이뤄 천막 하나에 4가구씩 살았다.[35]

33 우순영, 앞의 글, 2017, 297쪽.

34 서울역사박물관 조사연구과, 《104마을》, 2012, 56~60쪽.

35 이하 이 글에서 인용된 중계동 104마을 거주 기혼여성들의 구술자료는 2012년 서울역사박물관이 기획한 서울생활문화자료조사 과정에서 수집된 것들로 서울역사박물관 조사연구과, 앞의 책, 2012에 실린 내용을 인용한 것이다. 중계동 104마을 구술자들의 기본 정보는 다음과 같다.

이름	고향	백사마을 거주 이전	백사마을 거주기간
강신규	충남 공주	서울 안암동(1960년 상경)-돈암동 (판잣집)	1968년~2012년 (당시)
이매실	전남 장흥	서울 돈암동(판잣집)	1969년~2012년 (당시)
이상호	강원 홍천	강원도 홍천	1969년~2012년 (당시)

우리는 철거한단 소리도 않고 해서 (몰라서-인용자) …(중략)… 쓰레기차가 커 이런 트럭이야. 몇 세대치를 거기다 같이 주워 싣고 와가지고 연장하고 그냥. 애기들하고 데리고 와서 이삿짐도 그 천막도 간신히 그 막대기로 쳐놓고서는 거기다 가마니 깔고서는 그 주워 들이는데 …(중략)… 불도 없고 물도 없고 애기는 배고파서 울고. (강신규)[36]

2012년 노원구 중계본동 '104마을' 현시조사를 한 조옥라에 의하면 함께 트럭으로 강제 이주된 사람들끼리 모여 살면서 중계본동 6통에는 용산구 신계동에서 철거되어 온 이들이 모여 살았고 이후 4통과 5통에는 서대문과 이문동에서 철거된 사람들이 살게 되었다고 한다. 이러한 집단적 이주는 주민들 간의 유대관계 강화에도 영향을 미쳤을 것이다.

2) 기혼여성들의 생활조건과 역할

앞서 살펴봤듯이 1960년대 조성된 저소득층 주거정착지들은 시 외곽의 국공유지들이었다.[37] 이러한 국공유지들은 대지도 아닌 자연공원, 임야, 하천제방이었던 곳으로 도로, 상하수도 등 기반시설이 전혀 없는 상태였다. 가구당 토지만 일부에게 분양한 형태로 이주가 이루어진 곳이 대다수였다. 이주민들은 그 상태에서 생활기반을 만들어야 했다. 중계동의 경우 이주 초기 이주민들에게 4세대 당 소형텐트 32평형(1가구당 8평), 블록을 지급했다고 한다. 우선 천막집에서 시작한 초기 이주자들은 블록 200장으로 토담

36 서울역사박물관 조사연구과, 앞의 책, 2012, 246쪽.

37 〈판자집 철거난관에〉, 《경향신문》 1967년 3월 24일, "24일 서울시관계당국은 철거민 정착지 확보를 위해 시내 성동구 마천동과 하일동 등에 시유지를 사들이기로 했으나 재원이 없어 (하략)." 재원부족 등의 이유로 1970년 이후 시 외곽의 국공유지가 정착지로 조성되는 경우는 거의 없었다(서울역사박물관 조사연구과, 앞의 책, 2012, 55쪽).

움막집을 만들고 지붕은 라면박스에서 점차 루핑으로, 슬레이트 또는 기와집으로 주거시설을 스스로 개선해갔다. 집단 정착지로의 이주정책을 실시한 1967~1968년 시기에 서울시에서 정착민들을 위해 취한 지원은 소형텐트, 시멘트 블록, 시영버스 운행, 공동우물 조성이 전부였다. 이러한 주거지 조성 과정에는 남편과 아내의 역할이 나뉘어 있지 않았다.

> 1968년 가마니촌에 살다가 철거되어 사당동에 온 E부인은 철거를 대비해 간단한 천막집을 짓고 살았는데 구청 철거반원이 들이닥치면 천막을 걷고 받침대를 접어 미리 준비해 놓은 웅덩이에 집어넣고 흙을 덮어 놓아 마치 천막이 없는 것처럼 만들었다.[38]

저소득층 주거지역에 살면서 철거에 대비하고 집을 짓고 개선해 나가는 작업에 성별분업은 없었다. 1986년 사당동에 들어가 현장연구를 진행한 이화여대 여성학과 조교 조혜란은 사당동 여성들이 집을 짓고 늘려간 역사를 듣고 적었다. 조혜란의 옆집 선미 엄마는 고향 전남에서 올라오자 곧 이곳에 19년 전에 와 입주증 가진 사람에게 평당 6,000원씩 20평을 사서 루핑집을 다 고치고 살만하게 만들었다고 이야기했다.[39]

2012년 조옥라가 중계동 현장 조사 당시, 인터뷰에 응했던 여성들은 난방을 위한 연료 입수도 자신들의 몫이었다고 구술했다.[40]

38 조은, 《사당동 더하기 25》, 또하나의문화, 2013, 61쪽.

39 〈조혜란 현장일지〉(1986.9.24.); 조은, 위의 책, 112쪽 재인용.

40 땔감을 때기 위해 여성들이 직접 산에 나무하러 간 사례는 이미 1950년대 난민정착지에 정착한 여성들의 생애구술에서도 자주 발견된다(김아람, 〈38선 넘고 바다 건너 한라산까지, 월남민의 제주도 정착 과정과 삶〉, 《역사문제연구》 20-1, 2016, 240~242쪽).

이 산에 소나무가 하나도 없었어. 낭구(나무)땠어요. 여기 들어와서 산에 이 산에 가서 전엔 소나무가 하나도 없어서 건불 긁어다 때고 그러고 살았어. 불 때서 먹고 살고, 어떻게 살았던가 몰라, 촛불 켜고 천막 속에 다가 구들장을 놓고 불을 때. 이렇게 보루코를 쌓고 방 하나를 딱 쌓아서 거기서 잔 거야. (이매실)[41]

산림이용이나 낙엽 등을 이용하는 행위는 불법이었기 때문에 관 당국에 적발되면 유치장 수감 같은 처벌을 받을 수 있었다. 하지만 연탄 한 장 살 가게가 없는 주거지에서 추위를 피하기 위해서는 불법을 감행할 수밖에 없었다.[42]

주민들, 특히 살림 하는 기혼여성들에게 시급한 것은 물이었다. 1981년 동아일보 보도에 의하면 중계동 104번지 마을의 상수도 공사는 1980년대 이후 진행된 것으로 보인다.[43] 수도시설 설치 전까지 중계동 여성들이 개울에 가서 물을 긷고 씻으며 가사를 책임져야 했다.

지금은 집집마다 수도를 틀어서 해 먹지만 그때는 샘이 저 산 밑에 하나 있어 가지고 온 동네가 다 먹어 그 물을. 거기갔다가 보리쌀 닦고 오고 거기서 김치거리 씻고 거기 가 빨래하고 빨래는 인제 또랑에서 하지. 냇물이 있었어. 냇물이 그 막 얼은 거 방맹이로 툭툭 때려서 장갑도 없어. 그래갖고 이 손이 남의 손이 되어버려. 얼어서 감각이 없어져버려. 빨래 한 자래기. (강신규)[44]

41 서울역사박물관 조사연구과, 앞의 책, 2012, 247쪽.

42 강신규 구술, "나무 잘라다 때면 응, 잡혀가. 그때는 여기 가게도 없고. 연탄 살 수도 없고" (서울역사박물관 조사연구과, 앞의 책, 2012, 248쪽).

43 〈중계동 무허가 주택지 수도·교통 등 생활개선〉, 《동아일보》 1981년 9월 2일.

44 서울역사박물관 조사연구과, 앞의 책, 2012, 251쪽.

개울물로 밥 짓고 빨래하는 것도 쉽지 않았지만 샘까지 거리도 만만치 않았다. 무겁게 빨래를 이고 가고 가끔은 남편이 도와줄 때도 있었지만 세탁은 기혼여성들의 일이었다. 무거운 빨래를 지고 오며 가면서 어린아이들의 육아도 병행해야 했다.

> 다라에 다가 담아서 이고, 또 애를 업고 가서 빨아가지고 또 애를 이고 업고 이러고 오지. (이상호)[45]

탄광촌에서도 우물가나 빨래터는 소식 교환지나 친목장의 역할을 했는데 서울 저소득층 주거지역도 비슷했다.[46] 샘에서 빨래하고 근처에 널어놓고 마를 때까지 같이 점심을 해먹고 저녁때 빨래 건조가 끝난 후 집에 올 때도 있었다. 이상호의 말을 듣던 이매실은 "그래도 그때가 제일 재밌었어." 라며 추억하기도 했다.[47]

사당동도 마찬가지였다. 이주하기 전 사당2동은 밀림의 산속이었고 인근 지역은 농촌지역이었다.[48] 사당동 이주민들은 주민들이 나무 자르고 풀을 깎아 정지 작업을 한 뒤 블록으로 벽을 치고 방구들을 놓은 뒤 슬레이트로 지붕을 덮고 서울시에서 제공한 천막을 이용해 집을 지어 생활하기 시작했다. 사당2동을 필두로 무허가 가옥들이 증가하면서 점차 도로가 확장되고 교통이 연장되며 행정동이 사당4동 등으로 확장되었다. 1970년에

45 서울역사박물관 조사연구과, 앞의 책, 2012, 253쪽.

46 탄광촌 기혼여성들의 생활에 대해서는 장미현, 〈사북사건의 여성들 - 사라진 억센 여자들과 말하는 여성들〉, 《역사문제연구》 23-2, 2019, 142~155쪽 참조.

47 서울역사박물관 조사연구과, 앞의 책, 2012, 253쪽.

48 정자환, 앞의 글, 1984, 8쪽.

반포지구가 매립되어 반포아파트가 들어서면서 사당2동도 육로에 연결되었고 국민학교와 파출소가 개소했다. 이렇게 되기 전까지는 자체 방범대를 운영해 마을 치안을 스스로 지켜야 했다. 1970년대 말까지만 해도 한 지게에 20원씩 물값을 내고 길어 먹었다. 이 지역에 오래 산 여성들 중에는 물지게로 물을 길어다 먹느라고 허리 병이 생겼다는 이들도 많았다.[49]

1981년에서야 약 30여 세대에 하나 정도로 공중 수도나 펌프를 사용했고 5~10집이 공중화장실을 함께 사용했다. 개인 주택 화장실을 가진 집들도 이웃들과 함께 공동으로 사용하는 경우가 많았다. 공중화장실 앞은 정보를 주고받는 장소였고 하수는 고랑을 파서 그대로 흐르게 하거나 하수관을 묻고 복개 하여 하수구를 만든 곳도 있었다. 수도 관리를 둘러싸고 이웃 간에 살인이 일어난 적도 있었다.[50]

1970년대 대표적인 이주지로 꼽힌 서울 성북구 상계동(1970년 당시)과 중계동의 인구는 당시 10만에 달했지만, 교통수단으로는 시내버스 밖에는 없었다. 출근하는 직장인들도 고역이었지만 등교해야 하는 학생들도 고통스럽기는 마찬가지였다. 1968년 중계동으로 이주한 강신규는 매일 등교해야 했던 아이들이 힘들어했던 기억을 여전히 가지고 있었다.

> 그런데 학교 다니는 애들이 인자 시내를 가야 하잖아. 고생 무척 했어, 애들 그냥. 추운데 그냥 걸어서 나가가지고 (버스) 탈라믄 한 시간씩 기달렸다가 차가 오믄 타믄 그렇게 좁고 여학생들은 막 울고. 상계동서 오는 거 기달려. 시내서도 그렇고. (버스에서) 애들이 가방을 들고서 나올 수가 없어 좁아서. (강신규)[51]

49 조은, 《사당동더하기25》, 2013, 140쪽.

50 정자환, 앞의 글, 1982, 127쪽.

51 서울역사박물관 조사연구과, 앞의 책, 2012, 253쪽.

가리봉동 일부 지역의 경우, 전기는 1960년대 초에 들어왔고 당시 정부가 기반 시설로 개설해 준 게 아니라 동네 사람들이 돈을 모아 전선을 연결해 전기를 끌고 들어왔다. 당시 전선이 고가라 밤만 되면 전선을 끊어 가져가는 도둑이 들끓어 마을 사람들이 교대로 방범을 서서 지켜야 했다. 1960년대 말에 이사 온 고경자는 대구에서 가리봉으로 이사 오면서 TV를 가지고 왔는데 전기가 들어오지 않자, 아이들이 "엄마, 서울인데 왜 여기는 텔레비전도 안 나와?"라고 물었던 기억을 떠올렸다. 가리봉동도 1970년대 들어서야 전기가 전면적으로 들어왔던 것으로 보인다. 구로 1~3공단이 들어선 이후엔 집 구하기가 더 어려워져 1가구에 최소 3~4가족이 함께 사는 벌집이 급증했다. 가리봉동의 상수와 급수시설 미비는 꽤 오래 지속됐고 1993년까지 급수난 해결을 위한 공사가 이어졌다.[52]

1967년 이주정착지로 조성된 봉천동에도 상하수도 시설이 전무한 상태로 이주민들이 들어왔다. 이듬해에야 서울시는 굴착기로 지하수를 개발해 간이수도 시설을 설치하고 물을 정화해 이주정착지에 제공할 계획을 세웠는데 대상 지역에 봉천동이 포함되어 있었다.[53] 인근 난곡 또한 이주 당시 나무와 논밭, 웅덩이가 곳곳에 패여 있어, 토지가 슬레이트와 천막으로 집을 짓기에도 적합하지 않았다. 난곡의 집단 정착지 근처에는 공동묘지가 있었는데 유입 인구가 수천 세대에 이르자, 서울시가 공동묘지를 이장시켜 정착지를 넓히려 했다. 청소차에 실려 강제로 묘지를 이장시켜 조성된 정착지에 도착한 후 터를 잡고 집을 지어야 했던 이주민들은 정착지에 뒹구는 해골이나 자신들의 처지나 별반 다를 바가 없다는 것을 한탄하며 이 지역을 '낙골'이라고 불렀다고 한다. 관악구 난곡은 낙골에서 유래한 지명이었

52 서울역사박물관 조사연구과, 앞의 책, 2013, 122~123쪽.

53 〈변두리에 간이수도〉, 《조선일보》, 1968년 12월 6일.

다. 1973년까지 이 지역 기혼여성들은 취약한 상수도 시설 때문에 몇 개의 공동수도를 이용해야 했고 대개 여성들이 관악산 약수터와 밤골 지역의 우물에서 물을 길어와 식수를 해결해야 했다.[54]

산꼭대기 동네의 여성들에게는 장보기도 고역이었다. 난곡의 제일 꼭대기에 살았던 기혼여성들은 꼭대기에 살다 보니 비누, 치약, 설탕, 소금 등 생필품 가격이 아랫동네에 비해 비쌌다. 꼭대기까지 지게로 지고 힘들게 운반해야 했기 때문에 운임이 붙이서었다. 대부분의 가구가 잣 까기, 마늘 까기, 뜨개질, 인형 눈 붙이기 등 가내노동을 하며 겨우 먹고 사는데 같은 물건을 더 비싸게 구매할 수밖에 없었다. '국수모임'에 모인 기혼여성들은 매월 100원씩을 더 내서 1,500원을 만들어 2명이 돌아가면서 장을 보고, 장을 보러 가지 않는 여성들은 버스 종점에서 꼭대기까지 함께 운반했고 나머지 여성들이 다른 집 아이들까지 돌보는 역할 분담 방식을 고안했다. 이러한 과정을 통해 생필품을 저렴하게 구매할 수 있었을 뿐만 아니라 공동육아의 방식을 경험할 수 있었고 저소득층 주거지역 생활 여건을 개선해 나갔다.[55]

이처럼 서울시 저소득층 주거지 어느 지역을 막론하고 첫째, 기혼여성들은 정착 지역 조성과 주거지 마련에 노동을 투입해야 했다. 둘째, 1970년대까지 절대적으로 부족한 상하수도 시설과 주로 고지대에 조성된 지형 조건으로 인해 주민들은 자체적으로 물을 수급해야 했다. 중계동 구술자들의 사례에서 확인할 수 있듯이 살림과 양육을 책임지고 있는 동네 기혼여

54 〈난곡희망협동회〉, 《굴레를 깨고 일어서는 사람들》, 도시빈민연구소, 1991, 188쪽.

55 빈민지역 주민운동의 핵심이라 할 수 있는 탁아운동에 관해서는 이제 막 역사 연구가 진행되고 있다. '국수모임'을 시작으로 1974년 난곡희망의료협동조합에 대한 연구도 현재 지역보건운동사의 일부로 연구가 막 나오고 있다.

성들이 물 공급을 책임져야 했고 그 자체로 고된 노동이었다. 기혼여성들, 특히 물을 더 많이 써야 하는 어린아이를 양육하는 기혼여성들은 육아 노동과 함께 물 공급, 지역에 따라서는 연료 공급의 노동도 수행했다. 저소득층 지역 남성들(남편들)의 대부분이 건설 부문 노동자들인 일용 잡부로 종사했고 건설업 성수기에는 마을 내에 상주하지 않기 때문에 이런 일에 대한 책임은 주로 기혼여성들이 져야 했다.[56]

생활에 필요한 노동뿐만 아니라 저소득층 주거지역 기혼여성들의 다수가 생계를 단독 책임지거나 부부가 함께 꾸려나가야 했다. 이러한 저소득층 지역 기혼여성들이 종사하는 노동 중 하나가 바로 가내노동이었다.

3. 서울 기혼여성들의 가내노동

1) 가내노동의 실태

앞서 살펴본 사당동, 봉천동, 상계동, 구로동 등 저소득층 주거지역 조사연구를 살펴보면 가내노동은 어디서든 발견된다. 1981년 사당2동의 기혼여성들도 양말짜기 공장과 반품된 양말을 재수선 하는 영세 가내공장에 근무했다.[57]

56 정자환, 앞의 글, 1982, 129쪽; 1989년 한국여성개발원에서 진행한 조사에 따르면 가내노동에 종사하는 기혼여성의 배우자 중 93.2%가 취업자이고 6.8%가 무직상태였는데 이중 생산·운수직 종사자가 72.4%, 건설노동 종사자가 27.1%, 가내하청제조업 종사자가 12.5%였다(노미혜·김영옥·염승주·문유경, 앞의 글, 1989, 121쪽).

57 사당2동 가내노동의 실태에 대해서는 정자환, 앞의 글, 1982, 1984; 조은·조옥라, 앞의 책, 1992, 58~88쪽 참조.

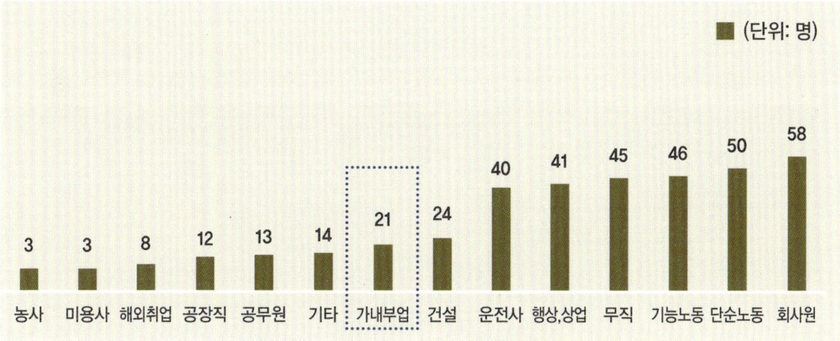

〈그림 4〉 사당2동 가구의 직업분포(1984년)

출처 : 김록호, 〈도시무허가 정착지의 일차보건의료사업 모형개발을 위한 조사연구:서울시 동작구 사당2동을 중심으로〉, 서울대학교 보건대학원 석사학위논문, 1985의 〈표 8〉을 그래프로 작성

비고 : 전체 357명 중 254명(가구주), 103명(가구원)으로 구성.

〈그림 4〉는 서울의 무허가 정착지 가운데 하나인 사당동 주민들의 보건의료상황을 파악하려 했던 의사 김록호가 1984년 7~8월에 걸쳐 현지에서 실시한 면접조사 항목 중 직업분포 결과를 그래프로 만든 것이다.[58] 346명의 직업분포에는 가구주 243명과 가구원 103명이 포함되어 있었는데 가내부업 종사자인 21명은 모두 가구원이었다. 가구원 중 비율로 보자면 20% 정도가 가내부업에 종사했다. 가구주 243명 중에 무직(또는 일당노동)이라 답한 이들도 45명에 달했다. 가구주에 비해 가구원이 직업을 가진 비율은 42% 정도이지만 나머지 가구원, 대다수가 여성인 이들 중 노는 여성은 거의 없었다. 조은이 지적했듯이 가내노동을 포함한 파출부, 영세판매직 등 고용 상태가 불안정한 직업을 전전하다 보니 무직이라고 인식하는 이들이

58 사당2동 1~17통 전체 인구는 2,612가구 1만 1,994명이었고 김록호는 전체 인구 중 표본은 임의 추출하되 각통마다 고르게 임의추출하여 254가구 1,056명을 조사하였다. 이 중 직업이 있다고 답한 이들은 357명이었다(김록호, 앞의 글, 1985, 11~20쪽).

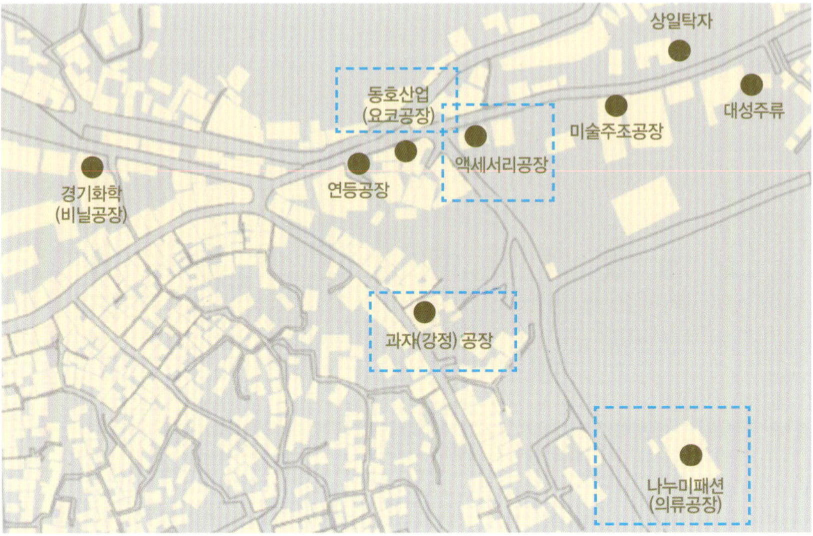

〈그림 5〉 노원구 중계동 104번지 내부 소규모 공장들

출처 : 서울역사박물관 조사연구과, 앞의 책, 2012, 124쪽

〈그림 6〉 104번지 3통 연등공장의 가내수공업 모습

출처 : 서울역사박물관 조사연구과, 앞의 책, 2012, 136쪽

많았을 뿐이다.[59]

난곡이나 구로동과 같이 저소득층 주거지역 지척에 조성된 공단의 영세공장으로 출근하는 기혼여성들도 있었지만, 1960년대 후반 이후에는 서울 외각지역의 저소득층 주거지역 마을 내부에도 영세공장들이 들어섰다. 서울 다른 곳에서는 허용되지 않는 업종의 공장들이었다. 〈그림 5〉을 보면 알 수 있듯이 2012년까지도 중계동 마을 안에 영세공장들이 남아 있다. 중계동 104마을 구술자들에 의하면, 경제적으로 가장 활기찼던 시절, 마을에는 요꼬공장이 한 집 건너 한 집이었을 정도로 많았다고 한다.[60] 생산활동은 상권을 형성하고 이 과정을 거쳐 영세업체 사장들은 국유지 불하 요구를 진행하기도 했다.[61] 중계동 104마을에 기계 1~2대를 놓고, 32~50평 장소에서 종업원 없이 가내노동 형태로 주인이 직접 운영하는 공장이 다수 존재했다. 하청을 받지 않고 살림집 안에 공장을 겸한 가내공장도 저소득층 주거지역 내에는 흔했다. 1978년 사당2동에 거주한 훈이엄마는 5평 남짓한 루핑집 안에 남편과 네댓 명의 요꼬기술자, 시다들의 밥을 해주며 큰 회사로부터 하청을 받아서 요꼬공장을 운영하였다.[62]

〈그림 7〉에서 확인 가능하듯이 기혼여성들에게 가내부업으로 불린 가내노동은 생계를 유지하거나 목돈을 마련하기 위해 필수였다. 저소득층 주거지역 여성들의 경제활동에 대한 조사는 1980년대부터 집중적으로 이루

59 조은, 앞의 책, 2013, 57쪽.

60 요꼬공장은 니트편직공장을 의미한다. 기계에 실을 넣고 좌우로 왔다 갔다 하면 실이 체크 형태로 겹쳐지면서 니트 천을 완성해 납품하는 공장을 뜻한다. 니트편직이 속한 의류제조업은 대공장도 많았지만 하청에 재하청, 위탁을 통한 외주생산이 일반화 되어 있는 업종이었다.

61 서울역사박물관 조사연구과, 앞의 책, 2012, 104~105쪽.

62 강명순, 《빈민여성·빈민아동》, 도서출판 아침, 1985, 164쪽.

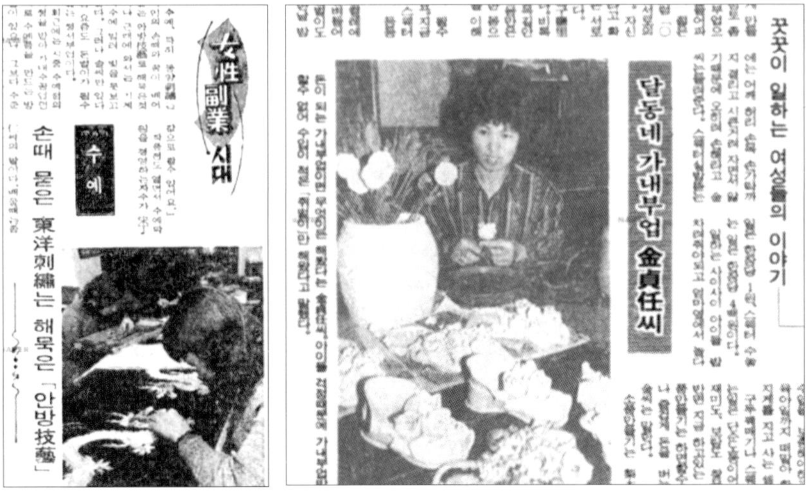
女性副業 시대

수예

손때 묻은 東洋刺繡는 해묵은 「안방技藝」

꿋꿋이 일하는 여성들의 이야기

달동네 가내부업 金貞任씨

〈그림 7〉 1970~1980년대 신문 기사에 보도된 기혼여성 가내부업 기사들

출처: 《조선일보》 1977년 12월 15일(왼쪽); 《동아일보》 1989년 1월 16일(오른쪽).

어졌다. 1983년 개원한 한국여성개발원에서는 보호와 개선이 필요한 여성 노동정책 제안을 위해 3년에 걸쳐 ①영세 제조업체 근로여성의 노동실태(1984년) ②기혼여성의 취업실태조사(1986년) ③영세여성의 현실과 대책 마련을 위한 가내노동실태에 과한 연구(1989년)를 진행하였다.[63] 이 중 ②의 조사에 의하면 알려진 대로 고학력·기혼양육 여성이 경제활동참가율은 낮지만 반대로 저학력·기혼양육 여성은 10만 원 미만 저임금 여성노동자의 31%가 제조업에 종사하고 있었다.[64] 저소득층 주거지역 가내노동에 종사하는 여

63 김선영·차동희·서경숙, 《생산직 노동여성의 노동조건에 관한 연구》, 한국여성개발원, 1984; 노미혜·주준희·조현옥·정해숙·김명숙, 《여성취업실태조사: 기혼여성을 중심으로》, 한국여성개발원, 1986; 노미혜·김영옥·염승주·문유경, 《가내노동실태에 관한 연구》, 한국여성개발원, 1989.

64 노동부, 《1983 직종별 임금실태조사보고서》, 1984. 매년 진행된 이 조사는 조사대상을 10인 이상 사업체로 제한하여 진행되며 10인 미만 사업체는 조사대상에서 제외된다.

성들의 경우는 조사 대상에 해당하지 않았고 따라서 얼마나 많은 여성들이 가내노동에 종사하는지에 대한 정확한 실태 파악은 어려웠다. 그에 따라 한국여성개발원에서는 ③의 조사를 위해 서울지역 내 저소득층 주거지역으로 지정된 103개 지역 중 20개 지역을 표본 추출하여 기혼여성의 가내노동 실태조사를 실시하였다. 20개 지역 전체 8,050명 기혼여성들을 조사한 결과 이 중 4,667명이 취업자(가내노동 포함)로 조사되었다.

이 중 9.4%의 기혼여성들이 가내노동에 종사했다. 조사대상자들은 첫째, 가내노동의 용도로 생계비(73.2%), 자녀교육비(12.9%)를 들었다. 자신의 가내노동 수입이 가계에 도움이 된다고 응답한 이들이 85.6%에 달했다. 둘째, 가내노동에 종사하는 여성들의 연령은 만 35.3세로 학령 이전 또는 학령기 자녀를 양육하는 연령에 해당한다. 셋째, 가내노동에 종사하는 이유로 76.4%가 "가사와 병행할 수 있어서"라고 응답했다. 가내노동은 양육과 가사를 전담해야 하는 연령대 여성들이 생계 분담 또는 전담을 위해 선택한

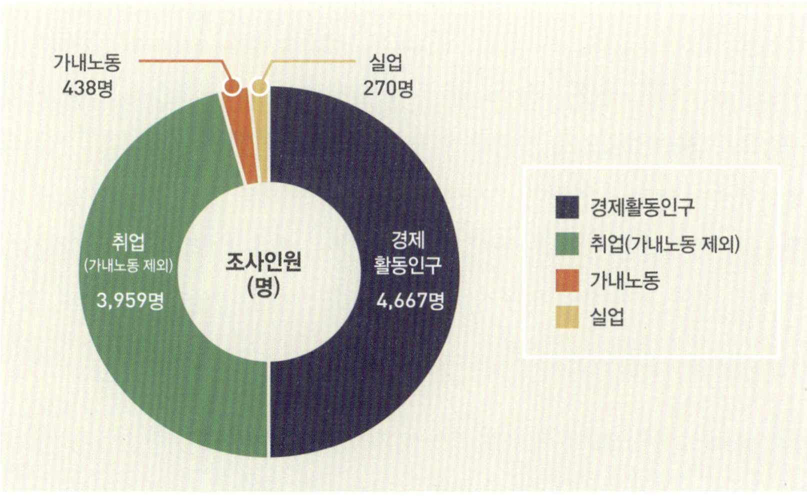

〈그림 8〉 한국여성개발원 조사 대상 기혼여성의 경제활동실태조사 (1989년)

출처: 한국여성개발원, 1989, 17쪽의 조사 결과를 토대로 작성.

노동이었다. 공동작업장에 대한 질문에도 필요없다 라는 응답이 더 높았는데 이유로 "집을 비울 수 없다"라는 응답이 가장 높았다. 전직 또한 당장 희망하지 않는다는 응답이 66.7%에 달했고, 이중 과반 이상이 "집안일과 병행할 수 있어서"라는 이유를 들었다.[65] 조사대상자 남편의 월평균 수입은 36만 5,583원(412명, 무배우자 기혼여성 가정은 제외)이었다. 기혼 가내노동자의 경우는 10만 8,199원이었다.[66]

가내노동 업종과 작업과정 조사도 진행하였는데 가내노동이 단순노동, 노동집약적이라는 특성은 잘 알려져 있었지만 조사를 통해 보다 구체적으로 가내노동의 업무가 파악되었다. 가장 많이 종사했던 업무는 "기타 제조업(장신구 조립, 인형봉제, 스티커 붙이기, 조화만들기 등)"으로 105명이었고 섬유제조업(스웨터 부분 바느질, 침구류 미싱, 편직, 스웨터 짜기, 스웨터 수놓기, 기계자수미싱 등)이 88명, 의복제조업(양복 바느질, 양복 · 아동복 미싱, 모자 · 스카프 미싱, 실밥뜯기, 한복바느질, 모자재단 등) 이 88명이었다.[67] 보고서에서는 조사된 업무 중 비슷한 업무끼리 묶어 13개의 업무로 분류한 후 ①기계제 공업 제품의 부품·부분가공 ②수공업적 제품제조 혹은 부분가공 ③그 외 간단한 수작업으로 나눴다. ①의 경우, 전기·전자제품 부품가공, 스웨터 잇기, 완구조립, 의복 감치기 등이다. ②는 등공예, 한복제작으로 수공업품으로 가치를 높게 평가받을 수 있는 제품도 있지만 생활필수품이 아니고 일정한 손재주가 필요한 분야이다. ③은 마늘까기, 운동화 끈매기, 실밥뜯기, 봉투 붙이기 등으로 분류했다. 가내노동의 특성상 기계 활용 업무와 수작업 업무가 뒤섞여 있었고 미싱, 편물기계와 같은 기계

65 노미혜 · 김영옥 · 염승주 · 문유경, 앞의 책, 1989, 16~29쪽.

66 노미혜 · 김영옥 · 염승주 · 문유경, 앞의 책, 1989, 20쪽 〈표Ⅱ-4〉.

67 제조업종별 가내노동의 업무분포와 다른 업종에 대한 분석은 노미혜 · 김영옥 · 염승주 · 문유경, 앞의 책, 1989, 30쪽 〈표Ⅱ-14〉 참조.

를 기업이 구입하지 않고 가내노동자가 구입하면 기업에게는 이익이었다. 미싱, 편물기계까지는 아니더라도 일단 이런 작업을 위해서도 바늘, 코바늘, 재단 칼과 같은 기본 도구들은 필요했다. 가내노동과 가외노동의 차이는 가내노동에 종사하기 위해선 이 같은 작업용 기계·도구를 자비로 구입해야 한다는 점이었다.[68] 창신2동에 사는 32세 김씨는 재단된 남방을 미싱 박는 가내노동을 하기 위해 중고시장에서 고속 미싱기계와 '인터'라는 특정 미싱을 25만 원, 65만 원 주고 구입했다.

김씨와 마찬가지로 신정3동에 사는 가내노동자 이씨 부인도 마찬가지였다. 이씨 부인은 둘째가 입학하자 동네 부부가 운영하는 가방제조 공장에 다니다가 아침 8시 반부터 저녁 7시까지 근무 시간 중 2~3회를 점심과 집안일로 집을 왔다갔다하면서 근무했다. 하지만 아이들이 엄마가 없다고 밖으로만 돌아서 1년 다니다 그만두고 가내노동으로 가방제조 일을 계속 이어갔다. 이씨 부인이 동네 가내공장 근무를 그만두고 가내노동으로 전직할 수 있었던 이유는 1년 다니는 동안 가내공장 부부 사장들과 신뢰를 쌓았고 그간 저축한 자금으로 25만 원을 주고 도요타 중고 미싱을 구입할 수 있어서였다. 이씨의 경우, 가내노동을 선택해 작업장 통제는 벗어날 수 있었지만 미싱 부품이 고장나면 이때마다 기술자를 불러 수리 비용을 지불해야 했다.[69] 이외에도 바늘 등 부속을 수시로 교체해야 했다.

생산수단을 소유하면 가내노동의 단가가 달라졌다. 마늘까기 가내노동자의 월 소득은 미싱 가내노동 월 소득의 24.5%에 불과했다. 물론 미싱 가내노동은 가내노동자 월 소득 중 가장 높은 편이었다. 1987년 노동부 조사에 의하면 제조업 생산직 종사 기혼여성노동자의 월평균 급여는 19만

68 노미혜·김영옥·염승주·문유경, 앞의 책, 1989, 33~34쪽.

69 노미혜·김영옥·염승주·문유경, 앞의 책, 1989, 35쪽.

8,782원이었고 미싱 가내노동 종사자는 1989년 조사결과이긴 하지만 19만 3,694원이었다. 그러나 이러한 소득 또한 같은 제조업 공장 남성근로자 급여 평균액인 39만 8,511원의 절반 수준이었다.[70] 조사보고서에서는 가내노동이 가외노동과는 달리 근로시간의 차이가 있을 수 있다는 점을 감안해 시간당 임금 평균도 냈는데 이 경우에도 가내 여성노동자는 가외 여성노동자의 77.7% 수준에 지나지 않았다. 그러나 이러한 시간당 임금 평균이 별 의미가 없는 것이 가내노동의 경우 공임(지급형태)은 모두 개수제, 즉 제작 개수에 따라 지급되고 있어서이다.

이 보고서에서 또 하나 주목할 점은 가내노동의 수요자인 위탁기업과 가내노동자의 관계를 분석했다는 점이다. 보고서에서 주목한 점은 첫째, 1980년대 후반, 제조업 중소기업의 48.1%인 23,512개 기업이 하청업체였고 이 비율이 1970년 17.4%에서 1982년 37.7%로 증가추세였다는 점이다. 이 비율이 여성 가내노동자에게 유의미한 이유는 여성노동자를 고용하는 저임금직종인 섬유업, 의류업, 전기전자제조업에서의 구인난이 심각해지고 있었기 때문이다. 제조업 생산직 수급 불균형에 따른 노동력 부족 비율 중 재봉공 및 자수공과 전기전자 조립공이 구인난에 시달릴 1, 2위 업종에 해당했다. 이 부족한 저임금 노동력 제공자들이 기혼여성 가내노동자들이었다. 둘째, 1980년대는 이 분야의 노동력 확보가 어려워짐에 따라 인건비 수준이 다소 상승하였으며 무엇보다도 노동조합 결성과 단체협상 체결을 통해 기업에 대한 급여 인상 압박이 강한 시기였다.[71] 하청기업 중 종업원 규

70 노미혜·김영옥·염승주·문유경, 앞의 책, 1989, 39~40쪽.

71 섬유업, 의료업은 아니지만 여성업종이었던 완구조립업의 경우에도 노동쟁의에 대한 대응으로 하청거래를 늘릴 계획을 세우기도 했다. 완구제조업의 사례에 대해서는 노미혜·김영옥·염승주·문유경, 앞의 책, 1989, 89~91쪽 참조.

모가 5~9인의 영세기업의 제조원가 구성비 중 외주가공비가 10.5%로, 그 이상의 규모가 되는 기업에 비해 2배에 달했다. 섬유·의복 및 가죽산업의 경우 기업규모 5~9인 기업은 제조원가 중 외주가공비 비율이 24.8%에 달했다. 5~9인 기업의 외주가공은 가내노동자들이 맡았을 가능성이 높다.[72]

이 보고서에서는 와이셔츠제조업, 완구제조업, 봉제완구제조업, 편직제조업, 가방제조업 총 5개 모기업, 하청기업, 재하청기업과 가내노동자의 관계를 분석했다. 이 중 하나인 하청업체 S니트의 경우 최종 완제품의 약 50%는 같은 방계판매회사인 J패션으로, 30%는 대기업인 S물산으로, 이외의 여타 3개 회사에 각 5%씩 납품하고 마지막 5%는 일본으로 수출한다. S니트는 생산비 총액 중 외주가공비 비율이 22.4%로 타 편직업체들이 생산비의 40.9%를 외주가공비로 지출하는 것에 비하자면 하청의존도가 낮은 편이었다. S니트는 H니트를 포함해 7~8개의 하청업체에 수주물량의 약 50%를 나눠 완제품을 납품받는 완제하청거래를 하고 있으며, S니트 또한 성수기 때는 단추달기, 단추구멍 뚫기, 스웨터편직 등과 같은 단순공정을 회사 근처 기존 거래 경험이 있는 가내노동자들에게 부분하청을 주고 있었다. 스포츠가방 하청 제조업체인 H실업의 경우 종업원은 11명이고 C회사의 하청을 받아 생산했다. 가방 제조도 물량변동이 큰 제품이었다. H실업은 모기업과의 물량변동이나 비정기적 대량주문을 가내노동자에게 주는 위탁 물량 조정을 통해 주문에 대응했다.

영세업체들의 가내노동 위탁 실태조사를 통해 다음과 같은 점들을 확인할 수 있다. 첫째 가내노동자들의 공임은 개수제였다. 둘째, 영세업체들이 위탁생산 방식을 통해 외주거래로 생산하면 이들 업체는 재직노동자에

72 노미혜·김영옥·염승주·문유경, 앞의 책, 1989, 64~65쪽 〈표Ⅲ-3〉, 〈표Ⅲ-4〉 참조 .

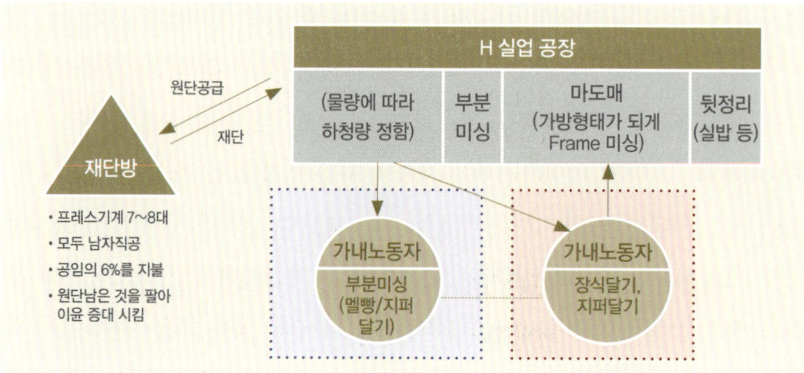

〈그림 9〉 H실업의 생산공정

출처: 노미혜 · 김영옥 · 염승주 · 문유경, 앞의 책, 1989, 116쪽.

비고: H실업은 고급제품의 수요가 최저일 때를 기준으로 자체생산이 가능한 최소 인원만 고용했음. 그 이상의 노동력이 필요할 경우 나머지 생산량은 가내노동자에게 발주하여 외주 생산했음.

게 지급하는 각종 수당(상여금, 시간외초과수당)을 지급하지 않아도 되기 때문에 인건비 지출을 줄일 수 있었다. 셋째, 가내노동자에게 발주하는 하청업체 또한 위탁생산의 최말단 하청기업이었지만 경우에 따라 1차 하청기업 또는 모기업이 가내노동자에게 직접 외주하는 경우도 있었다. 하지만 가내노동자의 공임은 위탁기업이 모기업이든 하청기업이든 상관없이 관행에 따라 단가가 책정되었다. 넷째, 재직 가외노동자들은 동일 노동장소에서 같은 시간 근무한다는 노동조건에 따라 노동조합 결성과 급여 인상을 요구할 수 있었다. 하지만 가내노동자의 경우 ①위탁업체와 노동 장소의 불일치 ②개수제 ③개별 계약제와 같은 가내노동의 특성으로 인해 공임 인상 등의 요구를 하기 어려웠다.

1960년대부터 이어온 여성 저임금에 의존한 수출산업-섬유업, 의복업, 가죽제조업, 완구제조업 등-의 저임금 유지가 어려워졌던 1980년대 후반, 그 자리는 가사와 양육 병행을 위해 가외노동으로 전직할 수 없었던 여성들이 초저임금을 감수하며 지키고 있었던 것이다.

2) 가내노동의 특징: 임시적 '이웃관계' 노동

저소득층 주거지역에서 가내노동에 종사하는 기혼여성들은 살림과 양육, 노동을 하루 시간을 나누어 모두 수행해야 했다. 가내노동자의 노동시간 조사에 따르면 하루 평균 7시간 노동하며 조사대상자 중 한 달 25일을 초과해 일하는 가내노동자의 비율도 32.3%에 달했다.[73] 가내노동자들이 살림과 양육을 병행하며 틈틈이 일한다고 답변했지만 가내노동시간으로 한정하더라도 가외노동자의 노동시간반큼은 일을 해야 작업량을 맞출 수 있었다.[74] 신정3동 이씨 부인처럼 지역 내 가내공장 종사자인 경우는 집과 공장을 오고 가며 식사를 준비했고 지역 내 공장이 아니더라도 아이들 걱정 때문에 근처 공장 위주로 취직할 수밖에 없었고 급여 수준보다 이 점을 우선시하기도 했다.[75] 한국여성개발원에서 1987년 조사한 〈아동보육에 관한 연구〉 보고서에 따르면 저소득층 주거지역 거주 기혼여성들의 경우 생계를 위해 노동이 필수이나 양육대행료를 부담할 능력이 없거나 가구 내에서 취업을 할 수 있는 노동력을 가진 가구원은 모두 경제활동에 참여하므로 취업모를 대신해 자녀를 돌봐 줄 자녀양육 대행이 불가능했다. 가내노동자는 가사, 양육과 가내노동을 병행할 수밖에 없었다.[76]

기본적으로 기혼여성이 집안에서 가내노동을 할 경우, 가족구성원도 가

73 노미혜·김영옥·염승주·문유경, 앞의 책, 1989, 38쪽.

74 물론 가외 기혼여성노동자가 살림과 양육에서 다른 조건에 있었던 것은 아니다. 영세업체 생산직 기혼여성노동자들의 노동조건과 생활실태, 특히 양육문제에 관해서는 김혜장, 앞의 글, 1987; 홍승아, 앞의 글, 1987; 김현미, 〈노동통제의 기제로서의 성〉, 《한국문화인류학》 29-2, 1996 등 참조.

75 홍승아, 앞의 글, 1987, 83쪽; 김혜장, 앞의 글, 1987, 26~27쪽.

76 안순덕·변화순·윤영숙·강선혜·서영준, 《영세지역 아동보육 및 환경에 관한 연구》, 한국여성개발원, 1988, 1~2쪽.

내노동의 영향을 받을 수밖에 없었다. 봉천6동 거주자인 만 35세 한씨 부인은 남편의 불평을 들어야 했다.

> 매년 12월이면 성수기라 하루 500~600개 쉐타의 끝단을 잇는 일을 하는데 하루라도 수거 작업을 거르게 되면 4식구 한 칸 방에 쉐타 더미가 쌓여있어 먼지, 실밥도 많이 나온다고 남편이 불평 불만이 큽니다. 밖에 내놓으면 동네 사람들이 미관을 해친다고 불평합니다.[77]

창신2동의 만 41세 최씨 부인도 자신의 가내노동으로 인해 가족들의 건강이 악화될까 걱정하곤 했다. 이는 노동공간과 생활공간을 분리할 수 없는 저소득층 기혼여성들의 경제적 조건 때문이었지만 가내노동자들은 자신의 노동 때문에 가족들에게 해를 끼칠까 걱정까지 해야했다.

> 안경집 제조의 한 공정으로 본드를 사용하여 철판의 한 면에는 금박지를 붙이고 다른 한 면에는 안감을 붙이는 일을 5년 째 해오고 있습니다. 본드 냄새가 지독하다고 가족들도 말리지만 본인은 익숙해져서 냄새가 어렵지 않으며 (다만-인용자) 어린 아들의 건강에 영향을 줄까 걱정이 됩니다. 그러면서도 국민학교 5학년 막내아들에게 3-4 시간 자기 일을 돕도록 하고 있습니다.[78]

가내노동의 저임금 문제는 이미 언급했지만 다른 어려움은 불규칙적인 작업주문량의 문제와 이로 인한 시간 독촉의 문제였다. 이것은 하청기업이 가내노동자에게 작업을 위탁한 구조에서 발생한 문제로 기업의 '위기'와 관

77 노미혜·김영옥·염승주·문유경, 앞의 책, 1989, 49쪽의 사례12.

78 노미혜·김영옥·염승주·문유경, 앞의 책, 1989, 49쪽의 사례13.

리 업무를 가내노동자에게 전가한 결과이기도 했다.

> TV, 라디오에 들어가는 구리 도선에 껍데기 씌우는 일을 개당 9원에 합니다. 하루 900원 벌이밖에 안 돼서 옆집 아주머니한테 남자 바지 '마도매' 일을 받아다 하기 시작했는데요. 아침9시 시작해 오후 1시에 끝나고 하루 3000원 벌이예요. 이전보단 나은 '부업'이지만 물량이 적고 한 달 고작 2만 원 벌이예요.[79]

가내노동의 특성상 섬유, 의복제조업을 포함한 봉제의 경우는 하청기업이 받은 물량과 수출 선적 시기에 따라 주문량과 기간 유동성이 컸다. 기혼 가내노동자들은 저소득층 주거지역 안에서 임시 동료를 구해 주문량을 나누어 제작하여 물량을 소화했다. 신정3동 이씨 부인은 가방의 멜빵 부분을 미싱으로 박는 일을 하는데 주문을 받는 하청공장이 6~7개에 달한다. 주문량이 몰릴 때에는 동네 아주머니에게 일부를 나눠줘 주문 물량을 마감 날까지 소화했다. 반대의 부탁도 종종 들어오는데, 그때도 신뢰관계를 바탕으로 이씨 부인 또한 힘들더라도 일을 해주는 식으로 가내노동 '동료' 관계를 유지했다.[80]

위탁업체는 유동적 물량과 기한에서 오는 위험뿐만 아니라 기술의 전수, 일감의 배분, 급여 지급과 같은 관리의 업무를 가내노동 '중계부인'에게 전가할 수 있었다. 구로4동의 신씨 부인은 일본으로 의류를 수출하는 회사의 실밥 뜯기, 양복 안감 꿰매기 등의 가내노동에 종사하는데 위탁업체에서 일감을 받아 분배하며 처음 투입되는 가내노동자의 교육도 본인이 진행했다. 이 같은 '중계부인'은 가내노동의 연결고리였다. 저소득층 주거지역의 경우 정착

79 노미혜·김영옥·염승주·문유경, 앞의 책, 1989, 48쪽의 사례10.

80 노미혜·김영옥·염승주·문유경, 앞의 책, 1989, 48쪽.

지 조성과 생활을 꾸려나가기 위해 자조 체계를 갖출 수밖에 없는 공간이었다. 가내노동에 대한 정보도 이웃에서 쉽게 얻게 된다.[81] 사당2동의 '스웨터 아줌마' ㄱ부인은 인근 위탁업체에서 일거리를 가져다가 나눠서 작업했는데 분배와 협업을 유지하는 가운데 이 같은 '중계부인'들은 약간의 이익을 취할 수도 있었다.[82] 카디건이나 라운드 스웨터의 끝단 꿰매는 작업을 1개 완성할 때마다 12원을 받는 봉천6동 한씨 부인은 위탁업체로부터 일감을 많이 받아 동네 아주머니들에게 나눠주는 중계업까지 겸했다. 이 경우 공임 12원 중 10원은 가내노동자에게, 2원은 한씨부인에게 주는 식으로 계산했다.

가장 큰 책임은 일감의 분담이 아니라 급여 지급의 책임이었다. '중계부인'들은 위탁업체에게 보통 한 달에 한 번 정도로 공임료를 지급받는데 개인당이 아니라 전체 작업량에 따라 지급받았다. 하청업체인 위탁업체들은 자신들이 모업체로부터 지급을 받지 못하면 가내노동자들에 대한 지급을 지연시켰다. 이 중간 과정에서 지급을 독촉하고 받아내야 하는 책임은 '중계부인'이 져야 했다. 구로4동의 신씨 부인은 미지급 된 공임비를 자신이 지급한 적도 있었다.

> 지난달 10일 치와 이번 달 20일 치를 합쳐서 월급으로 받는데 3일 정도 늦게 지불되는 것이 보통이에요. 보름 늦은 적도 있는데 무역회사에서 자금 회전이 안 돼서 그랬던 것 같아요. 거래하는 아주머니가 똑같은 변명을 하면서 속을 썩였어요. 5개월 전에 일을 해준 회사에서는 현재까지 공임을 받지 못하고 있

81 가내노동의 연결망은 지역과 가내노동 업종에 따라 고유한 모습을 가지고 있기 마련이다. 1986년 사당2동의 참여관찰을 통해 확인한 부업(가내노동) 연결망에 대해서는 조은·조옥라, 앞의 책, 1987, 58~66쪽 참조.

82 조은·조옥라, 앞의 책, 1987, 64쪽.

어요. 물건을 갖다줬는데 불량 검수한다고 하면서 차일피일 미루고 있고 작업 한 아주머니가 12명인데 내가 모으는 돈으로 보상해주고 있어요.[83]

구로4동의 신씨부인은 만 35세로 양복 안감 바느질과 작업분배에 해당하는 '중계부인' 역할을 맡고 있었다. 업체는 매달 말일에 지난달 10일 치와 이번달 20일 치를 합쳐서 월급의 형태로 받았는데 3일 정도 늦게 지불되는 경우는 다반사였고 보름 가까이 늦게 지불될 때도 있었다. 위탁업체가 거래하는 무역회사가 대금지급을 늦게 하면 중계부인과 중계부인이 전달해야 하는 가내노동자에게도 대금은 늦게 지급되었던 것이다. 이 시간동안 '중계부인' 신씨는 거래하는 아주머니에게 자금회전이 어렵다는 똑같은 변명을 하며 속을 태웠다.[84] 물론 '중계부인'들은 사업체와 작업팀 가내노동자들을 모두 상대하는 위치에 있었기 때문에 여러 위탁업체를 상대하거나 여러 업종을 넘나드는 '중계부인'들도 존재했다. 이들은 일거리를 얼마나 좋은 조건으로 주느냐에 따라 수시로 거래처를 바꾸기도 했다. 선적날짜가 한 날에 겹치는 경우는 위탁업체나 위탁업체를 대리하는 중개상인들이 더 좋은 조건을 내걸기 때문에 선택의 권한이 있었다.[85] 물론 '중계부인'이 위탁업체로부터 받은 돈을 지급하지 않고 가내노동자들의 돈을 떼먹는 경우도 비일비재했다.[86]

83 노미혜·김영옥·염승주·문유경, 앞의 책, 1989, 44~45쪽의 사례9.

84 노미혜·김영옥·염승주·문유경, 앞의 책, 1989, 44쪽의 사례9.

85 조은·조옥라, 앞의 책, 1987, 64쪽.

86 "하루에 2,500~3,000원 돈이 되었는데 일감 주는 아주머니(중계부인-인용자) 가 1만 6,000원씩 물건을 끊어주었어요. 늘 제때 주지 않아 속을 썩이더니 마침내 마지막 1만 6,000원은 떼어먹고 이사 가버렸어요."(노미혜·김영옥·염승주·문유경, 앞의 책, 1989, 44쪽 (사례8)).

이처럼 위탁업체의 위험을 전가 받은 형태로 이루어진 가내노동이었지만 가내노동은 가내노동만의 관계와 방식이 작동하고 있었다. 가내노동의 작업분배와 동료 구하기가 이루어지던 저소득층 주거지역의 이 같은 관계는 생활과 경제가 중첩된 관계로 볼 수 있다. 저소득층 주거지역의 기혼여성들이 가내노동을 구하는 방식은 공식적 모집 방식이나 절차가 있는 게 아니라 가내노동을 하는 가구를 들여다보거나 주변에서 일을 하는 다른 누군가의 소개이다. '중계부인'들은 "마음씨가 괜찮고 신용이 있는지" 또는 몇 달에 걸친 작업의 결과 솜씨가 좋은지를 주관적으로 판단한 후에 작업을 분배한다.[87] 이 경우 선택의 가장 중요한 요소는 안면관계다. 저소득층 주거지역의 가내노동은 이웃관계 노동이었다. 경제관계를 맺고 있는 가내노동 작업팀 동료들은 채무(빚)와 계(사금융)모임에 함께하는 관계였다. 노동관계와 생활관계, 경제관계의 중첩이야말로 저소득층 가내노동의 가장 중요한 특징이었다.[88]

하지만 그렇다고 이들의 관계가 친밀한 신뢰관계를 의미하거나 이해관계를 벗어나 있다고 보기는 어려웠다. 저소득층 주거지역은 형성부터 불안정한 장소였고 서울'특별시' 저소득층 주거지역은 1980년대 이후 지속적으로

87 조은·조옥라, 앞의 책, 1987, 60~62쪽.

88 '중계부인'은 가내노동자들과의 관계를 유지하는 것이 또한 중요했으므로 가내노동자들이 급히 돈이 필요할 경우 급전을 빌려주는 채권자이기도 했다. 이 글에서 자세히 다루지는 못했지만 가내노동 '팀'은 여러 계에 참여하며 친목을 다지거나 목돈을 만들었다. 하지만 "마음이 안 맞으면" 금세 깨진다. 그럼에도 이러한 관계는 특히 외부의 해체 압력이 커질 때 관계의 성격과 깊이에 따라 갈등과 연대로 표출되는데 철거와 재개발 압력이 들어올 때가 대표적이었다. 이에 대해서는 조은·조옥라, 《재개발사업이 지역주민에 미친 영향: 서울 사당동 재개발지역 사례연구》, 서울대학교 인구 및 발전문제 연구소, 1988; 조옥라, 〈여성인류학적 시각에서 본 도시빈민지역운동〉, 《한국문화인류학》 22, 1990; 조미혜, 〈도시빈민여성의 실태와 의식: 철거투쟁을 중심으로〉, 《여성》 3, 1989 참조.

철거와 재개발 대상이었다. 제도와 절차가 아닌 안면관계와 소개로 이루어지는 가내노동의 경우 장소의 불안정성에 직접적 영향을 받을 수밖에 없었다. 가내노동의 위탁업체 또한 사양기에 접어든 섬유, 의복, 완구 등의 수출업체였고 그중 가장 영세한 업체였기 때문에 사업체의 유동성도 이들의 노동과 관계를 불안정하게 만드는 요소 중 하나였다. 이러한 불안정성 속에서 가내노동자들이 취한 생존전략은 이웃이자 가내노동자 동료로 일 하다가도 더 수입이 좋은 가내노동이 발견되면 이러한 관계와는 상관없이 다른 가내노동으로 이동하는 것이었다. 가내노동의 불안정성과 이것이 야기한 위험을 메꾸고 있던 이들도 저소득층 주거지역 가내노동자들이었지만 이러한 불안정성을 활용하며 책임의 전가를 비켜난 선택을 했던 이도 가내노동자들이었던 것이다.

4. 맺음말

이 글에서는 서울 기혼여성들이 저소득층 주거지역으로 이주하면서 스스로 생활 터전을 만들어 나간 경험과 이러한 지역적 조건 아래 다수가 종사했던 가내노동의 실태와 특징을 살펴보았다. 서울 저소득층 주거지역 형성에는 어느 지역을 막론하고 기혼여성들의 노동이 투입됐다. 1970년대까지는 절대적으로 상하수도 시설이 미비했고 살림과 양육을 책임지고 있는 마을 기혼여성들이 물 공급을 책임져야 했고 그 자체가 고된 노동이었다. 저소득층 지역 남성들-남편들-의 대부분이 건설 부문 노동자들로 일용 잡부로 종사했고 건설업 성수기에는 마을 내에 상주하지 않기 때문에 이런 일은 기혼여성들이 책임져야 했다. 1980년대 격렬했던 철거 현장 속 기혼여성들의 투쟁 참여에는 이러한 역사적 맥락이 있었다.

저소득층 주거지역 기혼여성들의 경우 가사노동뿐만 아니라 생계를 위해서도 노동은 필수였다. 자녀가 어려도 양육대행료를 부담할 능력이 없거나 가구 내에서 취업을 할 수 있는 노동력을 가진 가구원은 모두 경제활동에 참여하므로 취업모를 대신해 자녀를 돌봐 줄 가족구성원도 부족했다. 이러한 조건들로 인해 저소득층 기혼여성들은 가내노동을 병행했다.

1960년대 이후 여성 저임금에 의존한 수출산업-섬유업, 의복업, 가죽제조업, 완구제조업 등-의 저임금 유지가 어려워졌던 1980년대 후반, 그 자리는 가사와 양육 병행을 위해 가외노동으로 전직할 수 없었던 저소득층 주거지역 기혼여성들이 초저임금을 감수하며 지키고 있었다. 가내노동의 다른 어려움은 불규칙적인 작업 주문량의 문제와 이로 인한 시간 독촉이었다. 이것은 하청기업이 가내노동자에게 작업을 위탁한 구조에서 발생한 문제로 기업의 '위기'와 관리 업무를 가내노동자에게 전가한 결과이기도 했다. 유동적 물량과 기한에서 오는 위험뿐만 아니라 위탁업체는 기술의 전수, 일감의 배분, 급여 지급과 같은 관리의 업무를 가내노동 '중계부인'에게 전가했다.

영세 위탁기업은 작업 분배자인 '중계부인'과 최말단 가내노동자에게 의존한 상태로 유지될 수 있었다. 하지만 가내노동에는 가내노동만의 관계와 방식이 존재했다. 첫째, 가내노동은 저소득층 주거지역 내에서 작업분배와 동료 구하기가 이루어진 이웃관계 노동이었다. 둘째, 노동관계와 생활관계, 경제관계의 중첩이야말로 저소득층 가내노동의 가장 중요한 특징이었다. 가내공장 운영자이든 '중계부인'이든 작업자인 가내노동자이든 가내노동을 함께 수행했고 이들은 공임을 매개로 한 채무(빚)와 계(사금융)모임의 구성원이었다.

생활과 노동의 장소가 일치했던 만큼 가내노동을 매개로 이루어진 이웃관계가 오래 지속될 것으로 예상하지만 이 관계를 친밀한 신뢰 관계로 보기는 어려웠다. 저소득층 주거지역은 장소의 불안정성이 상시 존재했고 1980년대 이후 지속적인 철거와 재개발 대상이었다. 제도와 절차가 아닌 안면관계와 소개로 이루어지는 가내노동의 경우 장소의 불안정성에 직접적 영향을 받을 수밖에 없었다. 서울 저소득층 주거지역은 가내노동의 현장이었지만 가내노동의 불안정성을 고조시킨 요인이기도 했다.

제 6 장

북한이탈주민여성의 '서울살이'와 노동 경험 연구

이세영 (아시아평화와역사연구소 연구위원)

1. 머리말

지난 2022년 서울 양천구의 임대주택에 거주하던 40대의 북한이탈주민여성이 고독사한 사실이 밝혀졌다. 북한이탈주민의 죽음은 불행히도 이것이 처음이 아니었으며 마지막도 아니다. 2019년 7월 관악구의 임대아파트에 거주하던 북한이탈주민 모자가 굶어 죽은 채 발견되었으며, 2020년에는 경기도 평택에서 50대 남성이, 2021년에는 부산에서 70대 남성이, 2022년 11월에는 경상남도 김해시의 한 원룸에서 20대 남성이 사망한 채 발견되었다. 이 연구가 진행되던 중인 2023년 7월에는 성공한 북한이탈주민여성 창업가로 알려졌던 '제시키친'의 대표가 스스로 생을 마감했다.[1]

이렇듯 북한이탈주민[2] 3만 명 시대라고 하지만, 이들의 남한 사회 정착이 쉽지 않은 상황임이 드러나고 있다. 북한이탈주민들의 남한 사회 정착이 어려운 요인은 복지 시스템의 사각지대 문제, 개인적 트라우마 등 여러 가지가 있을 수 있지만, 그들이 안정적으로 경제 활동을 할 수 있게끔 지원한다면 정착 생활이 더욱 수월해질 것은 틀림이 없을 것이다. 실제로 북한이탈주민들에게 더 나은 남한 생활을 위해 필요한 지원으로 어떤 것을 원하는지 설문하자 1위가 '취·창업지원'(21.9%)이었다.[3] 뒤집어서 말하자면, 그만

1 정다민, 〈북한: 성공 사례뒤에 감춰진 진짜 탈북민의 삶...아무도 모르게 죽는 2030 청년들〉, 《BBC 코리아》 2023년 7월 10일.

2 〈북한이탈주민의 보호 및 정착지원에 관한 법률〉에 의하면 '북한이탈주민'이란 군사분계선 이북지역(북한)에 주소, 직계가족, 배우자, 직장 등을 두고 있는 사람으로서 북한을 벗어난 후 외국 국적을 취득하지 아니한 사람을 말한다(제2조 1항).

3 남북하나재단, 《2022 북한이탈주민 정착실태조사》, 2022, ii쪽. 남북하나재단(북한이탈주민지원재단)은 2011년부터 북한이탈주민 실태조사를 시행하여 각종 지원정책 및 사업 수립, 연구에 필요한 기초자료를 생산하고 있다.

큼 북한이탈주민 상당수가 남한 사회에서 노동을 통한 생계유지에 어려움을 겪고 있다는 뜻이기도 하다. 특히 2022년 기준 북한이탈주민남성의 고용률이 74.8%인 것에 비해 여성은 54.1%에 머물고 있어 여성의 어려움은 배가되고 있는 현실이다.

특히 서울은 북한이탈주민들이 가장 정착하고자 선망하는 도시이자, 실제로 다수의 북한이탈주민들이 살아가고 있는 도시이다. 그렇기에 북한이탈주민, 특히 그중 4분의 3이 넘는 여성들이 서울에서 어떻게 살아가고 있는지, 안정된 정착을 위한 노동은 어떻게 수행하고 있는지 파악하고, 그 과정에서 겪는 어려움이 무엇인지 성찰하는 것은 의미 있는 작업이 될 것이다.

따라서 본 연구에서는 우선 북한이탈주민의 현황을 살펴봄과 동시에 북한이탈주민여성들의 안정적 정착과 노동을 위한 정책적 제언들은 어떤 것들이 있는지 검토한다. 두 번째로 북한이탈주민여성들의 서울살이를 정착·주거의 측면에서 상당수가 왜 서울에 거주하려고 하는지, 그리고 실제 삶은 어떠한지, 세 번째로 그들의 구직과 노동 경험은 어떻게 이루어지며 그 과정에서 난점은 무엇인지를 분석할 것이다. 이를 통해 '빨리 온 통일'이라는 수식언으로 포장되고 있는 북한이탈주민들의 삶에 진정한 화합과 공생의 의미를 던져줄 수 있는 도시로서 서울은 어떻게 나아가야 할지 생각해볼 계기가 되었으면 한다.

2000년대 이후 늘어난 북한이탈주민에 관해서는 정착과 안정이라는 정부의 정책적 필요나, 사회복지 차원 혹은 종교적 목적에 근거하여 많은 조사 연구가 이루어져 왔다. 북한이탈주민여성에 대해서는 여성사적 시각을 견지한 연구도 진행되고 있다. 그렇지만, 정작 다수의 북한이탈주민들이 정착하고 생산과 재생산이 이루어지는 지역인 서울이 갖는 의미가 무엇인지에 주목한 연구는 소략한 편이다. 정책 조사 차원에서 2022년 한 권의 보고서가 나온 바 있으며,[4] 서울시 노원구 정착 북한이탈주민의 적응 실태에 관한 연구[5]나 서울의 북한이탈주민 주거지 연구[6], 북한이탈주민 정착 지역과 자녀교육의 상관관계를 다룬 연구[7], 서울역사편찬원에서 나온 중점연구[8] 등이 서울에 초점을 맞춰 북한이탈주민에 관해 다루고 있다.

본 연구에서는 기존 연구를 바탕으로 실제 북한이탈주민여성들의 생애경험을 토대로 서울에서의 정착과 노동 과정에 보다 초점을 맞추어 정리하고자 한다.

본 연구의 주요 대상은 서울에 정착한 북한이탈주민여성들이다. 서울에는 노원구, 양천구, 강서구 등에 북한이탈주민들이 집단적으로 거주하고 있다. 이들 거주지는 대개 정부가 제공하는 공공임대주택, 즉 임대아파트 단지로서 의도하지 않았다 하더라도 남한원주민과 북한이탈주민들이 섞여 사는 '접촉지대'를 형성하고 있다. 이들에 대해서는 언론이나 정부의 조사 보고서 등을 통해 어느 정도 실태가 파악되고 있다. 따라서 북한이탈주민 여성의 노동 생애사를 구성하기 위해서는 우선 문헌 자료로서 각종 매체나 정부 기관의 조사 보고서 등을 수집하여 활용하였다.

그렇지만, 이것만으로는 북한이탈주민여성이 직접 겪고 느끼는 내밀한

4 문인철, 송미경, 《서울시 북한이탈주민 지원정책 개선방향》, 서울연구원, 2022.

5 박채순, 〈북한이탈주민이 한국사회 유입과 적응 실태 연구: 서울시 노원구를 중심으로〉, 《디아스포라연구》 5-2, 2011.

6 오정석·성진욱·김윤중, 〈북한이탈주민은 서울에서 어떻게 살고 있을까〉, 《주거환경》 19-2, 2021.

7 김성경, 〈북한이탈주민의 "스카이캐슬" 생존기: 임대주택과 교육자본의 공간사회학〉, 《통일인문학》 90, 2022.

8 조수룡, 〈북한이탈주민의 서울 정착과 '더불어 살기'-'귀순자'에서 이민자로, 원호에서 구별짓기로-〉, 《근현대 서울속 '주변인'의 삶과 관계성》, 서울역사편찬원, 2023.

부분을 파악하는 데 한계가 있다. 이를 보완하기 위하여 문헌과 구술자료 수집의 두 가지 방법을 취하였다. 우선 북한이탈주민여성이 직접 작성하여 출판한 수기류를 수집·분석하였다. 두 번째로는 남한 사회에서 노동 경험을 가진 북한이탈주민여성들을 선정하여 직접 생애사 구술자료를 수집하여 활용하였다. 면담 대상은 ①북한에서 노동 경험이 있으며, ②남한 입국 이후에도 노동 경험을 이어오고 있는 북한이탈주민여성들로서 간단한 이력은 다음과 같다. 북한이탈주민이 처한 특수성을 고려하여 익명으로 처리하였으며, 구술자료를 활용할 때도 개인의 신원을 특정지을 가능성이 있는 내용은 비공개 처리하였다.

> 구술자 A : 1965년생, 북한에서 4년제 대학을 졸업하고 국영목장 실험실에서 근무, 평성시 거주, 2012년 남한 입국, 현재 요양보호사로 재직 중, 2023년 9월 12일 면담.
>
> 구술자 B : 1963년생, 북한에서 4년제 대학을 졸업하고 양정사업소에서 근무, 평안남도 북창군 거주, 2010년 남한 입국, 현재 청소노동자 관리자로 재직 중, 2023년 9월 20일 면담.

연구의 내용은 다음과 같다. 먼저 1990년대 말부터 급증한 북한이탈주민의 남한 입국을 둘러싼 일반적 현황을 파악하고자 한다. 특히 본 연구와 관련되는 부분인 남녀 성별 비율과 같은 인구적 특징, 주된 주거 형태, 취업과 관련하여 작성된 통계표를 활용하여 서울 거주 북한이탈주민여성의 사회적 존재 양태를 구성해보고자 한다.

두 번째로, 북한이탈주민여성들의 정착과 노동을 통한 삶의 질 개선을 위해 서울시 차원에서 어떤 노력이 필요할지 검토한다. 남한 사회에 북한이탈주민이 본격적으로 유입되기 시작하면서 정부, 공공기관, 학계에서는 이들의 정착을 돕고 구직과 직장 생활을 개선하기 위한 여러 정책적 제언들을 제시하였다. 기존 제언들을 검토하여 현재 북한이탈주민여성들에게 필요한 정책이 무엇일지 생각해보고자 한다.

세 번째로, 북한이탈주민여성의 서울 이주와 정착 과정을 짚어 보고 정착 생활의 특징에 대해서 살펴본다. 현재 많은 북한이탈주민들은 서울과 인천 남동구 등 수도권에 거주하고 있다. 이들이 이렇게 수도권, 특히 서울 거주를 희망하는 이유는 무엇일까. 북한이탈주민들에게 서울이 갖는 의미가 무엇인지, 그리고 실제 이주자의 눈으로 바라본 서울과 서울 생활, 서울 사람에 대한 평가는 어떠한지 등을 밝혀보고자 한다.

마지막으로 서울 정착을 위해 유의미한 노동 경험이 존재하였는지, 실제 그들의 노동 경험은 어떠하였는지 살펴본다. 노동은 생계유지와 가족 부양 등을 위해 긴요하다. 정부의 지원은 한계가 명확하므로 생존과 정착을 위해서 취업이 반드시 이루어져야 하지만, 현실은 그렇지 않은 경우가 많다. 여기서는 북한이탈주민여성들의 노동 경험을 조사하고, 그것이 정착 생활에 어떤 영향을 미쳤는지 밝혀보고자 한다. 구직과 취업을 둘러싼 경험, 자본주의 사회에서 노동에 대해 갖게 된 판단과 정동, 북한이탈주민들이 선호하는 노동의 형태, 서울시이기에 가능한 노동 경험의 특수성 등에 보다 주목하고자 한다.

이처럼 북한이탈주민여성의 정착과 노동 경험을 주목함으로써 현재 함께 살아가는 북한이탈주민들을 위해, 그리고 언젠가 다가올 화해와 평화의 미래를 위해 서울의 역할과 위상은 어떠해야 하는지 성찰의 기회가 되고자 한다.

2. 북한이탈주민의 일반 현황: 인구 · 주거 · 취업

북한이탈주민은 1990년대 이전에는 군인이나 외교관 등 일부 계층에 국한되어 별로 숫자가 많지 않았다. 그러나 아래 〈표 1〉에서 보듯 1990년대 말 북한의 경제난이 심화하여 일반인들이 탈북하게 되면서 그 숫자가 급격히 증가하였다. 남한에 입국한 북한이탈주민은 2007년 2월 처음 1만 명을 넘어섰으며, 그 증가세가 빨라지면서 2010년 11월 2만 명을 넘어섰다. 그리고 2016년 11월 3만 명을 넘고, 2023년 6월 말 현재 약 3만 3,981명에 이르고 있다.[9] 그중 71.9%가 여성인 점이 가장 특징적이다. 모든 연령대에서 여성 비율이 반수 이상인데, 특히 40대가 81.5%로 가장 높은 비율을 차지하고 있다.

〈표 1〉 북한이탈주민 입국 현황 (단위: 명, %)

구분	~'98	2001	2002	2003	2004	2005	2006	2007	2008	2009	2010	2011	2012
남	831	565	510	474	626	424	515	578	608	662	591	795	404
여	116	478	632	811	1,272	960	1,513	1,981	2,195	2,252	1,811	1,911	1,098
합계	947	1,043	1,142	1,285	1,898	1,384	2,028	2,554	2,803	2,914	2,402	2,706	1,502
여성 비율 (%)	12.2	45.8	55.3	63.1	67	69.4	74.6	77.6	78.3	77.3	75.4	70.6	73.1

구분	2013	2014	2015	2016	2017	2018	2019	2020	2021	2022	2023.6.	합계
남	369	305	251	302	188	168	202	72	40	35	23	9,533
여	1,145	1,092	1,024	1,116	939	969	845	157	23	32	76	24,448
합계	1,514	1,397	1,275	1,418	1,127	1,137	1,047	229	63	67	99	33,981
여성 비율 (%)	75.6	78.2	80.3	78.7	83.3	85.2	80.7	68.6	36.5	47.8	76.8	71.9

9 통일부 홈페이지 북한이탈주민정책 최근현황(www.unikorea.go.kr).

그중 서울은 전국 대비 북한 이탈주민의 비율이 높을 뿐 아니라, 서비스 업종 등의 집중으로 인해 북한이탈주민여성 중 다수가 거주 및 노동하는 공간이다.[10] 수도권에는 약 65%의 북한이탈주민들이 거주하고 있는데, 경기도가 32.1%로 가장 높고 그다음으로 서울시가 19.9%, 약 6,025명의 북한이탈주민들이 거주하고 있다. 특히 서울은 단일 도시로는 가장 많은 북한이탈주민이 거주하고 있다.

〈표 2〉 북한이탈주민 입국 현황 (단위: 명)

거주기간	성별	거주지역	합계	연령대				
				10대 미만	20대	30대	40대	50대 이상
합계			30,281	629	3,207	7,346	8,411	10,688
5년 미만	남성	수도권	487	35	168	103	79	102
		비수도권	127	10	36	35	14	32
	여성	수도권	2,069	49	448	669	464	439
		비수도권	775	15	92	247	228	193
5년 이상	남성	수도권	4,673	193	732	1,335	1,003	1,410
		비수도권	2,137	74	271	457	461	874
	여성	수도권	12,319	179	1,083	2,905	3,690	4,462
		비수도권	7,694	74	377	1,595	2,472	3,176

출처: 남북하나재단, 《2022 북한이탈주민 정착실태조사》, 2022, 13쪽 재인용.
비고1: 사망자, 거주 불명자, 이민자, 특별보호대상자, 보호취소, 보호중지, 보호종료, 비보호자 등은 제외됨.
비고2: 거주지역에서 수도권은 전국 17개 시도 기준 3개 광역시도(서울, 경기, 인천)이며, 비수도권은 14개(부산, 광주, 대전, 울산, 대구, 강원, 충북, 충남, 세종, 전북, 전남, 경북, 경남, 제주)임.
비고3: 거주기간은 남한에서의 거주기간을 의미함.

10 신하영, 〈북한이탈여성의 정착과 노동: 이주관점으로〉, 《2019년 한국이민정책학회한국행정연구원 하계공동학술대회 발표논문집》, 2019, 156쪽.

서울시 거주 북한이탈주민의 성별은 2022년 3월 31일 기준 여성이 4,604명(68%), 남성이 2,119명(32%)이다. 연령대로 보면 0~19세 이하가 23명, 20~30대가 2,358명, 40~50대가 3,080명, 60대 이상이 1,055명이다. 특히 40~50대 여성이 2,228명으로 33.9%를 차지한다.[11]

서울에서 북한이탈주민이 가장 많이 거주하는 자치구는 노원구(1,034명), 양천구(1,041명), 강서구(971명) 등 3개 구로 44.5%가 거주하고 있다.[12] 이 세 지역에 많이 거주하는 이유로는 서울의 비싼 주택가격과 각 지자체의 임대주택 정책을 들 수 있다. 주택가격이 비싸고 상승세도 빠른 서울지역에서 북한이탈주민이 다른 지역으로 이동하기는 쉽지 않다. 또한, 서울시 소속 지방자치단체는 각자 개발사업 관심사에 따라 임대주택 사업을 벌이고 있다. 북한이탈주민의 유입은 이를 정책적으로 도모하는 지역에 편중될 수밖에 없다.[13]

2017년 남북하나재단은 북한이탈주민이 많이 거주하는 10대 주요 거주지를 선정하여 지역별 실태연구 용역을 진행하였다. 이 10대 지역 중 북한이탈주민이 많이 거주하는 서울의 양천구, 노원구, 강서구에 대한 조사 결과를 보면, 우선 10년 이상 거주자가 다수를 차지하는 오래된 정착지라는 점이 주요한 특징이다. 그렇기에 50세 이상 인구와 대학교 졸업 이상 학력자 비율도 전국 평균보다 높이 나타나고 있다. 또한, 이 지역들은 한 동의 한 층이 모두 북한이탈주민 거주 주택이거나, 'Little NK'로 인식될 정도로 특정 아파

11 문인철·송미경, 앞의 책, 2022, 18쪽. 이 통계치는 남북하나재단의 2022년 실태조사와 다소 차이가 있다. 이는 2017~2022년 3월 말까지의 통계자료를 활용하였기에 나타난 차이로 보이는데, 전반적 추세에서 다름이 없기에 같이 활용한다.

12 문인철·송미경, 앞의 책, 2022, 19쪽.

13 조수룡, 앞의 글, 2023, 282~283쪽.

트 단지에 밀집 거주를 형성하는 경우가 많다. 즉 양천구, 노원구, 강서구 세 지역에는 고착화된 북한이탈주민 거주지역이 형성되어 있는 셈이다.[14]

'기초생활보장 수급자 현황'을 볼 때, 서울시 북한이탈주민의 생계급여 수급비율은 전국 북한이탈주민의 생계급여 수급비율보다 높았다. 2021년 기준 전국 북한이탈주민 생계급여 수급비율이 22.8%인데, 동년도 서울시 북한이탈주민 생계급여 수급비율은 33.3%로 5.1%p 더 높았다.[15]

북한이탈주민들의 주된 거주 형태는 1순위가 '하나원에서 배정받은 집 또는 임대아파트'로 54.5%이며, 다음으로 타인 소유 집(21.2%), 본인 소유 집(20.1%) 등 순이었다. 거주기간별로 보면, 거주기간이 3년 미만인 경우 85.7%가 '하나원에서 배정받은 집 또는 임대아파트'에 살고, 거주기간 10년 이상인 경우는 48%가 산다. 즉, 거주기간이 짧을수록 '하나원에서 배정받은 집 또는 임대아파트'에서 많이 살고, 거주기간이 길어질수록 타인 소유 집과 본인 소유 집에서 많이 살게 됨을 알 수 있다.[16]

2022년 기준 현 주택 소유형태를 보면 서울시 북한이탈주민은 '하나원에서 배정받은 집 또는 아파트'에 거주하는 비중이 69.8%로 가장 높고, '타인 소유의 집(전·월세)'이 19.5%, '본인 소유의 집(자기 소유)'이 5.8% 등의 순이다. 전국의 북한이탈주민과 비교하면 서울시 북한이탈주민은 '하나원에서 배정받은 집 또는 아파트' 거주 비율이 15.3%p 높다.[17] 이러한 서울시 거주자와 전국 북한이탈주민간의 주택 소유형태에서 큰 차이는 우선 서울시 거주자는 자가 소유 비중이 매우 낮으며, 두 번째로, '하나원에서 배정받은

14 조수룡, 앞의 글, 2023, 285~286쪽.

15 문인철·송미경, 앞의 책, 2022, 24쪽.

16 남북하나재단, 앞의 책, 2022, 30쪽.

17 문인철·송미경, 앞의 책, 2022, 31쪽.

집 또는 임대아파트'의 비율 격차가 계속 커지고 있다는 점이다. 이는 서울의 비싼 집값을 반영하고 있는 것으로 보인다.

〈표 3〉 서울시 및 전국 북한이탈주민 현 거주 주택 소유형태 (단위: %)

	서울시 북한이탈주민						전국 북한이탈주민					
	2017	2018	2019	2020	2021	2022	2017	2018	2019	2020	2021	2022
본인 소유 집 (자기 소유)	5.7	1.7	5.1	5.7	6.9	5.8	10.9	12.8	15.6	15.8	18.2	20.1
하나원에서 배정받은 집 또는 임대아파트	69.9	70.4	69.9	72.1	67.2	69.8	66	62.7	62	61.2	57.9	54.5
타인 소유 집 (전 · 월세)	17.6	22.6	19.1	17.3	20.5	19.5	17.4	19.2	18.4	19.5	20.5	21.2
친척 또는 친구와 함께 산다	2.6	2	1.6	1.7	0.5	1	5.1	4.9	3.9	3	3.4	1.6
기숙사, 고시원, 하숙집 등	2.9	2.6	2.4	1.6	3.1	2.8	2.1	2.7	1.3	1.1	0.8	1.6
그룹홈, 쉼터 등 (주택미배정자)	0.4	0.5	1.6	1.1	0.8	0.9	2	1.7	1.4	1	1.4	0.3
일정한 거주지 없이(여관 등) 자주 옮겨 다닌다	0.2	0	0	0	0	0	0.4	0.3	0.6	0.5	0.3	자료 없음
기타	0.2	0	0.3	0.3	1	0.3	0.2	0.1	0.1	0	0.1	1

출처: 국가통계포털(kosis.kr) 내 〈북한이탈주민실태조사〉 현 거주 주택 소유형태 데이터와 문인철 · 송미경, 앞의 책, 2022, 32쪽의 〈표 3-16〉을 저자가 재가공.

더 나은 남한 생활을 위해 필요한 지원이 무엇인가 묻는 설문에 북한이탈주민들은 '취·창업지원'(21.9%)을 1위로 답하였다. 2위는 의료지원 18.7%, 3위는 주택문제 관련 지원 13.3%, 4위는 교육 지원 13.2%, 5위는 소득 지원 12.1%가 뒤를 이었다.[18] 그만큼 북한이탈주민들의 남한 정착을 위해서는 안정적인 경제 활동이 이루어지는 것이 중요하다는 뜻일 것이며, 이는 의료 문제, 주거 문제와도 긴밀히 연관되어 있다고 보아야 할 것이다.

18 남북하나재단, 앞의 책, 2022, 39쪽.

하나원에서는 북한이탈주민의 남한 사회 정착을 위해 제공하는 직업교육훈련에 대해 북한이탈주민의 51.7%는 '받은 적 있음' 또는 '현재 받고 있음'을 택하였고, '받은 적 없음'은 48.3%였다. 직업교육훈련을 받은 사람들을 성별로 보면, 여성이 54.4%, 남성이 43.5%이다.[19] 직업훈련의 내용을 보면, 여성은 보건·의료분야 32.6%, 음식·제과·미용 등 서비스 분야 29.2%, 사무·회계 분야 28.4%, 남성은 기계·중장비 분야 53.5%, 정보·통신 분야 13.4% 등이어서,[20] 직업훈련에서 젠더에 따른 격차 또는 차별이 존재하고 있음을 알 수 있다. 이런 차이는 북한이탈주민여성들이 남한 사회에서 취업할 때 상대적으로 저임금의 불안정한 일자리에 위치 지워질 수밖에 없음을 시사한다.

그런데, 이렇게 직업교육훈련을 수료하고도, 해당 분야에서 근무했는지를 묻는 설문에 대해 49.7%는 일하고 있거나, 일한 적이 있다고 답했지만, 더 많은 이들은 '일한 적 없음'(50.3%)이라고 답하였다.[21] 직업교육훈련을 수료했는데도 그 분야의 일을 하지 않은 주된 이유로는 1위가 '다른 분야의 일을 하고 싶어서'로 31.2%, 2위는 '훈련받은 분야의 일자리가 없어서'가 14.3%, 3위는 '임금, 복지, 출퇴근거리 등 조건에 맞는 회사가 없어서'가 13.4% 등의 순이었다.[22] 이는 하나원에서의 직업교육훈련이 북한이탈주민이 원하는 일자리와 별 관련이 없거나, 남한 사회의 경제 현실에 맞지 않는다는 점을 의미한다.

취업 문제는 남성보다 여성이 더 심각한데, 북한이탈주민여성의 고용률은

19 남북하나재단, 앞의 책, 2022, 40쪽.

20 남북하나재단, 앞의 책, 2022, 41쪽.

21 남북하나재단, 앞의 책, 2022, 44쪽.

22 남북하나재단, 앞의 책, 2022, 45쪽.

54.1%로 남성 74.8%에 비해 많이 낮은 편이다. 연령대별로 보면 여성은 50대 62.6%, 40대 62.2%, 30대 53.6%의 순으로 취업률을 보인다.[23] 서울시 북한이탈주민의 경우, 2021년 기준으로 보면, 경제 활동 참가율은 58.6%, 고용률은 53.8%로 전국 북한이탈주민보다 2.7%p, 3.3%p 낮고 실업률은 8.8%로 1.3% 더 높았다. 서울시 북한이탈주민의 비경제활동비율은 2021년 기준 41.4로 전국 북한이탈주민보다 2.7%p 높고, 서울시민보다 3.7% 높았다.[24] 취업자가 없는 서울시 북한이탈주민 가구 비율은 2021년 기준 35.2%로 전국 북한이탈주민 대비 6.2%p 높으며, 최근 5년간 6.3%p 증가하는 추세에 있었다.[25] 이는 지방보다 서울에서 직장을 구하기가 어렵다는 것을 의미한다.

주당 근로시간에 대해서는 '36시간 이상'이 82.8%로 '36시간 미만'(17.2%)보다 높고, 평균 주당 근로시간은 45.1시간으로 법정 근로시간 40시간보다 많이 일하고 있다. 남성의 주당 평균 근로시간은 48.5시간이며, '36시간 이상'은 92.4%, '여성'은 주당 평균 근로시간이 43.5시간이며, '36시간 이상'은 78.5%로 집계되었다. 여성이 36시간 미만 근로하는 이유는 '육아 때문에'(26.4%), '건강 때문에'(21.6%)가 높게 나타났으며, '남성'은 '학교나 학원을 다니기 때문에'(29.3%), '평소에 일거리가 없어서'(21.4%) 등의 순으로 나타났다.[26] 육아를 하는 북한이탈주민여성의 경우 일과 양육의 병행으로 인한 갈등이 있음을 알 수 있고, 또한 북한이탈주민여성이 남한 입국 과정에서 제3국에서 체류하면서 몸과 마음의 건강을 해치는 경우가 많아 이것이 노동에도 큰 영향을 미치고 있음을 알 수 있다.

23 남북하나재단, 앞의 책, 2022, 47쪽.

24 문인철, 송미경, 앞의 책, 2022, 26쪽.

25 문인철, 송미경, 앞의 책, 2022, 26쪽.

26 남북하나재단, 앞의 책, 2022, 51~52쪽.

3. 북한이탈주민여성의 서울 정착을 위한 정책 제언들

북한이탈주민들이 급증한 이래로 이들의 정착을 위한 여러 연구와 제언이 제출됐다. 본 장에서는 북한이탈주민여성의 서울살이와 노동을 위한 정책 제언이 어떤 것들이 있는지 그 현황을 짚어 보고자 한다.

조영아·전우택·구현지는 2006년의 연구에서 북한이탈주민여성들의 취업을 높일 수 있는 지원 내용이 다양화, 구체화하여야 함을 제언하였다. 북한이탈주민여성들은 대부분 취업을 통해서 가족의 경제적 안정을 이루기를 희망하고 있으며, 그러려면 여성의 취업이 쉬운 직종 발굴과 육아와 아동 양육이라는 여성 취업 장벽을 극복할 수 있는 진로 모색이 요구됨을 지적하였다.[27]

장명선과 이애란은 2009년 서울시에 거주하는 북한이탈주민여성의 실태조사를 통해 정착 지원정책을 제언하였다. 서울시는 북한이탈주민여성들이 가장 많이 거주하고 있으며 서울시의 북한이탈주민여성의 정착지원정책은 다른 지역에 주는 의미가 상당하므로 이들에 대한 지원정책을 보다 효율적으로 실시하기 위해서는 정착지원정책 패러다임의 전환, 중장기적 계획 수립, 지역주민과 북한이탈주민간의 사회통합 등을 이루기 위한 정책지향점을 가지고 실질적으로 효율적인 정책을 수립하고 전개해 나가야 할 필요가 있음을 지적하였다.[28]

27 조영아 · 전우택 · 구현지, 〈탈북 여성들〉, 《웰컴 투 코리아》, 한양대학교출판부, 2006, 602쪽.

28 장명선 · 이애란, 《서울시 북한이탈주민여성의 실태조사 및 지원정책방안 연구》, 서울시여성가족재단, 2009, 253쪽.

보다 구체적으로는 먼저 서울시에 거주하는 북한이탈주민여성에 대한 기초자료를 확보하여 정착지원을 위한 인프라를 구축해야 함을 제안하였다. 그러려면 북한이탈주민여성의 신상정보 이외에 지역별 특성, 학력, 연령별, 집단별, 자녀수, 취업상태, 경제상태, 적응여건, 건강상태 등으로 구분된 기초자료를 거주지별로 확보해야 한다. 이 사업은 서울시가 주체가 되어서 계획을 수립하고 실무를 진행해야 할 것이었다. 그리고, 지역 친화적이고 효율적인 정착지원 정책을 시행해야 하는데, 예컨대, 북한이탈주민여성을 위한 발음 교정, 외국어 교육, 한국현대사 교육 제공과 같은 것이 그것이다. 또한, 북한이탈주민여성들이 직업교육프로그램에 참여하거나 취업 시 가장 커다란 장애가 되는 것이 자녀 보육문제이므로, 편안하게 교육을 받을 수 있도록 교육훈련기관 내에 보육실을 마련하고 보육교사 등에게 동반 아동을 보살펴주는 등의 방안과 교육지원을 제공할 것을 제안하였다.[29]

한편, 기존에 제공하던 직업교육훈련이나 폴리텍대학의 기초직업적응능력교육, 하나센터 등에서의 취업교육과 취업보호담당관, 정착도우미 등이 북한이탈주민여성의 취업을 돕고 있으나 실질적으로 취업교육의 실효성이 떨어져 교육에 참여하는 데 소극적이며, 취업교육이 취업으로 연계되는 비율이 낮은 점을 지적하고, 개인들의 다양한 요건에 맞춘 맞춤형 취·창업교육이 필요함을 제언하였다.[30]

장명선과 이애란은 그밖에도 많은 정책 제언을 제시하였는데, 그중 눈에 띄는 것은 서울시 북한이탈주민여성을 위한 '종합 지원 원스톱 시스템'의 구축을 제안하였다는 점이다. 북한이탈주민여성들은 취업과 직접 연결되

29 장명선·이애란, 앞의 책, 2009, 260~263쪽.

30 장명선·이애란, 앞의 책, 2009, 267쪽.

는 정보를 비롯하여 혼인신고와 이혼처리에 따른 가족관계부 정리에 필요한 법률상담, 우울증이나 심리치료 상담, 성 문제나 남녀관계 상담, 자녀교육 등에 대한 상담이나 정보제공을 원하고 있다. 물론 통일부에서도 하나센터를 중심으로 전문상담가를 양성하고 있으나 그 수가 100명밖에 안 되어 수요와 비교하면 너무 부족하므로, 서울시가 별도의 북한이탈주민여성 종합지원센터 설립을 할 것을 요청한 것이다.[31]

정영애와 김윤나는 2013년 북한이탈주민지원재단의 요청에 따라 실시한 북한이탈주민여성의 일과 가정의 양립을 위한 연구 조사를 통해 장기적이고 종합적인 대안과 정책방안을 제시하였다. 이 제언은 크게 지원 서비스 내용 차원과 지원체계 구축 차원으로 분류할 수 있다. 지원 서비스 내용과 관련해서는 북한이탈주민여성에게 지급되고 있는 지원금(취업장려금, 직업훈련수당 등)에 대한 면밀한 파악을 통해 현실성 있는 지원으로의 전환제 필요, 하나원 단계에서의 현실성 있는 교육 프로그램 추가 운영, 탈북 여성을 찾아가는(out-reach) 교육 서비스 제공, 북한이탈주민여성의 자활과 자립을 위한 지원 기한 연장 확대, 의료급여 지원시 취업 여성에 유리한 정책으로 소득 인정액 확대 적용, 취업한 북한이탈주민여성에게 국공립 보육시설 우선권 부여, 주말 및 야간 보육 비용 일부 지원, 지역별 돌봄 지원체계 모형구축 및 확산(지역사회 자녀 연령이나 유사자녀 문제를 지닌 자조 공동체 구성 운영 지원), 협동조합법에 따른 돌봄 관련 사업 창업지원, 생애주기에 따른 연령대별 지원정책 및 서비스, 프로그램 고려 등이 구체적인 정책들이 제안되었다. 지원체계 구축 차원에서는 정부부처간 양해각서 체결을 통한 북한이탈주민여성 취업 지원 및 직업 안정성 확보의 다양화, 지방자치단체의 북한이탈주민여성 지원

31 장명선·이애란, 앞의 책, 2009, 272~273쪽.

조례 제개정 권고, 북한이탈주민여성 지원을 위한 지역사회 지원 네트워크 및 협의체 구성 지원, 북한이탈주민여성 및 자녀에 관한 구체적 통계자료 생산 등의 발전 방안을 제시하였다.[32]

같은 해 한국여성정책연구원에서 나온 유사한 정책 연구에서 김원홍 등은 먼저 성인지적 관점에서의 임신, 출산, 영유아기 아동 양육과 건강 증진, 그리고 북한이탈주민의 남한 입국 후 적성과 직업탐색, 남한 사회 이해 등의 기간을 고려해 북한이탈주민여성의 취업장려금 지급 기간을 현재 거주지보호기간 내 5년에서 3년 정도의 유예기간을 둘 수 있도록 연장하는 방안을 제안하였다. 두 번째로, 북한이탈주민 채용 기업에 대해서는 북한이탈주민 근속에 필요한 시멘트 역할을 해줄 기업내 인사멘토를 지정하고 가이드 역할 수행에 수반되는 지원제도 도입을 제안하였다. 직장 내 대인관계, 의사소통 면에서 북한이탈주민과 직장 상사와의 관계가 중요한 만큼 인사 멘토를 통해 대인관계를 개선하자는 발상이었다. 세 번째로, 지역 수요-직무환경 조화를 고려한 직종 개발 및 운용을 제안하였다. 북한이탈주민여성들은 주로 고졸의 30~40대, 50대 초반으로 기초체력이 저하되고 있고, 자녀 돌봄을 위한 시간이 필요한 이들이다. 특히 근무시간에 있어 자녀 양육을 위해 야근이나 잔업이 없이 정시에 퇴근할 수 있을 것을 원하고, 단순노무직이나 생산직에 근무할 수 있는 기초체력이 저하되어 노동강도가 상대적으로 적은 직장을 선호하고 있으므로 그러한 요구에 맞는 직종을 개발해야 한다는 것이었다. 마지막으로 취업-복지 지원체계의 선순환을 만들어낼 것을 정책으로 제시하였다. 북한이탈주민여성들의 장기근속이 어려운 여러 한계가 있는 상황에서 특히 자녀 양육을

32 정영애·김윤나, 《탈북 여성 일·가정 양립 실태 연구》, 북한이탈주민지원재단, 2013, 118~119쪽.

해야 하는 여성들은 3인 가족 기준으로 지급되는 기초생활보장 수급자 지원을 택할 가능성이 더 커지는 것이 현실이다. 이러한 문제를 개선하기 위해서는 취업장려금 지급 방식 개선, 북한이탈여성 적합직종 개발 및 적용과 더불어 기초생활보장 수급자 지원체계의 선순환이 제도화되어야 한다는 정책 제안이었다.[33]

마지막으로 2022년에 나온 김명희와 최수찬의 연구에서 그들은 북한이탈주민여성의 직업진입과 직업 생활을 위하여 4가지 실천적 제언을 제시하였다. 먼저, 북한이탈주민여성들의 직업진입 과정에서 나이와 언어의 문제는 참여자 나이에 따라 다르게 나타났으므로 이에 직업 지원정책을 수립할 시 대상자별 상황에 맞게 지원정책을 수립하고 개선할 것을 제안하였다. 두 번째로, 북한이탈주민여성들의 직업 활동의 어려움을 해소하기 위한 1:1 멘토링, 직업현장에서의 근로자 역량 강화 프로그램 활성화가 필요하다는 점이 지적되었다. 셋째, 50~60대와 30~40대 북한이탈주민여성이 서로 공존할 방법으로 '노인 일자리 사업 유형의 하나인 시장형(취·창업) 제도의 "노노케어老老care"와 같은 형태의 새로운 제도를 정책화하여 새로운 형태의 일자리 창출의 필요성을 제기하였다. 마지막으로, 북한이탈주민여성의 직업 생활 적응을 위한 방안으로 '북한이탈주민에 대한 인식개선 및 이해 증진'의 중요성을 강조하였다. 직장 내에 존재하는 차별과 편견은 노동자 개인이 노력하는 것만으로 개선되기 어려운 부분이며 이는 직장 내 전체 노동자 나아가 남한 사회의 인식이 변화되어야 하는 부분이다. 북한이탈주민에 대한 긍정적 인식개선은 향후 통일 과정에서 초래하는 갈등과 혼란을 방지하는 데 도움이 되기도 할 것이

33 김원홍·김인순·황의정·박정란, 《북한이탈여성의 직장적응 실태와 정책과제》, 한국여성정책연구원, 2013, 165~168쪽.

다. 따라서, 북한이탈주민들에 대한 이해를 높이고 인식개선을 위한 교육의 필요성을 강조하였다.[34]

4. 사례로 본 북한이탈주민여성의 '서울살이'와 노동 경험

1) 정착과 생활

그러면, 북한이탈주민여성의 서울살이는 어떠할까? 여기서는 먼저 '일반적인' 정착과 생활의 측면에서 문제를 살펴보고자 한다.

남한에 입국한 북한이탈주민의 주거지는 대부분 하나원에 있는 동안 결정된다고 볼 수 있다. 하나원에서 사회적응 교육을 받는 12주 동안 북한이탈주민들은 남한에 거주할 희망지역을 제출하고, 서울주택도시공사 및 한국토지주택공사에서는 공공임대주택을 알선한다. 북한이탈주민들이 공공임대주택을 이용하는 경우 거주지역 결정시 먼저 본인의 의사를 반영하나 주로 추첨으로 진행된다. 공공임대주택을 이용하지 않는 경우 임대보증금 지급을 위한 주거지원금 지급절차로 이어진다. 1인 세대 기준 주거지원금 1,600만 원이 지급되며 임대보증금이 지급되고 남은 잔금의 경우 거주지보호기간 5년이 지난 후 지급된다. 북한이탈주민은 2년간 통일부 장관 허가 없이 알선된 주택의 소유권, 전세권 또는 임차권을 변경할 수 없도록 하여 주거분실을 방지하고 있다.[35]

34 김명희·최수찬, 〈여성 북한이탈주민의 직업 생활 경험에 관한 연구〉, 《통일전략》 22-3, 2022, 102~104쪽.

35 오정석·성진욱·김윤중, 앞의 글, 2021, 102~103쪽.

북한이탈주민들은 서울 및 수도권을 대체로 거주희망지역으로 선택하지만, 대부분의 주택알선이 공공임대주택으로 이뤄지고 있고, 서울 및 수도권에 배정되는 물량이 충분하지 않기 때문에 부득이 전국을 대상으로 주택알선이 행해지고 있다. 이 과정에서 지방에 배정을 받더라도, 해당 주택에 거주하지 않고 서울 및 수도권에서 일자리를 구하는 경우가 많다.[36] 예컨대, 경상북도 경산에 임대아파트를 받게 된 북한이탈주민여성 김민주는 자식을 서울의 중국어학교에 보내기 위해 임대아파트를 포기하고 서울에서 거주지를 찾았다.[37]

구술자A : 다 서울 가고 싶어 했어요. 북한에서 살던 사람들도 평양이라는데 가보지 못하고 산 사람들 많잖아요. 평양이라는 게, 진짜 국경에서 살던 애들은 평양이라는 게, 여기 사람들 서울에 오고 싶으면 오고 다 할 수 있지만, 거기는 그렇지 못하니까. 북한에 있을 때도 서울이라고 하면 진짜 대한민국 대표 수도니까 많이 거기 가고 싶어 하죠. 아무리 집이 뭐 주변에 있다고 거기 하나원에서 선생님들이 그렇게 말해줘도 그건 들리지 않았어요. 서울이면 다 좋은 줄 알았더라고요. 서울이면 다 좋은 줄 알고 그저 서울, 서울, 다 서울 써냈죠. 근데 다 탈락되고 해서 지방으로도 가고 했지.

구술자B : 하나원에 우리 기수가 ○○○명이었어요. ○○○명이었는데 그 ○○○명이 다 아직 한국사회에 대해 아무것도 모르잖아요. 그러니까 몽땅 서울에 살고 싶어 한 거죠. 왜 그러냐면요, 북한에서는 그래도 수도가 평양이잖아요. 그러니까 평양 사람들은 대우도 좋고 아무튼

36 오정석·성진욱·김윤중, 앞의 글, 2021, 108~109쪽.

37 김민주, 《뿌리뽑힌 나무》, 부크크, 2021, 376쪽.

평양 사람들은 다 좋아요. 아무래도 수도니까. 그러니까 평양에 대한, 평양에서 한번 살아보고 싶은 그 로망이 항상 있거든요. 근데 실제 여기 오면 뭐 광주나 부산이나 저기 어디나 다 똑같잖아요. 지하철도 잘 됐고 다 좋은데, 북한에서 생각했던 그 생각을 버리질 못하니까 무조건 이 서울에 가 살아야 된다, 이런 생각이거든요.

구술자B : 저 자체도 제비뽑기 딱 해서 내가 딱 보니까 나는 서울이라고 돼 있는데 나른 사람은 경기도, 전라도 이렇게 돼 있으면 서울에 제비 뽑고 딱 뽑았던 사람은 너무 좋아서 울고 또 그렇지 못한 사람은 또 못해서 울고, 안 돼서 울고.

구술자A와 B는 모두 서울에 살 것을 강력하게 희망하였다. 그 주된 이유는 역시 서울이 대한민국의 수도이자 가장 유명한 도시이기 때문이었다. 특히 북한에서는 거주·이전의 자유가 제한되기 때문에 아무나 평양에 가서 살 수가 없었을 뿐만 아니라, 평양시민은 북한에서 나름 특권층을 형성하기 때문에 그만큼 선망의 대상이었다. 따라서 남한에 와서도 서울에 대해 평양과 대비하여 그러한 선망을 가지게 되고 서울 살기를 희망하였다.

구술자들 뿐 아니라 하나원에 입소한 다른 북한이탈주민들도 모두 서울에서 살기를 희망하였는데, 구술자A에 따르면 하나원 직원들은 어떻게든 서울 이외의 다른 지역을 신청하게끔 유도하였지만 별 소용이 없었다. 거주지역은 하나원에서 추첨을 통해서 정하게 되는데 서울에 '당첨'된 사람들은 너무 좋아서 기쁨의 눈물을 흘리고, 서울에 '당첨'되지 못한 사람들은 슬퍼서 우는 모습이 나오기도 하였다.

이렇듯 어렵사리 서울에 살게 된 북한이탈주민들이 서울에 대해 느끼는 것은 사람마다 차이가 나타나고 있었다.

구술자B : 서울에서 진짜 보니까 ○○구도 서울 중심이더라고요. 조금 중심이더라고요. 그래서 솔직히 여기 다 우리 ○○구 주변에 여기 영등포하고도 가깝고 여의도하고도 가깝고 하니까 솔직히 너무 서울에서 사는 긍지랄까 자부심이라고 할까. 그런 게 좀 있어요. 근데 다 나름대로 경기도에서 사시는 분이나 지방에서 사시는 분도 자기 나름대로 자부심도 있기는 있겠지만 저는 서울에서 산다는 게 항상 긍지스럽게 생각을 해요.

구술자B는 자신이 서울에서 산다는 것을 매우 자랑스럽게 생각하였다. 특히 자신이 배정받은 ○○구가 서울 중심부와 가깝다고 생각하기 때문에 더욱 그런 긍지를 가지고 살고 있다. 그렇지만, 구술자A는 서울에서 사는 것에 대해 그다지 큰 장점을 느끼지 못하고 있다.

구술자A : (일자리) 구하기도 그렇고, 물가도 비싸지. 그 집도 또 서울이라 해도 막 끝에 있지. 그렇다고 해서 집이라도 좋지도 않지. 지방 가면 집도 국민임대라도 좋아요.

구술자A는 서울이 일자리 구하기도 어렵고 물가도 비싸서 살기 힘들다고 생각하고 있다. 또한, 배정받은 주택들도 서울 변두리에 있어 불편할뿐더러 그 주택들도 별로 좋지 않다고 생각하였다. 같은 공공임대주택이라면 지방의 그것이 더 좋다는 것이다. 이처럼 공공임대주택을 선택한 북한이탈주민들은 남한 정부가 저렴하게 안정된 주거공간을 제공해준다는 점에서는 만족하나, 배정받는 주택 대부분은 노후화, 좁은 면적, 민원 반영 등이 만족할만하지 못한 점 등에 불만이 있다. 또한, 북한이탈주민의 특성이 반영되는 주택 배정이 이루어지지 않기 때문에 경사지에 노인이 배정되거나 여성 혼자인데 지리적 위치가 좋지 않은 주택 등에 배정되기도 한다.[38] 물론 배정받은 주거공간에 대한 평가도 상대적인 측면이 있다.

> 구술자B : 근데 집에 처음에 착 들어가 봤는데 너무 신세계 같더라고요. 아파트에 탁 들어가는데, 근데 저희 아파트에 들어갈 때 그 담당형사님이라거나 그러니까 경찰서에서 한 분씩 담당이 있어요. 저희 5년 동안 생활 이렇게 신변보호 해 주시는 분이 계시는데 그분이 들어가자마자 관리소장을 딱 부르더니 우리 보기에는 너무 좋고 막 장판도 그래, 벽지도 그래 다 좋고 너무 좋은데, "여기 살던 사람이 이사 나간 지가 언젠데 아직도 이걸 장판 새로 안 했다"고 하면서 "우리가 이틀 동안 어디 다른 데 가 있을 동안 도배 빨리 하라"고. "아니면 내가 SH 주택공사에다 얘기하겠다"고 이러면서 막 으름장을 놓는 거예요. 그래서 (상태가) 너무 좋은데 (장판과 도배를) 다시 또 한다는 게 처음에 너무 놀랐고요.

구술자B는 자신이 배정받은 임대주택이 매우 상태가 좋았는데, 그것을 굳이 또 장판과 도배를 새로 해 준다는 사실에 더욱 놀랐으며, 이는 남한 정부에 대한 감사의 마음과도 연결되었다. 즉, 자신은 "남한에 기여한 거는 하나도 없"는데도 오자마자 "14평짜리든 12평짜리든 9평짜리든" 임대주택을 "그냥 공짜로 주셨"다는 사실에 대해 "과분"하고 "너무 고맙"게 여겼다. 반면 구술자A는 배정받은 임대주택이 좁고 불편하다고 느꼈다. 이런 감각의 차이는 개인적인 감수성의 차이에서 비롯되었을 수 있지만, 보다 근본적으로는 구술자들이 북한에서 어떤 사회경제적 위치였는지, 그리고 어떤

38 오정석·성진욱·김윤중, 앞의 글, 2021, 108~109쪽.

생활수준에 있었는가에 따른 것으로 보인다.

입주한 북한이탈주민들은 임대주택 생활에 적응하는 데 어려움을 겪는 편이다. 입주 전 생활 안내에 대한 교육이 제대로 시행되지 않은 것이 주된 이유인데, 예컨대, 하나원 퇴소 후 지역센터에서 남한생활과 관련한 추가 교육을 이수하고 있으나 월세, 관리비, 전기세, 수도세 등 공과금 사용료에 대한 체감형 교육이 시행되지 않은 문제로 인해 부득이 인지하지 못해 연체하는 사례가 빈번하다.[39]

임대주택을 이용하지 않는 북한이탈주민의 경우 주거지원금을 받아 자신이 살 주택을 찾는데, 이들은 남한의 부동산 시장 및 흐름에 대해 생소하다 보니 기본적으로 점유형태인 전세, 보증부 월세의 개념을 이해하기까지 상당한 시간이 걸린다.[40] 상술했던 김민주는 서울에서 아들과 살 수 있는 월셋집을 찾기 시작했는데, 정착지원금 규모에 맞는 곳을 찾다 보니 그만 컨테이너를 개조한 무허가 옥탑방에 들어가게 되었다. 그곳은 여름에는 너무 뜨거워 도저히 에어컨을 안 쓸 수 없어 전기세만 한 달에 30만 원 정도가 나오고, 겨울에는 기름보일러를 아무리 돌려도 추위를 막을 수가 없었다. 너무나도 열악한 환경을 견디기 힘들었던 김민주가 다른 곳으로 이사하려고 하자, 집주인은 2년 계약 기간이 만료되기 전에는 보증금을 돌려줄 수 없다고 했고, 계약서라는 개념을 몰랐던 김민주는 자신이 2년 계약을 했다는 사실도 그제야 알게 되었다.[41]

서울에서 살게 된 북한이탈주민들은 같은 아파트 거주민들이 보내는 차별의 시선, 남북의 주거문화의 차이에서 비롯되는 '소외' 현상을 겪으며 정

39 오정석·성진욱·김윤중, 앞의 글, 2021, 109쪽.

40 오정석·성진욱·김윤중, 앞의 글, 2021, 109쪽.

41 김민주, 앞의 책, 2021, 376~378쪽.

착에 어려움을 겪는다. 남한 사회는 사회, 문화, 정치, 인종, 국적, 성적 지향 등의 차이에 기초한 '소수자'에 대해 상당히 차별적인 태도를 보이고 있다. 북한이탈주민여성들 또한 이런 사회 문화 속에서 다양한 사회적 차별에 직면하고 있다. '못사는 나라'이자 '정치적으로 남한의 적대 사회'에서 온 북한이탈주민이라고 하는 일반적 편견이 이들과의 상호작용의 과정에서 '위계적'으로 작동한다.[42]

남한 사회에 본격적으로 북한이탈주민이 정착하기 시작한 20여 년 전부터 북한이탈주민들이 많이 사는 임대아파트 단지에서는 '원주민'들과 갈등이 일어나고 있었다. 원주민들은 북한이탈주민들이 공동체 생활에서 예절을 모른다고 비판하였다. 북한이탈주민들과 원주민 간의 갈등 요인으로는 ①지나치게 큰 TV 소리 ②밤에 여러 사람 몰려서 노는 것, 고성방가 ③쓰레기 분리수거가 안 됨 ④아이들 오토바이 등이 제기되었다. 북한이탈주민들과 직접 접촉하고 있지 않은 거주자들도 북한이탈주민에 대한 고정관념과 편견을 갖고 있었다. 특히 북한이탈주민들이 받는 생계급여에 대한 불만이 높았다. 자신들과 같은 임대아파트에서 같이 생계급여를 받고 있지만, 정부에서 북한이탈주민들에게 더 많은 특혜를 주고 있다고 생각하였다.[43]

같은 아파트에 거주하는 남한 사람들이 보여주는 북한이탈주민들에 대한 부정적 태도는 매우 중층적 원인에 의한 것으로 볼 수 있다. 즉, 뿌리 깊은 반공의식에 기초한 북한에서 온 사람들에 대한 부정적 태도, 못 사는 곳에서 온 사람에 대한 무시, 자신들보다 더 지원을 많이 받는다는 생각에

42 동국대학교 북한일상생활연구센터, 《탈북여성의 탈북 및 정착과정에서의 인권침해 실태조사》, 국가인권위원회, 2010, 118쪽.

43 이우영, 《북한이탈주민의 지역사회 정착》, 통일연구원, 2003, 47~48쪽.

서 온 불만, 북한이탈주민들이 갖는 자본주의 생활에 익숙하지 않은 돈 씀씀이와 공동체 생활에서의 배려 없음 등이 복잡하게 얽히면서 북한이탈주민들에 대한 부정적 인식이 더욱 커지는 것으로 보인다.[44]

북한이탈주민들은 북과 다른 남한의 주거문화에 대해서 의아함을 토로하였다. 무엇보다도 이웃과 담을 쌓고 지내는 남한의 도시 주거문화에 적응하는데 어려움을 보였다.

> 구술자A : 대화도 없고 내가 그쪽에는 저녁마다 인민반 회의하고 저 집에는 식구가 몇이에요, 아버지는 어디 다니고 뭐하고 대체로 어느 정도 살고 그런 걸 다 알아요. 저희 아파트 사람들 애들까지도 다 이렇게 소통하고 다 알고 지내고 그랬는데, 여기는 옆집하고도 꿀 먹은 벙어리처럼 아주.
>
> 구술자B : 근데 여기 오니까, 와... 옛날에는 안 그랬다고 하는데, 북한에서는 뭐 이렇게 솔직히 우리 집에, 예를 들어서 사과 한 박스가 생겼다 그러면 서로 인간관계를 잘 가져야 되니까 조금 높은 간부네 집이라든가 이렇게 해서 주변에다 나눠 먹고. 부침개를 저녁에 했다 그러면 부침개도 막 돌리고. 그리고 더군다나 추석이나 구정에는 술 한 병 들고 부부가 이렇게 어르신들 동네 찾아다니면서 술 한잔 부으면서 "장수하시라"고 "건강하시라"고 이렇게 인사를 하거든요. 북한에는 추석하고 구정에는 이렇게 가서 설 인사도 하고 이렇게 하는데 여기는 옆에 사람이 뭐 남편이 있는지, 애들이 있는지, 뭐 이사를 왔는지 갔는지 아예 모르겠더라고요.

44 이우영, 앞의 책, 2003, 50쪽.

집단주의 문화가 강한 북한에서는 같은 아파트 주민들은 서로의 집안 사정에 대해 잘 파악하고 있을 뿐 아니라, 인간관계를 좋게 유지하기 위한 문화가 발전하였다. 그래서, 집에서 부침개를 구우면 가족들만 먹는 게 아니라 이웃들과 나눠 먹으며, 특히 추석이나 설과 같은 명절에는 젊은 부부가 술을 들고 돌아다니며 이웃의 어르신들과 덕담을 나누는 것이 일상적이었다. 이런 문화에서 살다가 남한에 온 구술자들은 서로 거리를 두고 지내며 그다지 교류가 없는 남한의 아파트 생활에 대해 답답한 마음을 비쳤다.

> 구술자A : 소통하면 서로 도울 일도 돕고 그러면 살 수 있겠는데, 이렇게 막 벽을 쌓고 사니까. 심지어 저기 우리 옆집에는 그 할머니하고 나이가 든 아들이 같이 사는데, 우리 딱 옆에 할머니인데 추운 겨울에 공공근로 일자리 신청해서 그걸 당첨됐다면서 좋아하더라고요. 그러면서 나가서 2020년, 그때만 해도 지금은 좀 올랐다고 그러는데 그때 29만 원인가 받는다고 하더라고요, 한 달에. 그래서 "이모, 이모는 왜 수급비[기초생활보장 수급자 생계급여] 신청 안 하나?" 그러니까는 "그런 거 어떻게 신청하나?" 그러더라고요. 그래서 "아니, 이모, 그렇게 겨울에 춥고 그런 데 나가서 그렇게 하지 말고 아들한테 말해서 수급비 신청해달라고 해." 그러니까 저희 아들은 그렇게 상관 안 한대요. 그래서 내가 데리고 다니면서 수급비 신청해주고 뭐 하고 해서 29만 원보다 그래도 수급비 타는 게 더 곱으로 많고 그렇잖아요. 여기 내가 데리고 다니면서 주민센터랑 데리고 가고 뭐 하고 해서 어쨌든 수급비 타게 해줬는데, 그런 상태로 이렇게 서로 좀 이렇게 조금이라도 소통하면은 서로 돕고 그렇게 살 수 있는데.

구술자A는 옆집에 사는 할머니가 어렵게 살면서 한겨울에 공공근로에 나가는 것을 알게 되자, 스스로 발 벗고 나서서 기초생활보장 수급자 생계 급여를 받을 수 있게 도와주었다. 구술자A는 이웃끼리 서로 돕고 소통하면서 살 수 있건만, 남한에서는 이웃끼리 무관심하므로 그러지 못하고 있음을 한편으로 의아해하면서, 한편으로 안타까워하였다.

한편, 구술자B는 남한 사람들이 가까운 사이끼리도 자기 집 주소를 가르쳐주지 않는 것을 이상하게 생각하였다.

> 구술자B : 그리고 또 하나 이상한 게 자기네 집을 절대 안 가르쳐주더라고요. 그래서 내가 그거 왜 그러는(지 물었더니), 예를 들어서 우리 동료들 간의 관계도 항상 좋을 수만은 없다는 거죠. 어느 때든지 또 갑자기 뭐 이렇게 틀어지거나 둘이 웬수될 수도 있잖아요. 그러면 자기네 집을 알려주는 것 자체가 위험이 될 수 있다고 생각을 한대요. 그래서 절대 집을 안 가르쳐준다고 (하더라고요) 손님이 와도, 우리는 북한에서는 손님이 오면 무조건 집에서 식사 대접도 하고 집에서 재우기도 하고 이렇게 하는데 여기는 그거 완전 아니더라고요.

구술자B는 북한에서는 손님을 환대하는 문화가 있는데, 남한 사회에서는 친한 사이라 하더라도 쉬이 자기 집을 알려주거나 초대하지 않는 것에 대해 의아하게 여겼다. 이처럼 주거와 관련하여 이웃이나 동료와도 연관 관계가 약한 남한 사회의 문화적 특징은 북한의 집단주의적 주거문화에 익숙했던 구술자들에게 낯설게 다가왔고, 사회적응의 과제를 더하는 것이기도 하였다.

북한이탈주민여성은 정착의 어려움에 더해 가족 간 갈등이나, 자녀 양육, 일과 양육의 병행에서 오는 갈등도 더해지고 있다. 북한이탈주민 가족에서는 고정적인 남녀 성 역할, 엄하고 경직된 자녀 양육 방식, 가부장적

문화 등으로 부부 사이의 관계적 측면에 어려움이 있다.[45] 한국도 그렇지만 중국의 조선족 등도 가부장적인 문화가 강한데, 제3국에서 가부장적인 문화권의 남성과 혼인을 하고 남한에 들어오는 경우에도 갈등은 심각하다. 맞벌이를 해야 하는 북한이탈주민여성들은 '전업주부'일 때조차 전혀 도움을 주지 않던 가부장적인 남편과 가사분담을 해야만 하는 상황이기 때문이다.[46]

자녀 양육의 문제도 북한이탈주민여성의 남한 사회 정착을 어렵게 하는 요인이다. 북한이탈주민들은 남한과 다른 교육체계에서 교육받고 성장하여 사교육 위주인 남한 교육체계와 그 교육방식에 대한 정보가 부족하여 양육에 어려움을 겪는다. 수업 준비물부터 자녀의 숙제 지도까지 모르는 것이 많아 고생하기도 하고, 북한에서는 일단 자녀가 학교에 가면 학교 선생님이 학업 및 생활에 관해 대부분을 책임지는 데 비해 남한에서는 어머니가 자녀의 공부와 학교생활을 위해 많은 준비를 해주고 도움을 주는 것이 당연시되어 당황하기도 한다. 또한, 자녀들을 훈육하는 방식에 있어 북한에서는 여전히 체벌을 위주로 하는 데 비해 남한에서는 대화로만 해야 하는 것도 갈등의 요인이 된다.[47]

이렇듯 남한 사회에 정착하려는 북한이탈주민들은 여러 고충을 겪고 있는데, 어려움을 함께 나누고 지지해줄 사회적 연결망이 없다는 점도 정착을 어렵게 하는 한 요인이 된다. 북한이탈주민들은 남한에 의지할 수 있는 확대가족이 없는 경우가 많고 자녀 양육 및 교육에 대한 정보를 물어볼 친

45 정영애·김윤나, 앞의 책, 2013, 45쪽.

46 김유정, 〈탈북여성의 일과 자녀돌봄의 고군분투 경험〉, 《배제와 통합: 탈북인의 삶》, 진인진, 2019, 210쪽.

47 김유정, 앞의 글, 2019, 208쪽.

한 지인도 없어 어려움을 겪고 있다. 북한이탈주민들은 자신의 말투가 남한 사람과 달라 '북한 출신'임이 밝혀질까 봐 두려워 사람들과의 의사소통을 꺼리는 편이며, 같은 북한이탈주민인 경우 서로 의식적으로 멀리하는 경향을 보여 활발한 커뮤니티가 발생하고 있지 않다.[48]

> 구술자A : 처음에 와서는 한동안 한 2~3년은 계속 좀 우울증 같은 걸 좀 앓았어요. 고향 생각도 나고 부모들 생각도 나고 해서.
>
> 구술자A : 그런 차별이, 여기 와서 이제 이 친구를 사귄다 해도 여기 사람들 속심을... 이제같이 속으론 좀 우습게 생각하면서 여기서, 여기서 뭐 저이 낳아서 자랐다고 좀 우습게 보는 그런 게 있지 않는가 하는 그런 선입견이 많이 들어서. 또 그런 일을 많이 당하기도 하고 했으니까, 쉽사리 여기 사람들하고 이렇게 속을 주질 못해요.
>
> 구술자B : 저는 여기 혼자 왔잖아요. 그러니까 아무리 친한, 옆에 동료가 있고 (그래도) 솔직히 속 터놓고 얘기할 수 있는[없는] 게 그게 솔직히. 너무 그러면 술 한잔 먹고 그래도 좀 이렇게 속마음을 털어, 남한테 확 털어라도 놓으면 속이 좀 시원할 때가 있잖아요. 근데 그거를 할 수 없다는 게, 그럴 때는 진짜 형제가 엄청 그립더라고요. 그러면 우리 동생이라도 불러가지고 술 한 잔 먹으면서 이래야 "내 진짜 너무 속상하다"고 이렇게 속사정도 얘기도 하고 그래야 되는데 그렇게 할 수 없는 게 그게 참 그때 제일 슬프더라고요.

북한이탈주민들은 본인이 선택해서 남한에 들어왔다 하더라도, 완전히

48 김유정, 앞의 글, 2019, 209쪽; 오정석·성진욱·김윤중, 앞의 글, 2021, 109쪽.

다른 체제와 사회, 문화 속에서 이방인으로 살 수밖에 없다. 특히 남한에 들어오면서 가족이나 친지들과의 연결이 단절되면서 오는 외로움은 심리적으로 크게 작동하여 '우울증'의 원인이 되곤 한다. 만일 남한 사회에서 그런 관계망을 대체하는 사회적 관계를 형성할 수 있다면 어려움은 다소 줄어들 수 있을 것이지만, 그 또한 쉽지가 않다. 남한 사람들과는 진심으로 친해지기가 어려운데, 그것은 남한 사람들이 속으로 자신을 북한 출신이라고 깔보지 않을까 하는 불인김이 내재하여 있기 때문이다. 그런 불안감은 또한 실제 생활 속에서 받은 차별적 언행에서 비롯된 것이기에 근거가 없다고 할 수도 없다. 같은 북한이탈주민끼리라도 친해지면 되지 않겠느냐고 볼 수도 있지만, 설령 같은 하나원의 '동기'라 하더라도 3년이 지나면 대개 휴대전화 번호를 바꿔서 연락이 끊어지게 되어 관계를 유지하기가 어렵다.

남한 사회적응의 어려움은 극단적인 경우 자살의 원인으로까지 이어질 수 있다. 서울 거주 북한이탈주민 중 자살 충동을 경험한 비중은 2017년부터 2021년까지 5년 평균 13.78%로 같은 기간 전국 북한이탈주민 자살 충동 경험 비중 13.36%보다 0.42%p 높았다. 남한 전체 자살 충동 경험 비중이 2020년 기준 5.2%인 것과 비교하면 서울시 거주 북한이탈주민의 자살 충동 경험은 남한 전체보다 2배 이상 높음을 알 수 있다.[49]

2022년의 경우 서울시 거주 북한이탈주민의 자살 충동 경험 비중은 14.8%로 전국 북한이탈주민 11.9%보다 2.9%p 더 높게 나타났다. 서울시 북한이탈주민의 자살 충동 경험 이유로는 '신체적·정신적 질환, 장애'(30.5%)와 '경제적 어려움'(24.6%)이 가장 높게 나타났고, 그다음 '외로움, 고독'(15.0%), '가정불화'(9.9%), '친구나 동료들과의 불화 및 따돌림'(0.4%) 순이었다. 특히 '경

49 문인철·송미경, 앞의 책, 2022, 32~33쪽.

제적 어려움'과 '외로움'이 차지하는 비중은 전국 북한이탈주민보다 높게 나타났다. 한편, 북한이탈주민여성의 경우에는 북한이탈주민남성보다 더 높은 자살 충동을 경험하였다. 2022년 통계에 의하면, 여성의 자살 충동 경험 여부는 13.3%로 남성 7.3%에 비해 6%p 더 높게 나타났다.[50]

물론 자살 충동의 원인을 쉽게 특정하는 것은 위험한 일이겠지만, 실업자(12.6%)나 비경제활동 중인 자(18.6%)가 취업자(7.6%)보다 응답률이 높게 나타난다는 점을 볼 때, 생활고나 경제 문제, 이와 연관된 사회적 지지의 부재가 중요한 원인을 제공한다고 볼 수 있을 것이다.

2) 구직과 노동 경험

북한이탈주민여성들은 남한 사회에서 살아나가기 위해 취업을 해야 하는데, 이 또한 새롭게 적응해야 하는 과제를 안고 있다. 북한이탈주민여성은 북한에서 경험한 젠더 규범과 젠더화된 산업구조·산업노동 등 다른 경로의 이주민이 입국 이전에 경험한 문화보다 정치·경제·사회적으로 더 이질적인 경우가 많다. 북한이탈주민여성이 입국 이전에 경험한 생산 및 노동 구조는 '공장의 가정화' 및 '여성의 노동계급화'로 표현되는 젠더적 위계가 있는 북한의 경제 활동 현장과 불안정한 체류자격으로 인한 경제적·신체적 착취가 빈번한 제3국에서의 경제 활동 현장이다.[51]

북한이탈주민여성들은 입국 전에 남한 사회에 대한 오해 또는 환상을 갖는 경우가 더러 있다. 즉, 드라마 등을 통해 보는 남한 사회는 "돈 벌기가 아주 헐한 걸로 생각"하였다. "거기서 (남한) 드라마를 볼 때에는 그 거지도 통닭만 먹고 드라마에 나오거든요. 거지도 이제 통닭만 먹고 그러는 거

50 국가통계포털(kosis.kr) 〈북한이탈주민실태조사〉 자살 충동 경험 여부 및 이유 데이터.

51 신하영, 앞의 글, 2019, 160쪽.

랑, 무료 급식소랑" 나오는 모습을 보면서 남한에서 돈을 쉽게, 잘 벌수 있으리라는 기대를 품게 된다. 그러나, 이런 생각은 남한에 들어와 한갈 환상임이 드러난다. 막상 남한에서는 "아침에 출근해서 저녁 늦게 일하고 알바하고 뭐 그렇게 일해야지 돈이 생기는걸" 깨닫게 되기 때문이다.

게다가 남한에 들어온 후에는 진로설계, 생애 전략 수립에 걸리는 기간이 매우 짧아 남한의 노동시장을 판단할 수 있는 요인이 제한적이다. 그러다 보니 하나원 되소 전부터 님한의 중개인과의 연락을 통해 '다방'으로 "흘러들어가" 버리는 경우가 많다. 또한, 애초에 "돈을 벌러 들어왔으니 더 많은 돈을 주는 곳에 더 끌리는" 현상이 있다. 북한이나 중국에 두고 온 가족에게 돈을 부쳐야 할 때 이런 경향은 더욱 심하게 나타난다. 또 북한이탈주민들이 자본주의 사회의 현실에 대해 잘 모르기 때문에 이를 악용하는 경우도 많이 나타나고 있다.[52]

현재 북한이탈주민의 노동시장 정착 정도는 시간이 지나면서 개선되고 있지만, 여전히 남한 국민과 큰 격차가 존재하고 취업자 중 상당수가 소규모사업장에 생산직 혹은 서비스·판매직으로 종사해 고용 안정성 또한 높지 않은 실정이다.[53] 2022년 '직업 유형' 조사 결과에 의하면, 북한이탈주민 여성의 경우 1순위는 서비스 종사자(24.8%), 2순위 단순 노무 종사자(23.1%), 3순위 전문가 및 관련 종사자(12.3%), 4순위 사무 종사자(11.3%), 그 밖에 판매 종사자(8.4%), 관리자(6.8%), 장치, 기계 조작 및 조립 종사자(6.4%), 기능원 및 관련 기능 종사자(4.4%), 농림, 어업 숙련 종사자(2.5%) 등의 순으로 직업

52 신하영, 앞의 글, 2019, 161쪽.

53 박성재, 〈저임금노동시장에 갇힌 탈북민들〉, 《배제와 통합: 탈북인의 삶》, 진인진, 2019, 189쪽.

을 가지고 있다.[54] 즉, 북한이탈주민여성들의 상당수는 불안정한 고용 상태에 놓여 있다고 할 수 있다.

그렇다면, 서울에 거주하는 북한이탈주민여성의 노동 경험에서 제기되는 난점은 무엇이 있을까? 크게 다섯 가지를 들 수 있을 것인데, 첫 번째는 나이와 경력 인정 문제, 두 번째는 생산직이 부족한 서울의 특징, 세 번째는 차별, 네 번째는 직업교육의 한계, 다섯 번째는 일과 육아의 병행 문제 등이다.

북한이탈주민여성 중 젊은 세대는 남한에서 교육을 받고 취업할 기회가 있지만, 이미 40대가 넘어서 입국한 중장년 세대의 북한이탈주민여성들은 북에서 종사했던 업무를 경력으로 인정받지도 못하는 데다가, 나이가 많아서 안정적인 직장을 찾기가 어렵다.

면담자 : 그러면 그런 생각은 혹시 해보셨어요? 북에서 이제 연구원으로 계신 거니까 남쪽에 와서도 비슷한 직업을 좀 가져봐야겠다든지.

구술자A : 그런 거이, 그런 생각도 해봤는데 경력이 있어야 되고. 여기 오니까 그쪽에서 있는 경력 그런 거는 봐주지 않고. 경력이 있어야 되고, 그 내가 그때 와서 그때 당시 여기 왔을 때 나이가 벌써 많이 지났더라고요. 그때 마흔 여섯, 일곱 그때 나왔는데 그 나이대가 벌써 늦었더라고요. 그런 직업 찾기는. 그래서 그런 직업은 포기하고.

구술자B : 여자들 특히 더군다나 저는 회사에 취직할 수도 없는 상황이고. 50대가 거의 됐으니까. 하나원에서도 교육을 받는 게 "나이가 조금 있는 분들, 40대, 50대 이렇게 나이 든 사람들은 그냥 서비스 직종, 식당이나 이런 데 가서 일하는 게 낫다. 회사에 들어가면 내 딸 같은,

54 국가통계포털(kosis.kr) 〈북한이탈주민실태조사〉 직업유형 데이터.

내 아들 같은 사람들한테 (지시 받아야 되는데) 솔직히 그거 스트레스 받는다." (이렇게 가르치니까) 그러니까 애초에 아예 회사에 들어갈 생각은 아예 안 한 거예요. 또 뽑아주지도 않고.

40대 이상의 북한이탈주민여성들은 경력을 인정받지 못하는 가운데 주로 식당과 같은 서비스 직종에 취업할 수밖에 없는 상황에 놓이게 된다. 더구나, 하나원에서는 북한이탈주민여성들에게 일반 회사에 취업하면 어린 상사한테 지시를 받아야 해서 스트레스를 받으니까 처음부터 식당과 같은 서비스 직종을 찾아보라고 유도하고 있다. 그러나 이는 현실을 도외시한 조언인데, 왜냐하면 북한이탈주민여성들이 서비스 직종에 취업하는 것 또한 사실상 불가능하기 때문이다. 이는 북한이탈주민의 억양, 말투로 인해 북한 출신임이 드러나는 데 따른 남한 사람들의 차별적 행태와 연관이 있다.

면담자 : 그럼 그런 일을 이제 택할 때. 딱 '내가 이거를 꼭 해야겠다'라고 생각하셔서 그거를 하신 건가요?

구술자A : 아니, 처음에는 좀 나도 사무직 같은 거 좀 해보려고 사회복지사 자격증도 따고, 여기서 사이버 대학도 나오면서 사회복지사 자격증도 따고, 뭐 컴퓨터 그런 공부도 하고 했는데 문이 높더라고요. 그리고 이제 우리가 좀 이게 말씨가 이러니까 좀... "어디서 왔나?"[하고 묻는데] 차라리 조선족이라고 하는 게 더 낫겠더라고요. 북한에서 왔다고 하니까 두말없이 안 된다.

구술자A : 건물 청소하는 것도 있잖아요. 말투 보고서는 "어디서 왔냐?" "저기 북한에서 왔다." 하니까 안 된다고 해요. 그런 청소하는 것만도 내 몇 번 거절당했어요. 북한에서 왔다고, 이상하죠?

면담자 : 그러네요.

구술자A : 글쎄, 아니 이거 청소나 하는 게 왜 북한에서 온 거하고 무슨 상관이 있나?

구술자B : 제일 처음에 소개받은 게 돈까스집, 그래서 거기 가서 두 달 일했나? 두 달 일하고...

면담자 : 홀에서 서빙하는 거를?

구술자B : 안에서 서빙은 못 해요. 저 말투 때문에 서빙이 안 돼요. 그러니까 주방에서 설거지를 하고, 돈가스 튀기는 거, 주방 기초적인 거, 주방 보조를 하는 거죠.

구술자A와 구술자B 모두 남한 사람들을 직접 상대해야 하는 서비스 직종은 억양, 말투 문제로 아예 취직이 안 되었다. 차이가 있다면 구술자A는 구직을 시도하면서 그러한 차별에 직면하여 좌절하였고, 구술자B는 애초에 억양과 말투 때문에 서비스 직종은 구직을 시도하지 않고, 직업소개소를 통해 주방 보조 업무를 소개받았다는 점일 것이다.

구술자B : 다른 건 모르겠는데 여기 와서 제일 제가 조금 심적으로 스트레스받았다고 할까... 그러면 저도 저 나름대로 오자마자 한국분들하고 많이 대화하고 이렇게 생활하고 이렇게 많이 휩쓸리고 이래가지고 고쳐졌다고 생각을 하는데 그래도 저도 모르게 자꾸 북한 말이 튀어나오고 자꾸 이렇게 억양에서 조금 표현이 되나 봐요. 처음에는 진짜 힘들더라고요. 북한에서 진짜 50년 동안 굳어진 억양이고 말투고 이러니까 그게 진짜 안 고쳐지더라고요.

구술자B는 북한 억양과 말투를 지우기 위해서 큰 노력을 기울였다. 억양과 말투로 인해 자신이 북한 출신임이 드러나면 그만큼 차별에 노출되기 때문이었다. 비록 "한국분들 열 분이라고 했을 때 아홉 분, 여덟 분은 진짜 좋은 분들이"지만, "개중에 한두 분들이, 쟤 북한에서 왔대. 여보 쟤 주제 좀 봐, 이런 식으로? 쟤 신발도 탈북했나 봐, 이런 식으로 막 대놓고 그러"는 경험을 가졌기 때문이다.

그런데, 이러한 주방 보조 업무와 같은 직종은 체력 문제로 인해 오래 하기가 어려운 일이었다.

> 구술자B : 그 학원을 졸업하고 ○○대 식당, 무슨 대학생 애들 식당에 취직을 했거든요. 거기도 4대 보험 되더라고요. 그래서 거기 취직을 했는데 너무 힘들더라고요. 진짜 거기는 몇천 명 배식하고 나와서 설거지로 들어가는데, 제가 설거지밖에 더하겠나 싶어서 들어갔는데 진짜 두 달 동안 거기서 하는데 너무 힘들더라고요.

이처럼 나이가 있는 북한이탈주민여성들은 서비스 직종에 취업이 되기도 힘들고, 체력적으로도 육체노동에 적합하지 않다. 따라서, 상대적으로 체력 소모가 적은 생산직종에 취업하는 것이 나은 선택이 될 수 있지만, 서울에서 그러한 생산직종을 찾기란 쉽지 않다.

> 구술자A : 이제 직장 얻기도 좀 우리가 이제 우리 거기서 온 애들이야, 뭐 이 젊은 애들 내놓고는... 젊은 애들은 이제 공부해서 사무직을 얻을 수도 있고 하지만 서울에 무슨 생산직 그런 거이 좀 많지 않으니까. 서울에 살다가 다 지방으로 나간 애들이 많아요.
>
> 면담자: 그거는 일을 구하기 위해서?
>
> 구술자A : 일 구하기도 그렇고, 물가도 비싸지.

구술자A는 서울에서 생산직을 구하기가 쉽지 않아서 지방으로 이사 간 북한이탈주민들이 많다고 증언하였다.

이처럼 어려운 조건에서 취업하였다 하더라도 북한이탈주민여성들은 작업 현장에서 열악한 근무환경으로 인해 어려움을 겪으며, 북한의 학력과 경력 부재에서 오는 차이로 인해 업무적으로나 승진에서 뒤처지는 경험을 하곤 하였다. 이는 남한 사회에서 직업 생활을 하는데 필요한 직업훈련이나 직업 세계에 대한 이해, 자격요건들을 갖출 시간이 없이 경제적 어려움으로 작업 현장에 먼저 뛰어들기에 나타나는 현상이라 할 수 있다.[55]

거기에 더해서, 일부 상술했듯이, 북한이탈주민들은 남한 사회의 북한사람 차별로 인해 큰 어려움을 겪게 된다. 북한이탈주민들은 현재에도 남한 사회의 차별과 무시에 노출되고 있다. 아래 표를 보면 북한이탈주민의 약 20%에 달하는 사람들은 북한 출신이라는 이유로 차별이나 무시를 당한 경험이 있다고 대답했다. 그중 서울 거주 북한이탈주민은 22.6%가 차별/무시를 당했다고 답을 하여 가장 많은 차별/무시의 경험을 하고 있음을 알 수 있다. 차별/무시당한 이유는 1순위가 '말투, 생활방식, 태도 등 문화적 소통방식이 다르다는 점'이 51.7%로 가장 큰 비중을 차지했고, 2순위는 '남한 사람이 북한이탈주민의 존재에 대한 부정적 인식(세금부담 증가 등)을 하고 있어서'가 20.8%, 3순위로는 '전문적 지식과 기술 등에 있어 남한 사람에 비해 능력이 부족하다고 생각되어서'가 16.1%였다.

특히 3순위의 이유는 서울 거주 북한이탈주민이 전국 단위보다 많이 선택하고 있는데, 이에 대해 기존 연구에서는 장기 거주 북한이탈주민이 "남한 사회의 구조적 차별과 배제를 점차 내면화"하게 되었기 때문이라는 추

55 김명희 외, 〈여성 북한이탈주민의 직업생활을 통해 바라본 남한 사회적응에 관한 질적 사례연구〉, 《사회과학논집》 53-1, 2022, 63쪽.

정이 나온 바 있다.[56] 그렇지만, 추정의 근거가 다소 막연하기에 반드시 그것이 차별과 배제의 '내면화'라고 보기는 무리가 있다.

한편 여성이 차별/무시당하였다는 경험은 20.2%로 남성의 17.4%보다 높게 나타나고 있으며, 경제 활동 별로 볼 때는 취업자(19.9%)보다 실업자(29.2%)가 더 높게, 그리고 종사상 지위별로 볼 때 무급가족 종사자와 임시직 근로자, 일용직 근로자가 각각 27.3%, 23.9%, 21.2%로 높게 나타나고 있다. 이는 차별과 무시가 경제적 지위와 밀접한 관련이 있음을 보여주는 것이라고 할 수 있다. 이런 점에서 볼 때 일자리 경쟁이 더 치열한 서울에 거주하는 북한이탈주민이 자신이 겪는 차별과 무시를 '전문적 지식과 기술'의 차이에서 온다는 식으로 받아들일 가능성이 더 크다고도 할 수 있을 것이다.

〈표 4〉 지난 1년 동안 북한 출신이라는 이유로 차별/무시당한 경험 여부 (단위: %)

	서울		전국	
	있음	없음	있음	없음
경험 여부	22.6	77.4	19.5	80.4
차별/무시당한 이유				
말투, 생활방식, 태도 등 문화적 소통방식이 다르다는 점에서	51.7		58.5	
남한 사람이 북한이탈주민의 존재에 대한 부정적 인식(세금부담 증가 등)을 가지고 있어서	20.8		19	
전문적 지식과 기술 등에 있어 남한 사람에 비해 능력이 부족하다고 생각되어서	16.1		11	
언론에서 북한체제와 북한이탈주민들에 대한 부정적 보도의 영향으로	1.8		5.1	
남한 사회에서 경제적 소득수준이 낮은 계층이라서	4.6		3.1	
북한의 호전적인 도발(미사일, 핵실험, 군사교전 등)의 영향으로	2.5		1.3	
기타	2.5		2.1	

출처: 국가통계포털(kosis.kr) 〈북한이탈주민실태조사〉 중 지난 1년 동안 북한 출신이라는 이유로 차별/무시당한 경험 여부 데이터를 저자가 재가공.

56 조수룡, 앞의 글, 2023, 290쪽.

북한이탈주민은 남한 사람들과 말투가 다르므로 손쉽게 주위에 탈북 사실이 드러날 뿐만 아니라, 바로 그 언어 차이로 인해 적응하는 데 어려움을 겪는다. 북한이탈주민들은 모두 한글을 사용하고 있지만 서로 다른 의미로 사용되는 전문용어나 외래어로 인해 더욱 큰 어려움을 겪는다. 특히 남한에서는 외래어를 많이 사용하기 때문에 의사소통에 어려움을 겪고 있다. 또한, 최근 증가하고 있는 북한이탈주민 자녀들의 대부분은 중국 출신의 '중도입국자'로서 한글을 전혀 모르거나 거의 모르는 상태에서 한국에 입국하므로 한국어반에 들어가서 한글부터 배워야 하는 상황이다.[57]

북한이탈주민여성들은 상술하였듯이 북한 출신이라는 이유만으로 구직 자체가 안 되는 경우도 많았을뿐더러, 어렵사리 취직한 다음에는 남들보다 더 열심히 일해야 하고, 북한이탈주민이라는 이유 하나만으로 낙인을 찍는 남한 사회의 편견에 노출되어야만 했다.[58] 한 북한이탈주민여성은 직장에서 실수할 때마다 상사가 자신이 '북한 출신'임을 트집 잡는 경우가 종종 있어 무시당한다고 느끼기도 하였다. '북한 출신'이기 때문이라는 소리를 듣는 것이 다른 무엇보다 힘들다고 말했다.[59] 심지어 "'탈북자'라 배워먹지 못해서 그런다. 아무것도 모른다. 말이 안 통한다. 말귀를 못 알아먹는다."[60] 라는 모욕적인 언사를 들으며 속상해하기도 했다.

57 김유정, 앞의 글, 2019, 207쪽.

58 김명희 외, 앞의 글, 2022, 61쪽.

59 김유정, 앞의 글, 2019, 213쪽.

60 김유정, 앞의 글, 2019, 213쪽에서 재인용.

구술자A : 어느 집에 가서 요양 보호하는데 그 집에는 이제 좀 잘 잘 산다고 해야 될까, 그러니까 가사도우미가 따로 있고 이제 요양보호사도 있고 한데, 이제 뭐 생겼으면은 가사도우미한테는 좀 가져다 먹으라든가 뭐 이렇게 하는데 나한테는 아무 소리 안 하더라고요. 무슨 감자나 과일이나 뭐 그런 건데, 그거 솔직히 돈 몇 푼어치 해요? 우리 북한에서 온 사람들이 그런 데는 또 자존심이 세서 가져다 먹고 뭐 하라 그래도 받아먹고 그러지 않는데. 나는 그래요. 나는 그런데, 어쨌든 둘이 그 집에서 일하는데 한 사람 이쪽 가사도우미 보고는 가져다 먹으라고 그렇게 말하는데 날 보고는 아무 소리 안 하거든요. 그카면 그거 어떻게 생각할 것 같아요? 저기가 나를 꽤나 우습게 보는구나. 내가 저쪽에서 왔다고 저렇게 생각하나 하는 그런 혼자서 많이 생각하고... 나도 어떻게 처신해야 된다는 거 다 알고 있는데 그런 인사는 북이나 여기나 다 같은 건데 왜 사람을 차별, 내가 보기에 나는 차별한다고밖에 느낄 수밖에 [별 수] 있나.

구술자B : 그렇게 들어오니까 솔직히 조금 주위 사람들이 "쟤 뭐야? 탈북자인데 우리도 못 하는 데 쟤가 주임으로 들어온 거야? 그리고 청소는 어디까지나 좀 할 줄 알아야 어느 정도 이 부분에 노하우가 있어야 남한테 시킬 수도 있고 그런데 아무것도 모르고 더군다나 탈북자가 어떻게 저런 자리에 들어왔어?" 이러면서 대놓고 그러더라고요.

구술자B : 이렇게 모아놓고 청소하면서 제기된 거, 세팅을 하면서 제기된 거 업무와 관련해서 이렇게 얘기를 하면 남자분이 대놓고 딱 그러는 거예요. "○○님, 북한에서 혹시 아나운서 하다 오셨어요?" 그러는 거예요, 대놓고. 그러니까 너무 말을 잘한다. 말을 많이 하지 말아라 이 뜻이잖아요. 그래서 "아나운서보다 더 좋은 거 했지. 변호사도 했어요." 그렇게 넘기고 말았는데, 근데 그게 다 내가 감수해야 될, 감당해야 될 일인 거죠.

구술자A는 어느 가정에서 요양보호사 일을 하게 되었는데, 그 집에서는 남한 출신 가사도우미에게는 남는 감자나 과일을 가져가서 먹으라고 내어 주면서, 마찬가지로 같이 일하고 있는 자신에게는 그런 말 한마디도 하지 않는 현실에 직면하여 차별받고 있다는 느낌을 받지 않을 수가 없었다. 구술자B는 어느 기관의 청소노동자 관리직으로 취직할 수 있었는데, 기존 청소노동자들의 배척에 부딪히게 되었다. '탈북자'가 경력도 없이 관리직으로 들어왔다고 불만을 품은 것인데, 심지어 대놓고 구술자B가 북한 말투로 크게 소리 내 말하는 것에 대해 면박을 주는 등 '직장 내 괴롭힘'도 발생하였다.

한편, 북한이탈주민여성은 여성이기에 받는 직장 내 성차별에도 노출되는 이중고를 겪는다. 한국여성정책연구원의 2013년 조사에 의하면, 설문에 응한 북한이탈주민여성은 채용, 승진, 임금, 업무배치 분야에서 모두 성차별을 당한 적이 있다고 응답하였는데, 각각 5.1%, 5.8%, 9.4%, 8.4%의 응답률을 보였다. 이는 전체 노동자 수에 비교해 높은 경험률이다. 직장 내에서 성차별을 경험한 북한이탈주민여성들의 30%는 직장을 그만둘까 생각해 보았거나 실제로 직장을 그만두었다고 응답하여 직장 내 성차별로 상당한 불이익을 받고 있음을 확인할 수 있다.[61]

이처럼 취직 과정과 구직 이후 벌어지는 차별은 북한이탈주민여성들을 힘들게 하는 주원인이다. 구술자A는 차별로 인해, "울기도 많이 울고 다시 갈 수 있으면 다시 가고 싶고, 막 그런 것 때문에 상처받"았다고 말하였다. 이런 상황인데 정부는 북한이탈주민이 노동 과정에서 겪는 차별에 대해 별다른 대책을 마련하지 못하고 있다. 그저 잘 견뎌내라는 식의 교육만을 하고 있을 뿐이었다.

61 김원홍·김인순·황의정·박정란, 앞의 책, 2013, 96~97쪽.

구술자B : 더군다나 하나원에서 교육을 받는 게 별치 않은 감정 가지고 별치 않은 말 가지고 서로 트러블이 생겨 가지고 회사 나갔다가 하루 이틀 못 견디고 때려치고 또 다른 회사 가고, 이런 식으로 하기 시작하면 정착을 못 한다. 다 내가 감수를 하라고 그래. 이 땅에서 그래도 이 정부에서는 우리한테 한민족이라고 일전 한 푼 안 받고 더 나가서 정착 잘하라고 정착금까지 주고 집을 주고 그러는데 너무 감사하게 생각을 하고, 그것만을 생각을 하고 모든 걸 다 이겨내라 이렇게 교육을 많이 주거든요.

네 번째로, 남한 정부가 제공하는 직업교육의 한계로 인해 북한이탈주민여성의 서울 취업이 제한된다. 2009년 동국대학교 북한일상생활연구센터 팀이 하나원을 방문 조사했을 때, 북한이탈주민여성들에 대한 직업교육은 소위 '여성 적합직종'에 국한하여 이루어지고 있음을 확인하였다. 예컨대 요리, 재봉, 세공, 조립, 제과·제빵, 간병·간호 분야와 같이 남한 사회에서 전통적으로 성별화된 업종에 집중되고 있다. 이는 상대적으로 낮은 학력과 한국에서의 직업 경험을 갖지 못한 북한이탈주민여성들이 실제 취직 가능한 곳은 소위 여성노동력 집약적인 산업 분야, 즉 상대적으로 임금수준이 낮은 곳이라는 판단에서 비롯되었다고 할 수 있다.[62]

북한이탈주민 지원제도는 2007년 개인의 '자립, 자활 의지에 따라 지원 수준을 차별화'하는 내용을 골자로 개정되었다.[63] 이에 따라 자격시험에 합

62 동국대학교 북한일상생활연구센터, 앞의 책, 2010, 130쪽.

63 1997년 1월 13일 〈북한이탈주민 지원법〉 입법 이후 2003년까지는 소위 "수혜적인 보호정착 지원"을 북한이탈주민 정책 기본방향으로 하고 있었는데, 2004년 이후 지원방향을 자립 및 자활 중심으로 전환하고, 인센티브를 강화하는 방향으로 제도를 바꿔 나갔다. 이에 따라 2007년 1월 26일 자립·자활 중심의 인센티브 정책을 기조로 〈북한이탈주민 지원법〉을 개정하고 2007년 6월 28일 시행령을 개정하였다(동국대학교 북한일상생활연구센터, 앞의 책, 2010, 110쪽).

격하거나, 직업훈련을 감수하고 일정한 기준의 직장 생활을 할 수 있는 능력을 갖춘 사람들에게 선별적으로 정착 장려금이 지급되고 있다.[64] 현재 6개월 이상의 직업훈련을 받으면 직업훈련 장려금이, 훈련을 수료하고 자격증을 따면 자격취득 장려금이, 실제 취업을 하게 되면 근속연수에 따라 취업장려금이 지급된다. 그러나 가족들에게 송금해야 해서 당장 돈이 필요한 북한이탈주민들에게 직업훈련, 자격취득 장려금은 유명무실하다는 평가를 받는다. 직업훈련을 받을 시간에 속히 돈을 버는 것이 더 중요하기 때문이다. 또한, 취업장려금의 경우 4대 보험이 적용되는 정규직에 취업하였을 때만 지급이 된다.[65]

게다가 이러한 북한이탈주민 일자리대책도 생계와 가사 노동을 병행해야 하는 북한이탈주민여성들에게는 더욱 불리하다. 여성들은 남성을 준거로 설정된 기존의 직업훈련이나 전일제 고용조건을 충족시키기 어려운 경우가 많고, 시장이 요구하는 형태의 경쟁력을 갖추기도 쉽지 않다. 예컨대, 취업지원금은 종일 근무나 훈련 노력을 한 사람에게 주어지기 때문에 북한이탈주민 취업지원금 대부분을 북한이탈주민의 다수를 차지하는 여성들보다는 소수 남성에게 주로 혜택이 돌아가게 된다.[66]

하나원을 나오면서 북한이탈주민여성들은 본인 생계는 물론 북이나 제3국에 두고 온 가족들의 생계까지 책임져야 하는 등의 경제적인 어려움으로 아무런 준비가 되지 않은 상태에서 취업전선에 뛰어드는 경우가 많다. 또한, 정부에서 제공하는 기초생활비가 6개월밖에 지원이 되지 않기에 그

64 동국대학교 북한일상생활연구센터, 앞의 책, 2010, 131쪽.

65 최성인, 〈탈북자는 영원한 '2등 국민'?〉, 《서울대저널》 2016년 5월 24일.

66 정영애·김윤나, 앞의 책, 2013, 44~45쪽.

이후 생계가 막막하여 경제 활동을 해야만 한다.[67] 그렇지만, 북한이탈주민 여성은 북한에서의 경력이 인정되지 않으며, 제대로 된 경력마저 없어 구직에 어려움을 겪는다. 또한, 취업과 관련한 정보 취득도 제한적이라 불안정한 고용 상태에 놓이게 된다.[68]

마지막으로, 취업한 북한이탈주민 중 자녀를 부양해야 하는 여성들에게 일과 육아를 병행해야 하는 상황은 직장을 유지하는 데 큰 어려움이 된다. 2022년의 설문조사에서, 북한이탈주민들은 남녀별, 연령별, 혼인상태별에 상관없이 여성 취업 장애 요인의 1순위로 육아 부담을 들었다. 특히 20~30대의 경우 육아 부담을 각각 49.2%, 60%나 응답하고 있다.[69] 북한이탈주민 여성들은 남한 원주민 여성들과 마찬가지로 보육을 위해 취업을 미루어야 하는지, 아니면 둘 다 병행해야 하는지 선택을 강요받아야만 했다.[70]

직장 생활을 위해 보육시설 등을 이용할 수도 있겠으나, 북한이탈주민지원재단(현 남북하나재단)의 2012년 조사에 따르면, 미취학 자녀를 직접 돌보는 북한이탈주민여성이 45.0%에 달하였는데, 그 이유는 본인이 원해서라기보다는 대부분 상황이 허락하지 않는 경우가 많아서였다. 즉, 2012년 시점에서 어린이집 이용료는 월평균 35만 원인데, 이 중 본인 부담은 약 40%인 14만 원이었다. 이 금액은 저소득가구에서는 적지 않은 부담이기에 소득이 낮을수록 보육시설을 이용하지 못하고, 또 그렇기에 취업하기 어려운 딜레마적 상황이 나온다는 것이다. 그리고 직장을 마치는 시간이 어린이집보다 늦어서 이용을 포기하기도 하고, 어린이집의 대기 순번이 너무 많아

67 김명희 외, 앞의 글, 2022, 62쪽.

68 김유정, 앞의 글, 22019, 12쪽; 김명희 외, 앞의 글, 2022, 61쪽.

69 국가통계포털(kosis.kr) 〈북한이탈주민실태조사〉 여성 취업 장애요인 데이터.

70 김유정, 앞의 글, 2022, 211쪽.

서 이용하지 못하고 결국 취업을 포기하게 되는 경우도 많았다.[71]

이렇듯 남한 사회에 정착하려는 북한이탈주민여성들은 악조건 속에서 일을 하면서 생활하고 있다. 이런 어려움은, 적어도 북한에서 노동경험을 가진 여성들의 경우, 본래 갖고 있던 학력이나 경력을 남한에서 인정받지 못한 채, 그저 서비스직종 위주로 취업해야만 하는 구조에서 기인한다고 할 수 있다. 특히 서울살이를 유지하려고 하면 할수록 이 문제는 악화되는데, 서울에서는 생산직종을 구하기 힘들기 때문에 더욱 서비스직종에서 일을 해야만 한다. 그런데, 서비스 직종은 사람들을 상대로 하다 보니 남한 사회가 가진 북한이탈주민에 대한 편견과 차별에 더욱 많이 노출되게 되며, 고용주들도 이들의 취업을 꺼려한다. 결국 북한이탈주민여성의 노동경험이 단절되는 구조에서 서울살이는 더욱 질곡에 놓이게 되는 셈이다.

그럼에도 불구하고, 북한이탈주민여성들은 남한 사회에서의 노동을 긍정하려고 노력하면서 어떻게든 정착하고자 애쓰고 있다.

> 구술자A : 살기는 여기서 뭐 어쨌든 나가서 조금 일해도 제 보수만큼 차례지잖아요. 무료로 일하거나 그런 거 없고, 나가서 일하면 1시간을 일하든 2시간을 일하든 라면 한 박스 살 돈이라도 벌 수 있고, 거기[북한]는 다 그 직장 생활해도 저기 무료로 일해야 되니까.
>
> 구술자B : 북한에서는 똑같이 일을 해도 여기 진짜 몇 배로 일을 할걸요? 그래도 나한테 차례지는 보상은 없는 거예요. 없다기보다도 너무 보잘 것 없는 거죠. 차이가 별로 안 나는 거예요.

71 정영애·김윤나, 앞의 책, 2013, 41~42쪽.

아무리 열심히 일하더라도 그에 대한 대가가 제대로 돌아오지 않는다고 생각되는 북한보다, 어쨌든 일을 하면 보수가 제공되는 남한에서의 노동이 자신의 삶을 나아지게 만든다고 믿고 있기 때문이다.

5. 맺음말

남한에 거주하는 북한이탈주민은 2023년 6월 말 현재 약 3만 3,981명에 이르고 있다. 그중 71.9%가 여성인 만큼 북한이탈주민여성의 남한 사회 정착 문제는 우리 사회의 중요한 과제라고 아니 할 수 없다. 서울은 전국 대비 북한이탈주민의 비율이 높을 뿐 아니라, 서비스업종 등의 집중으로 인해 북한이탈주민여성 다수가 거주 및 노동하는 공간이다. 서울에서 북한이탈주민이 가장 많이 거주하는 자치구는 노원구·양천구·강서구 등 3개 구이며, 이들은 대개 공공임대주택에서 생활하고 있다.

북한이탈주민의 더 나은 정착 생활을 위해서 가장 필요한 것을 묻는 설문에 그들은 취업·창업지원을 1위로 답하였다. 북한이탈주민여성 또한 적극적으로 취업을 하여 일을 하며 정착하려는 의지를 갖고 있지만, 여러 제약조건 속에서 상대적으로 저임금의 불안정한 일자리만 구하게 되는 실정이다. 특히 일자리 구하는 것은 지방보다 서울이 더 어렵다.

남한에 입국한 북한이탈주민의 주거지는 대부분 하나원에 있는 동안 결정되는데, 대부분 서울에 살 것을 강력하게 희망한다. 그 주된 이유는 역시 서울이 대한민국의 수도이자 가장 유명한 도시이기 때문이다. 북한이탈주민은 북한에서 살 때 평양을 선망하였던 만큼 남한에서는 서울에 살기를 자연스럽게 바라고, 서울에 사는 것을 자랑스럽게 생각하기도 한다. 하지만, 서울은 일자리 구하기도 어렵고 물가도 비싸서 살기 힘들며,

또한 배정받은 주택들도 서울 변두리에 위치하고 있어 불편함을 호소하기도 한다.

많은 북한이탈주민들은 임대주택에서 생활을 시작하는데, 같은 아파트 거주민들이 보내는 차별의 시선으로 인해 갈등을 겪기도 한다. 또한, 남북의 주거문화의 차이로 인해 적응하는 데 어려움을 겪는데, 무엇보다도 이웃과 담을 쌓고 지내는 남한의 도시 주거문화는, 집단주의적 주거문화에 익숙했던 북한이탈주민들에게 낯설게 다가온다. 게다가 북한이탈주민여성은 정착의 어려움에 더해 가족 간 갈등이나, 자녀 양육, 일과 양육의 병행에서 오는 갈등 속에서, 자신을 지지해줄 사회적 연결망이 부재한 데서 심리적으로 위축되기도 한다.

북한이탈주민여성들은 남한 사회에서 살아나가기 위해 취업을 해야 한다. 그들은 처음에는 남한 사회에서 손쉽게 돈을 벌 수 있으리라는 오해 또는 환상을 갖는 경우도 더러 있다가, 쉽지 않은 구직과 차별, 강한 노동강도에 힘들어한다. 북한이탈주민의 노동시장 정착 정도는 시간이 지나면서 개선되고 있지만, 여전히 남한 국민과 큰 격차가 존재하고 취업자 중 상당수가 소규모사업장에 생산직 혹은 서비스·판매직으로 종사해 고용 안정성 또한 높지 않은 실정이다.

북한이탈주민여성의 서울살이를 어렵게 만드는 어려움은 나이와 경력 인정 문제, 생산직이 부족한 서울의 특징, 북한 출신에 대한 사회적 차별, 직업교육의 한계, 일과 육아의 병행 문제 등이 있다. 북한에서의 학력과 경력을 남한 사회가 인정하기 않기에 발생하는 '경력단절'은 서울살이를 어렵게 만드는 주원인이 된다. 서울에는 생산직종이 많지 않기에 40대 이상의 북한이탈주민여성들은 결국 식당과 같은 서비스 직종에 취업하도록 내몰리지만, 서비스 직종일수록 억양이나 말투 문제로 인해 차별과 편견에 노출되기 쉽다. 여기에 자녀를 부양해야 하는 여성들은 일과 육아를 병행하는

데 따른 어려움마저 더해진다. 이렇듯 남한 사회에 정착하려는 북한이탈주민여성들은 어려운 조건 속에서도 노동을 통해 생활을 열어나가고자 노력하고 있다.

본 연구는 북한이탈주민여성의 오늘날의 상황을 조명하고, 노동을 통해 삶을 개척해나가는 그들에게 서울이 어떤 기회와 질곡의 도시인지를 파악하고자 하였다. 북한이탈주민여성은 한반도를 무대로 실존을 건 결단을 통해 삶을 개척해오고 있다. 오랜 기간 한반도의 정치·경제·역사·문화의 중심지는 서울이었다. 그렇기에 많은 북한이탈주민여성들 또한 대한민국 수도 서울에서 행복을 찾고자 분투하고 있다. 그러나, 그들의 '서울살이'를 들여다보건대, 서울은 그들의 간절한 바람에 대해 좋은 대답을 들려줬다고 하기는 어렵다. 현재 서울시의 비전은 약자와 '동행'하는 상생도시, '매력'있는 글로벌 선도도시이다. 진정 그러한 도시가 되는 출발선은 북한이탈주민여성의 서울살이를 보다 행복하게 만드는 데서부터 시작해도 될 것이다.

찾아보기

ㅇ

ㅈ

ㅊ

ㅋ

ㅌ

ㅍ

ㅎ

집필자

예지숙	숙명여자대학교 인문학연구소 연구교수
소현숙	역사문제연구소 연구위원
김이경	단국대학교 일본연구소 HK연구교수
후지타 타다요시	일본 中央大學 정책문화 종합연구소 객원연구원
장미현	연세대학교 국학연구원 객원연구원
이세영	아시아평화와역사연구소 연구위원

서울역사중점연구 17

근현대 서울지역 여성의 노동과 생활

발행인	서울역사편찬원장 이상배
발행처	서울역사편찬원(history.seoul.go.kr)
	서울특별시 송파구 올림픽로 424 올림픽공원 내(전화 02-413-9622)
기획 · 편집	박명호(시사편찬과장), 김윤정
발행일	2024년 6월 30일
판매가	10,000원
편집 · 인쇄	온그라피

발간등록번호	51-6113542-000105-01
ISBN	979-11-6071-188-2
	979-11-6071-023-6 (세트)